예수

⟨개정판⟩

예수

사회적 혁명가의 전기

지은이/ 존 도미닉 크로산
옮긴이/ 김기철
펴낸이/ 김준우
초판 펴낸날/ 2001년 8월 30일
개정판 5쇄 펴낸날/ 2025년 4월 10일
펴낸곳/ 한국기독교연구소
등록번호/ 제8-195호(1996년 9월 3일)
경기도 고양시 일산동구 고봉로 32-9, 331호 (우 10364)
전화 031-929-5731, 5732(fax)
Internet Homepage: www.historicaljesus.co.kr.
e-mail address: honestjesus@hanmail.net
인쇄처: 조명문화사 (전화 02-498-3015)

이 책의 한국어판 저작권은
에릭 양 에이전시를 통한 HarperSanFrancisco사와의 독점계약으로
한국기독교연구소가 소유합니다.
저작권법에 따라 국내에서 보호받는 저작물이므로
무단전재와 무단복제를 금합니다.

Jesus A Revolutionary Biography
by John Dominic Crossan
Copyright ⓒ 1994 by John Dominic Crossan
Korean Translation copyright ⓒ 2001 by Korean Institute of the Christian Studies,
arranged with the author c/o HarperSanFrancisco
through Eric Yang Agency, Seoul.

ISBN 978-89-87427-76-8 94230
ISBN 978-89-87427-06-4 (세트)

값 15,000원

예수
사회적 혁명가의 전기

(개정판)

존 도미닉 크로산 지음

김기철 옮김

한국기독교연구소

JESUS

A Revolutionary Biography

by John Dominic Crossan
New York: HarperSanFrancisco, 1994.

Korean Translation by Kim Kee-Chul

〈Revised Edition〉

Korean Institute of the Christian Studies

Museo Nazionale delle Terme (Alinari/Art Resource, NY.)

　이 책의 표지 사진은 위의 부조(浮彫)의 일부분으로서, 장식이라기보다는 이 책의 내용을 요약한 것이다. 이 부조는 4세기 초의 것으로서, 성서의 장면들을 담고 있는 두 개의 대리석 판 가운데 하나다.

　무료로 병을 고쳐주는 장면과 아무나 참석하여 함께 먹는 공동식사 장면은 이 책에서 예수의 원래 비전과 프로그램의 핵심으로 강조하고 있는 것이다. 왼쪽에는 예수에 의해 낫게된 중풍병자가 그 침대를 들고 간다(마가 2:1-12). 오른쪽에는 나인성 과부의 아들이 관에서 살아난 모습이다(누가 7:11-16). 예수는 중앙부의 우측에서 사람들을 바라보고 있다. 중앙부 아래의 네 사람은 죽은 사람을 위한 이방인들의 전형적인 식사 모습인데, 가운데 두 사람은 비스듬히 기대어있고 양옆의 사람들이 시중들고 있다. 광주리가 여섯 개로서 상당히 많은 음식이며, 식사뿐 아니라 잔을 들고 술도 마시고 있다. 중앙부 위에는 세 명의 제자가 예수 쪽으로 향하고 있다. 예수는 손에 두루마리를 들고 있어서 교사나 철학자의 모습이다. 또한 로마 권력자의 긴 겉옷이 아니라, 그리스 현자의 겉옷을 입고 있다. 예수 좌측의 사람들이 상의 위에 겉옷을 입은 것과는 달리, 예수는 상의를 입지 않은 채 겉옷만 입어 오른쪽 어깨와 팔을 드러내고 있다. 즉 그는 단순히 철학자의 모습이 아니라 견유철학자의 모습으로 나타나 있다. 이 부조에서 우리는 예수가 병을 고치고, 먹고, 가르치는 견유철학자의 모습을 볼 수 있다.

웨스타르 연구소 〈예수 세미나〉의
로버트 펑크 박사와 나의 동료 정회원들의
용기와 동지애, 그리고 학문적 성실성에
감사하는 마음으로 이 책을 헌정합니다.

이 책은 용두동교회(담임 김한옥 목사)의
선교비 후원으로 간행된 책입니다.

차 례

〈21세기 기독교 총서〉를 발간하면서 · 11

프롤로그 그리스도로부터 예수로 · 19

1장 두 신(神)의 이야기 · 29
　　트로이 사람 카이사르가 온다 · 30
　　과거의 미래 · 33
　　성서를 뒤져서 · 49
　　이 사람은 목수가 아닌가? · 60
　　계층에 관한 문제 · 64

2장 요르단 강은 단순한 강이 아니다 · 68
　　하나님은 이제 이탈리아 위에 임하셨다 · 69
　　막케루스에 감금되어 · 73
　　요르단 광야 · 76
　　묵시종말적 북치기 · 81
　　요한이 예수에게 세례를 베풀다 · 89
　　금식에서 만찬으로 · 91
　　사람의 아들 같은 분 · 96

3장 성가신 자들과 아무것도 아닌 자들의 나라 · 103
　　현재 또는 미래의 나라 · 104
　　가족들을 갈라놓기 · 109
　　거지들(우리들?)은 복이 있다 · 112
　　만일 여자아이거든 내어버려라 · 115
　　겨자풀이 필요한 사람은 누구인가? · 118
　　열린 공동식사 · 120
　　철저한 평등주의 · 126

4장 태초에 몸이 있었다 · 132
　　정치적인 몸 · 133
　　나병환자를 만지다 · 135
　　귀신을 추방하기 · 145
　　죽음에서 생명으로 · 158
　　후견인이 되지 않는 법 · 161

5장 지팡이도 신도 배낭도 없이 · 170
　　저항의 기술 · 171
　　네가 어떤 집으로 들어가든지 · 175
　　나의 맨발을 신발 삼아 · 186

6장 　십자가 밑의 개들 · 200
　　　들짐승에게 주어진 시체 · 201
　　　유월절 축제 전에 · 205
　　　의로운 사람 야고보 · 215
　　　인상적인 본디오 빌라도 총독 · 219
　　　바라바는 강도가 아니었다 · 225
　　　다시 한번 성서를 뒤져서 · 229
　　　존경받는 공의회 의원 · 243

7장 　부활절 일요일은 얼마나 오래 지속되었는가? · 252
　　　살아 계신 예수 · 253
　　　잠든 사람들의 첫 열매 · 258
　　　맨 나중된 나에게 · 261
　　　빵과 물고기의 식사 · 268
　　　밤이 새도록 수고했으나 · 285
　　　빈 무덤을 향한 경주 · 292
　　　그 여인을 기념하여 · 298

에필로그　예수로부터 그리스도로 · 303
　　　아직 알려지지 않는 분 · 304
　　　떠나가지 않은 분 · 311

일러두기

1. 원서의 완역으로서 부제목은 A Revolutionary Biography로 되어 있으나, 저자와 상의한 결과 "사회적 혁명가의 전기"(A Biography of a Social Revolutionary)로 합의하였습니다.

2. 본문에 인용된 성경은 거의 "한글 표준새번역"성경을 따랐으며, 필요한 경우 "한글 개역성경"을 따르거나 역자가 사역한 경우도 있습니다.

3. 비기독교인들도 쉽게 이해할 수 있도록 가능한 한 쉬운 말로 옮겼습니다.

〈21세기 기독교 총서〉를 발간하면서

　이 땅의 민초들은 20세기 전반부를 식민지 치하에서 수탈당했으며, 20세기 후반부는 냉전 분단체제 아래에서 숨죽이며 통곡하였다. 역사의 구비마다 바람 따라 눕히고 채이면서도 소처럼 묵묵히 일만 해 온 민초들은 이제 21세기 문턱에서 신자유주의라는 새로운 레비아탄으로 인해 신음하며 죽어가고 있다. 외세의 제국주의적 팽창주의 앞에서 권력자들이 보여 준 무능과 야합, 부패의 결과가 사회적 혼란을 초래하고 민초들의 숨통을 조이는 역사가 오늘도 여전히 되풀이되고 있는 현실이다. 아니, 21세기는 이 땅의 민초들에게 더욱 혹독한 시련의 세기가 될 것으로 보인다. 전 세계적으로 죄 없는 생명체들을 대량 학살하는 악의 세력들이 그 마각을 더욱 분명히 드러내었기 때문이다.
　다시 말해서, IMF 관리 체제가 가져다 준 충격과 고통을 통해 우리는 "세계화 시대"의 허위와 타락을 은폐시키는 문화적 중독에서 깨어나, 한국 사회의 구조적 모순뿐 아니라, 세계경제의 구조적 모순, 더 나아가 인류문명의 절박한 위기에 대해 눈뜨게 되었다. 세계경제의 구조적 불평등과 생태계 파괴로 인해 전 세계의 약자들이 현재 "멸망의 벼랑 끝"에 서 있음을 분명히 깨닫게 된 것이다. 반만 년 민족사에서 처음으로 보릿고개를 극복하자마자, 우리는 자본의 전략에 말려들어 재물과 소비에 눈이 멀게 되었고, 결과적으로 이웃과 역사, 민족의 미래와 꿈은 물론이며 자신의 삶에 대한 반성, 생명의 신비와 하늘의 음성을 잊어버림으로써 국가 부도의 위기를 맞이했지만, 악의 세력과의 싸움은 이제부터 단지 시작이며, 그 승패는 우리들의 각성과 치열한 연대투쟁 여하에 달려 있음을 깨닫게 된 것이다.

세계인구 가운데 상위 20%가 1998년 현재 전 세계 소득 총액의 86%를 움켜쥐고 있는 반면에, 나머지 80%의 인구는 전 세계 소득총액의 14%를 나눠먹기 위해 아귀다툼하는 현실에서 기독교는 과연 누구의 편인가? 가진 자들은 세계 곡식 총생산량의 36%를 가축의 사료로 사용하여 고단백질 육류 음식으로 배를 채우는 반면에, 다섯 살 미만의 굶주리는 어린이만 해도 2억 명이나 되며, 매일 4만여 명의 어린이들이 굶주림으로 죽어 가는 현실에서 "자비와 정의의 하나님"은 어디에 계신가? 또한 각종 공해와 오염으로 하늘과 땅, 강과 바다가 죽어가고 있을 뿐 아니라, 매년 5만 종 이상의 생명체 종자들이 이 우주에서 영원히 멸종되며, 35억 년 동안의 생명의 역사상 평균 멸종율의 4만 배나 빠르게 멸종이 진행되고 있는 상황에서, 지질학적으로 지난 6천5백만 년 동안 생명체들이 가장 아름답게 꽃피워왔던 신생대가 끝나가는 상황에서 우리는 어떻게 "생명의 하나님"을 찬양할 수 있는가?

초국적 금융자본을 머리로 하는 세계 자본주의 체제라는 새로운 레비아탄이 "만인의 만인에 대한 투쟁"을 독려하면서 실직과 임금삭감이라는 무기를 통해 노동자들끼리 서로 싸우도록 만들고 오늘날 가난한 사람들의 생사여탈권을 휘두르는 전능한 신으로 군림할 뿐 아니라, 교회와 성직자들을 포위하고 세계 제패를 위한 심리적 전술로 교회를 이용하는 현실에서 기독교의 "복음"이란 무엇인가? 복음이란 여전히 현실의 고통을 잊게 만들며, 세계의 모순들이 존재하지 않는 것처럼 감쪽같이 은폐시키는 허위의식인가? 저항이 싹틀 수 있는 비판적 사고와 부정적 사유를 그 뿌리부터 제거하는 전략인가? 제국주의자들이 토지와 천연자원과 노동력을 착취하는 동안에, 그들과 함께 들어온 식민지 선교사들은 하늘과 땅, 영혼과 육체, 정신과 물질을 분리시키고, 땅과 육체와 물질은 무가치한 것이며 대신에 영혼구원과 저 세상(하늘)의 보상을 바라보도록 가르치며, 가난도 하늘의 뜻이며, 재물은 신의 축복의 증거이며, 국가와 교회에 대해서는 무조건 복종할 것을 요구했던 것처럼, 오늘날에도 기독교는 여전히 선교사들이 물려준 식민주의 신학을 가르쳐 세계시장의 충실한 시녀로 남아 있을 것인가? 더 이상 "세속적 금욕"(막스 베버)이 아니라 "세속적 낭비"(헬무트 골비처)에 의해 유지되는 오늘날의 자본주의 체제가 "무한 경쟁"이라는 이름으로 인간의 이기심과 경쟁심, 소비주의와 향락주의를 부추기고, 도덕적 심성과 협동정신을 파괴시키는 오늘날에도, 예수는 여전히 우리의 모든 문제들에 대한 "해답"인가?

기존의 착취 구조를 지속시키기 위해 자본은 매스컴과 교육 제도를 통해 인간의 영혼을 팔아넘기도록 만들며, 자신에 대한 긍지와 자신감, 이웃들과의 협동과 연대보다는 수치심과 경쟁심을 조장하는 현실에서, 예수의 복음마저 우리로 하여금 우리의 운명에 대한 주체성과 책임성을 양도하도록 만드는가? 더군다나 앞으로 50년 내지 60년 후 세계인구가 현재보다 두 배로 늘어날 것을 예상한 사탄의 세력은 세계 인류의 80%에 달하는 "잉여 인구"를 처리하기 위한 전략으로 이미 선진국 어린이들에게 온갖 잔인한 컴퓨터 게임들을 통해 "죽이는 것은 신바람 나는 것"(Kill and Enjoy!)이라는 장난감의 복음을 철저히 세뇌시키는 현실에서, "십자가에서 흘리신 피의 공로를 통한 대속적 구원"은 우리의 책임성과 주체성을 일깨우고 사탄의 세력에 맞서 치열하게 저항하도록 만드는가, 아니면 신의 섭리와 은총에 모든 것을 맡긴 채, "심령의 평안"에 만족하며 악의 현실을 수동적으로 받아들이고 폭력을 체념하도록 만드는 매저키즘을 불러일으키는가? "구원"과 "부활", "영생"과 "재림"은 개인주의와 이기주의를 부채질하는가

(egological), 아니면 우주와 생명의 신비 앞에 감사하고 겸허하게 만들며 (ecological) 정의를 위해 예수처럼 당당하게 칼날 위에 서도록 만드는가? 지구 전역에 걸쳐 가난한 생명체들의 숨통이 나날이 더욱 조여드는데, 기독교는 무엇을 소망으로 가르치며, 무슨 대안을 갖고 있는가?

21세기는 인류의 생존과 평화를 위한 문명전환의 마지막 기회가 될 것으로 보인다. 인간중심주의, 개인중심주의, 소유중심주의를 극복하고, 생명중심주의, 우주중심주의, 존재중심주의로 패러다임을 전환시키지 않는다면, 21세기는 짐승화(animalization)의 세계가 되고, 인류문명은 파국을 피할 수 없을 것으로 보인다. 그리고 기독교는 이러한 문명전환의 핵심이 되는 "생명에 대한 우주적 각성과 자연에 대한 생태학적 각성, 그리고 사회에 대한 공동체적 각성"(한살림선언)을 통해 "지속가능한 미래"를 보장하는 생명중심의 가치관과 비전(vision)을 제시함으로써 "생태대"를 향해 출애굽(토마스 베리)해야 할 과제를 안고 있다.

그러나 21세기의 문턱에서 한국교회는 양적으로 점차 쇠퇴하고 있으며, 질적으로는 사회적 신뢰성을 잃어 가고 있다. 한국 갤럽의 〈1997년 한국인의 종교와 종교의식〉(1998)에 따르면, 한국의 비종교인들은 전체 인구(18세 이상)의 53.1%로서 세계에서 가장 높은 수준이지만, 이들 비종교인들 가운데 과거에 개신교 신자였다가 비종교인으로 이탈한 사람들이 73%에 이른다(불교 23.6%, 천주교 12%). 특히 젊은층과 고학력자 가운데 개신교를 이탈하여 비종교인이 되는 비율이 가장 높은 것으로 나타났다. 또한 비종교인들이 종교를 택할 경우 선호하는 종교는 불교 40%, 천주교 37%인 반면에, 개신교를 택하겠다는 사람은 22%에 불과한 것으로 조사되었다. 이런 사실은 한국교회가 21세기에는 유럽과 미국의 많은 교회들처럼 심각한 쇠퇴의 위기에 직면할 가능성이 매우 높다는 염려를 갖게 한다.

한국 개신교회가 이처럼 교회를 찾아온 사람들의 종교적 요청에 대해서조차 충분히 응답하지 못하여 많은 사람들이 교회를 떠날 뿐만 아니라, 대부분의 비종교인들로부터 가장 호감을 얻지 못하는 종교가 된 직접적 원인은 오히려 교회 내부에 있는 것으로 지적되고 있다. 즉 위의 갤럽 조사에서 "대부분의 종교단체는 참 진리를 추구하기보다는 교세확장에 더 관심이 있다"는 질문에 대해 "그렇다"고 응답한 사람들이 79.6%에 이른다는 사실은 위기의 원인이 교회 자체 안에 있음을 보여 준다.

특히 젊은층과 고학력자들이 교회를 떠나는 이유는 첫째로, 한국교회가 지난 30년 동안 교회성장에만 몰두하여, 하나님의 뜻과 진리를 가르치고 실천하는 일은 소홀히 한 채, 개체교회 성장제일주의라는 자폐증을 앓고 있기 때문이다. 한국 개신교회가 평균적으로 전체 재정 가운데 3.88%만을 불우이웃돕기 등 교회 밖의 사회봉사비로 사용하고 있다는 사실은 그 자폐증이 얼마나 심각한 상태인지를 여실히 보여준다.

둘째로 교회성장을 위한 반지성적 분위기와 비민주적인 구조를 갖고 있기 때문인 것으로 지적할 수 있다. 이것은 본질적으로 교회를 인간과 세계의 총체적 해방을 위한 하나님 나라 운동(movement)으로 이해하기보다는, 영적 구원을 위한 기관(institution), 혹은 조직으로 이해하는 경향이 크기 때문이다. 자기반성과 비판 없는 개인이나 단체는 타락할 수밖에 없다.

셋째로 한국교회가 사회적 신뢰성을 잃게 된 것은 기복적(祈福的)이며 내세지향적인 신앙으로 인해 개인의 영혼 구원에 치중함으로써, 이 세상에서의 책임과 공동체적 의무가 약화된 때문이다. 한국교회가 하나님은 악을 미워하신다고 고백하면서도 일반적으로 사회적 모순과 구조악에 대해 무관심한 채 내면적 유혹과의 싸움에 몰두하는 이유는 바로 이 때문이다.

넷째로 오직 믿음으로만 구원받는다는 교리를 내세워, 맹목적으로 믿을 것을 강요할 뿐, 성서와 기독교의 진리에 대해 정직하게 이해하고 실천하기 위해 질문을 제기하는 것 자체를 불신앙적 태도로 매도하고, 반성적 사색과 지적인 정직성을 억누르는 경향이 주체성을 확립하려는 젊은층과 고학력자를 교회로부터 떨어져 나가도록 만드는 주요 원인이라고 풀이할 수 있을 것이다. "머리가 거절하는 것은 결코 가슴이 예배하지 못한다"(존 스퐁 감독)는 진실 때문이다.

다섯째로 예수 그리스도는 영혼 구원을 위해 십자가에 달리심으로써 모든 죄를 용서하시는 분으로 경배될 뿐, 우리도 이 세상 속에서 그리스도를 따라 살아가야 하는 삶의 모델로는 이해되지 않고 있기 때문이다. "믿음을 통한 구원"(以信稱義)의 교리가 그 본래의 역사적 맥락에서 벗어나, 마치 불교에서 힘겨운 고행 대신에 손쉬운 염불을 택한 구원의 수단처럼 되어 버린 때문이다. 칭의(justification)의 목적은 정의 실천(doing justice)이다(롬 6장).

여섯째로 지난 30년간 국민들의 교육 수준이 급격히 높아짐으로써 교인들의 지적인 욕구도 더욱 왕성해졌지만, 한국교회는 일반적으로 아직도 교회 문턱에서 이성을 벗어 놓고 교회 안에 들어올 것을 요구하고 있는 형편이다. 또한 "교리 수호"라는 미명 아래 성서에 대한 문자주의와 아전인수격 해석이 횡행하고 있다. 한국교회의 영성 운동조차 이처럼 개인주의적이며 비이성적이며 비역사적인 성서 해석에 기초함으로써, 성서와 기독교의 진리를 그 역사적 맥락과 단절시켰고, 우리의 신앙도 역사적 현실로부터 도피하도록 만드는 근본주의 신앙을 배태시키고 있는 실정이기 때문이다.

더군다나 21세기 한국사회는 자본주의의 세계화와 과학 기술의 발달로 인한 치열한 경쟁과 고실업 사회, 생태계의 파괴로 인하여 더욱 비인간적인 사회 문화 환경 속에 자리잡게 될 것이 분명하다. 이런 점에서 21세기에는 고통스런 현실로부터 도피하려는 근본주의가 더욱 기승을 부릴 것으로 예상되기 때문에, 한국교회가 교회 중심주의와 개인의 영혼구원 중심주의, 기복적 신앙과 근본주의 신학을 극복하고, 인간성과 공동체성을 회복하여 한국 역사 속에서 사회적 형평성을 확보하며 민족 통일을 위해 공헌할 것인지, 아니면 역사의 뒤안길로 물러날 것인지가 판가름날 것으로 예상된다.

이런 상황에서 〈21세기 기독교 총서〉를 발간하는 이유는 첫째, 인구의 절반이 넘는 비종교인들과 전체 인구의 70%가 넘는 비기독교인들에게, 그리고 자신들의 종교적 욕구가 충족되지 않고 있지만 아직 교회 안에 남아 있는 사람들에게 성서와 기독교의 진리를 정직하게 소개함으로써, 기독교 신앙에 대해 새롭게 이해하도록 이성적 발판을 마련하기 위함이다. 둘째로, 예수에 대한 이미지, 특히 그의 가르침의 의미를 정확하게 밝힘으로써, 21세기 한국의 기독교인들이 하나님의 뜻에 합당하게 살 수 있도록 돕기 위함이다. 우주 저편으로부터 들려오는 하늘의 선율에 따라 춤추면서 생명의 선물들에 대해 감사하며, 생명사의 창조적인 전개과정 속에 나타난 하늘의 뜻에 철저히 순종하여, 개인과 공동체의 잠재력을 극대화시키며 정의와 평화, 기쁨의 신천지를 위해 헌신하도록 우리를 부르는 예수는 우리가 본받을 "존재의 영웅"(에릭 프롬)이기 때문이다. 셋째로, 로마제국의 억압과 착취 밑에서 신음하던 식민지 백성들을 해방시키기 위해 "식민지의 아들"(son of the colonized) 예수가 바라보았던 하나님 나라의 비전(vision)과 전략은 오늘날 세계금융자본의 횡포 아래 신음하고 있는 이 땅의 민초들을 위해 교회가 무엇을 해야 하는지를 보여 주기 때문이다. 지금과 같은 소비와 낭비의 시대에 한국교회가 예수를 믿는 것이 곧바로 예수처럼 자기를 비우고 나눔과 섬김을 실천하는 길임을 온몸으로 살아 내지 않는다면, 인간의 영성과 주체성, 연대성을 파괴시키는 세속적 자본주의 문화와 근본주의 신학에 밀려, 점차 더욱 많은 젊은이들이 교회를 떠나게 되어, 한국교회는 붕괴를 자초할 것으로 예상되기 때문이다.

〈21세기 기독교 총서〉를 통해 비기독교인들이 기독교의 진리를 정직하게 이해하고, 한국교회는 신화적-문자적 신앙단계나 비분석적-관습적 신앙단계를 넘어 주체적이며 반성적인 신앙단계, 더 나아가 접속적 단계나 보편적 신앙단계(제임스 파울러)로 질적인 성숙을 이룩함으로써, 한국 사회 전반의 저주와 죽임의 역사를 극복하고 생명과 축복의 새로운 세상을 만들어가는 일에 크게 공헌하여 하나님께 영광을 돌릴 수 있게 되기를 기도한다.

"진리는 오로지 진리 그 자체의 힘으로만 인정을 받으며,
그 힘은 강하면서도 부드럽게 정신에 스며든다."
- 교황 바오로 2세의 회칙 "세 번째 천년을 맞이하며"에서 -

1999년 성령강림절 기간에
한국기독교연구소에서   김 준 우

◇ 프롤로그 ◇

그리스도로부터 예수로

실제의 예수를 찾고자 애쓰는 것은 마치 원자물리학에서 극히 작은 소립자의 위치를 밝혀내고 그 전하(電荷)를 측정하고자 애쓰는 것과 같다. 우리는 그 소립자를 직접 볼 수 없고, 단지 사진 감광판 위에서, 그것을 움직이게 만든 보다 큰 소립자들의 궤적에 의해 그려진 선(線)들을 볼 뿐이다. 이런 궤적들을 거슬러 그 공통의 원천을 추적함으로써, 또 그 입자들을 그렇게 움직이도록 만드는 데 필요한 힘을 계산해 냄으로써, 우리는 눈으로 볼 수 없는 원인을 밝혀내고 설명할 수 있다. 분명히, 역사는 물리학에 비해 훨씬 더 복잡하다. 원래의 인물과 발전된 전설들을 연결하는 선들은 수학적인 정확성으로 규명될 수 없다. 알 수 없는 요소들의 개입을 고려해야 한다. 따라서 역사 연구의 결과들은 오직 "개연성"을 갖는 것으로만 주장할 수 있다. 그러나 "개연성은" 버틀러(Butler) 주교가 말했듯이, "인생의 참다운 안내자이다."

- Morton Smith, *Jesus the Magician* (San Francisco: Harper & Row, 1982)

이 책은 역사의 예수(the historical Jesus)를 재구성한 것으로서, 기원후 1세기 초에 갈릴리와 예루살렘에서 실제로 일어났던 일에 관해, 내가 지난

25년 동안 학문적으로 연구한 것에 입각한 것이다. 그런데 이런 연구가 도대체 왜 필요한가? 1세기 때 지중해 지역에 살았던 유대인 농부 예수에 관해 우리는 네 개의 전기(傳記), 즉 마태, 마가, 누가, 요한에 의해 쓰여진 전기들을 갖고 있지 않은가? 이 전기들은 모두 예수와 직접적으로나 간접적으로 연결되어 있고, 또 예수가 죽은 후 75년 이내에 쓰여진 것들이다. 이 전기들은 예수와 동시대 인물인 로마황제 티베리우스(Tiberius)에 대한 연구와 대등하든가, 아니면 그보다 훨씬 나은 것이 아닌가? 즉 티베리우스 황제에 관해서는 우리가 벨레이우스 파테르쿨루스, 타키투스, 수에토니우스, 그리고 디오 카시우스에 의해 쓰여진 전기들을 갖고 있지만, 그 가운데 첫째 사람이 쓴 전기만이 그와 직접적으로 연관되어 있고 나머지 전기들은 그가 죽은 후 75년에서 200년 사이에 쓰여진 것들이기 때문이다. 그렇다면 우리는 예수에 관해 그렇게 충분한 문서들을 갖고 있는데 도대체 왜 역사적 예수에 대한 학문적 연구가 필요한가?

핵심 문제가 되는 것은 바로 예수에 관해 네 개의 기록을 갖고 있다는 점이다. 만일 우리가 네 복음서를 각각 수직적이고 연속적으로, 즉 시작부터 끝까지 순서대로 읽는다면 대체로 그 네 복음서들에 통일성과 조화, 그리고 일치가 있다는 인상을 받게 된다. 그러나 어떤 특정 단락에 초점을 맞추고 그것을 둘, 셋, 혹은 네 개의 판본(板本, versions)과 대조하여 수평적으로 비교하면서 읽는다면, 우리에게 가장 강력하게 다가오는 인상은 일치라기보다는 불일치일 것이다. 그런 차이들은 사람들의 기억과 회상이란 원래 불확실한 것이기 때문에 생겨난 것이 아니라, 각각의 문서들의 논리적이고 일관된 신학들로부터 생긴 것이다. 달리 말해, 복음서들은 해석들(interpretations)이다. 그러므로 물론 오직 한 사람의 예수가 있었음에도 불구하고 복음서가 한 권 이상, 즉 그에 대한 해석이 하나 이상 있을 수가 있다는 말이다.

이 핵심 문제는 또 다른 문제에 의해 더욱 복잡해진다. 즉 이 네 복음서들은 당시에 구할 수 있었던 초기 복음서들 전체를 대표하는 것도 아니며, 또 그것들 중에서 임의로 뽑은 견본도 아니다. 즉 네 복음서는 의도적인 모음집(collection)으로서, 정경(正經) 복음서들(the canonical gospels)이라고 알려진 것들이다. 이 사실은 공식적인 네 복음서들 속에서 자료(sources)로 사용된 다른 복음서들이나 네 복음서에 포함되지 못한 다른 복음서들을 연구할 때 분명하게 드러난다.

네 권의 정경 복음서들 속에서 자료로 사용된 한 사례는 Q라고 알려진 재구성된 문서이다. 이것은 "자료"(source)라는 뜻을 가진 독일어 '크벨레'(Quelle)에서 온 말로, 이 Q 문서는 누가복음과 마태복음 속에 들어 있다. 즉 누가와 마태의 저자들은 마가복음도 통상적인 자료로 이용하고 있는데, 따라서 누가와 마태의 본문은 서로 일치하고 있으나 마가복음에는 그 일치하는 병행구(parallelism)가 없는 모든 본문에서 Q를 발견할 수 있다. 이 Q 문서는 이처럼 누가복음과 마태복음서 속에서 공통자료로 사용된 것과는 별도로, 마가복음처럼 그 자체로서 형태상의 완결성과 신학적인 일관성을 갖고 있기 때문에, 나는 이 책에서 이 문서를 Q 복음(Q Gospel)이라고 부른다.

한편 네 개의 정경복음서들에 속하지 못한 채, 외부에 남아 있는 문서의 예로는 도마복음(Gospel of Thomas)을 들 수 있다. 이것은 1945년 겨울, 북부 이집트의 나그 함마디에서 발견되었는데, 많은 학자들은 이것이 정경복음서들, 즉 마태, 마가, 누가, 요한복음과는 완전히 별개의 것으로 보고 있다. 또 이것은 특히 그 구성양식에서 정경복음서들과는 전혀 다른데, 사실은 그 넷의 어느 것보다도 Q 복음의 구성양식에 훨씬 더 가깝다. 결국 이것도 하나의 복음서임이 분명하다. 그러나 더 정확히 말하자면, 예수의 어록집(語錄集, a collection of the sayings of Jesus)으로서, 그 안에 어떤 조직적인 체계도 없으며 또 예수의 행위나 이적, 십자가 처형이나 부활에 관한 이야기도 없고, 특히 설화(narrative)나 전기(biography)로서의 전체적인 틀도 없다. 이처럼 다른 복음서들이 존재한다는 사실이 뜻하는 것은 네 권의 정경복음서들이 일종의 공인된 해석의 체계로서 강력한 중심적 관점을 형성하여, 후대에 그 중심에서 너무 우측이나 좌측에 속한 다른 복음서들을 외경(外經)으로 분류하여 묻어버리거나 아니면 빼버리는 역할을 했다는 점이다.

이런 상황에서 우리가 원하는 것이 초대 신자들이 예수에 관해 쓴 것이 무엇인지를 아는 것만이 아니라, 만일 우리가 1세기 초 몇 십 년 동안 어느 정도 중립적인 관찰자로 살았더라면 보았거나 들었을 것이 무엇인지를 아는 것이라고 가정해 보라. 분명히 어떤 사람들은 예수를 무시했으며, 다른 사람들은 그를 경배했고, 또 다른 사람들은 그를 십자가에 못박았다. 그러나 만일 우리가 원하는 것이 교리적인 해석의 장막을 헤치고 들어가서, 신앙의 타당성을 어떤 식으로든 부정하거나 파괴함이 없이, 신앙고백적 그리스도(the confessional Christ)와는 구별되는 역사적 예수(the historical Jesus)에 대해 정확하지만 정직하게 설명하는 것이라면 어떨까? 이 일을 수행하는 것이 바로 역사적 예수에 대한 학술적인 혹은 학문적인 연구인데, 적어도 신학을 하면서 그것을 역사라고 부르고, 자서전을 쓰면서 전기라고 부르고, 기독교 변증학을 하면서 학구적인 학문이라고 부르는 눈속임이 아닌 한에서만 그렇다. 바꾸어 말해서, 결과와 결론이 제아무리 매력적이라 할지라도 그것들이 의존하고 있는 이론과 방법론이 올바를 때에만 좋을 수 있다는 말이다.

나의 방법론은 세 개의 독립적인 방향축(vector)이 교차하는 자리에 역사의 예수를 놓는다. 이 삼각측량은 내적인 기준과 상호 교정 수단으로 작용한다. 왜냐하면 그 중 어느 하나라도 정확한 것이기 위해서는 세 방향축 모두가 동일한 한 지점에서 교차해야만 하기 때문이다. 이것은 마치 밤하늘에 있는 하나의 목표물에 맞추어 동시에 쏘아지는 세 개의 거대한 탐조등과 같다.

첫 번째 방향축은 교차문화적인 인류학(cross-cultural anthropology)인데, 이것은 어떤 특정 사회만을 기초로 한 것이 아니라 역사 전반에 걸쳐 동일한 생태적, 기술적 유형을 지닌 모든 사회들에 공통적으로 나타나는 것에 기초한 것이다. 이 분야의 학자들이, 예를 들어 현대의 미국 문화와는 전혀 다른 고대 지중해권 문화에 관해 우리에게 가르쳐 주는 것은 무엇인가? 산업사회와는 다른 농경사회에 관해서는 무엇을 가르쳐주는가? 접신(接神, trance)과 귀신들림, 치료와 치유, 주술과 귀신축출에 관해서는 무엇을 말해 주는가? 제국과 식민지의 상황, 지배층과 농민들, 정치와 가정, 세금과 빚, 계급과 성(性)에 대해서는 무엇을 말해 주는가? 이런 정보들은 예수와 직접적인 관계가 없으며, 따라서 그에 대해 비판적이거나 우호적으로 왜곡시킬 가능성이 없으므로 중요한 것이다. 예를 들어 우리가 만일 예수를 글을 읽을 줄 아는 중산층 목수로 묘사하고 싶어한다면, 교차문화적 인류학은 우리에게 고대사회에는 중산층이 존재하지 않았으며 또 농민들은 일반적으로 문맹(文盲)이었다는 사실을 상기시켜 준다. 그러므로 어떻게 예수가 그 당시에 존재하지도 않았던 그런 사람, 곧 글을 읽을 줄 아는 중산층 목수가 될 수 있겠는가?

두 번째 방향축은 예수가 살았던 세기의 첫 25년간의 그리스-로마 역사(Greco-Roman history), 특히 유대인 역사(Jewish history)다. 여기에서 가장 중요한 것은 유대인들의 고향, 곧 로마제국의 식민지이며, 북쪽으로 시리아와 남쪽으로 이집트 사이의 가교가 되는 땅이고, 또 직접적으로는 로마의 지배자들이나 간접적으로는 헤롯(공동번역에는 헤로데) 왕가 통치자들의 지배를 받았던 정치 단위로서의 유대 본토의 상황이다. 여기서 나는 특히 귀족 출신 유대인 역사가 요세푸스(Josephus)의 저술들에 초점을 맞춘다. 그는 그 시대에 관해 두 개의 독립적이고 병행하는 책을 썼다. 통상적으로 엘리트 저술가들은 하층민들이나 농민들이 반란을 일으키거나 폭동을 일으키는 경우를 제외하고는 그 집단에 대해 기술하는 법이 거의 없다. 그러나 1차 로마-유대전쟁이 일어난 기원후 66년에 이르기까지의 한 세기 동안 내내 농민 소요사태가 계속되었기 때문에, 나는 요세푸스가 시위자들과 예언자들, 의적들(bandits)과 메시아들에 관해 기술하고 있는 것에 큰 관심을 기울인다. 그러나 또한 표면 아래에서 끓고 있고, 공개적으로 분명하게 터져 나오기까지는 결코 기록되지 않을 농민 소요사태들에 대해서도 그려보고자 한다.

세 번째, 가장 까다로운 방향축은 문학적 혹은 본문(literary or textual) 연구다. 우선 오늘날 대부분의 비판적인 학자들이 받아들이고 있는 일반적인 결론 몇 가지와 배경 몇 가지를 제시하고자 한다. 첫째, 복음서들은 신약성서 자체 안에서뿐만 아니라 그 밖에서도 발견된다. 둘째, 그러므로 신약성서의 네 권의 복음서는 당시 구할 수 있었던 모든 복음서들을 모아 놓은 전집(collection)도 아니며 그것들 중에서 무작위로 선택한 것도 아니다. 오히려 네 복음서들은 의도적으로 어떤 복음서들은 받아들이고 포함시키는가 하면, 다른 것들은 배제하고 빼버리는 작업을 통해 만들어진 편집물이다. 셋째, 세 가지 연속적 단계, 즉 원래의 예수 재료들을 보유한 단계(retention of original Jesus materials), 그렇게 보유된 자료들을 발전시킨 단계(development), 그리고 전적으로 새로운 자료들을 창작한 단계(creation)로 이어지는 세 가지 연속적인 단계들이 신약성서 안과 밖의 복음서들 속에서 똑같이 발견된다. 넷째, (복음서들에 따라) 그 기사(記事, accounts)와 판본들(板本, versions)에 나타난 차이와 모순점들은 일차적으로 희미한 기억이나 강조점의 차이에서 비롯된 것이 아니라, 예수에 대한 매우 의도적인 신학적 해석의 차이에서 비롯된 것이다. 마지막으로 요약해서 말하면, 초대 기독교인들이, 부활한 예수의 지속적인 현존(the continuing presence of the risen Jesus)이나 성령의 계속적인 능력 부여(the abiding empowerment of the Spirit)로 체험했던 것이 예수전승(Jesus tradition, 예수에 관해 전해진 이야기들 - 역자주)의 전달자들에게 우리로서는 감히 생각도 못할 창조적인 자유를 주었는데, 우리로서는 주어진 그 증거를 갖고는 결코 도출해 낼 수 없는 그런 결론을 이끌어 내는 창조적 자유를 주었다. 예를 들어, 마태와 누가는 예수가 말하거나 행한 것, 또는 다른 사람들이 예수에 관해 말하거나 행한 것에 관한 자료로 마가복음을 이용하는 경우조차도 특정 부분을 빼거나 첨가하고 수정하고 고치는 일에서, 또는 그들 자신의 독특한 기사들을 창작하는 일에서 놀라울 정도로 자유로웠다. 그러나 물론 언제나 그들 자신의 독특한 예수 해석에 따라 그렇게 한 것이다. 고대에는 역사나 전기라는 문학양식에 대한 틀이 폭넓었다는 사실을 감안한다 해도, 복음서들은 역사도 아니고 전기도 아니다. 각각의 복음서들은 그것들이 최종적으로 불려지게 된 것처럼 복음(Gospel) 또는 기쁜 소식(Good News)인데, 여기서 기쁜(good)이란 언제나 어떤 개인이나 공동체의 견해나 해석 안에서만 기쁜 것이며, 또 소식(news)이란 그것이 이미 복수형인 탓에, 우리가 통상적으로 또다시 복수형으로 사용하지 않는 단어다.

이처럼 발전과 해석으로 이루어진 여러 층(層)들에 직면해서, 나는 역사적 예수에 대한 나의 재구성 작업을 가장 믿을 만한 원래의 재료들(original materials)에 기초하도록 만들기 위해, 두 가지 기본전략을 따른다. 나는 특히 가장 초기 전승층(stratum of the tradition), 즉 기원후 30년부터 60년 사이에 속하는 것으로 판단되는 재료들에 집중한다. 또한 하나의 독립된 증거/출처(a single independent attestation)만을 갖는 재료에는 결코 의지하지 않는다. 전문적인 신문기자라면 누구나 이런 기준에 따라 작업하고 있으며, 또 비판적인 역사가들은 그들을 본보기로 따를 것이다. 물론 단일 출처만 갖는 재료가 매우 정확한 것일 수도 있지만, 나는 가장 많은 출처들에 나타나는 재료들로부터 시작해서, 단일 출처를 갖고 있는 재료에로 거슬러 올라가면서 나의 그림을 완성하려고 애쓴다. 최초의 전승층에서 여러 출처들에 나타나는 재료들, 최소한 두 개 이상의 출처를 갖고 있는 재료는 우리가 얻을 수 있는 최초의 재료라는 증거가 된다. 이것이 방법론적인 원칙으로서, 진리임을 보장해 주지는 못할지라도 적어도 부정직하게 멋대로 해석하는 것을 막아주는 과정이다.

이 주제를 좀더 자세하고 체계적으로 연구하고자 하는 사람은 이 책이 근거하고 있는 훨씬 더 방대한 책을 참조할 수 있다. 더 풍부한 인용과 논증, 증거자료들은 1991년에 출판된 나의 책『역사적 예수: 지중해 지역의 한 유대인 농부의 생애』(*The Historical Jesus: The Life of a Mediterranean Jewish Peasant*, 김준우 역, 한국기독교연구소, 2000)에서 얻을 수 있다. 이 책은 그 책을 더욱 쉽게 만든 것이다. 그러나 어떤 점에서는 그것보다 낫다. 이 책의 모든 장에는 모체가 되는 그 책보다 탁월한 것이 실려 있다. 그리고 이 책은 간략하고 직접적인 서술 형태로 인해 그 역사적 전기가 끼쳐 온 영향이 훨씬 더 강력하고 극적인 것이 되리라 믿는다. 이 책은 앞의 책이 처음 출판된 이후 여러 해 동안 그 책에 관해 이루어진 논쟁과 토론, 질문과 반론, 재고와 재론들로부터 도움을 받았다.

그러나 그 책에서 이 책으로 오기까지 바뀌지 않은 것이 하나 있는데, 그것은 나의 노력이 역사적 예수를 가능한 한 정직하고 정확하게 재구성하는 것이라는 점이다. 나의 목적은 내가 좋아하거나 싫어하는 예수라는 인물, 내가 동의하거나 동의하지 않는 예수라는 인물을 발견하는 것이 아니다. 그러기에 1991년 성탄절판 〈기독교 세기〉(*Christian Century*)에 실린 나의 한 논문에서 인용한 가상의 대화를 여기에 소개하는 것으로 결론을 맺으려 한다. 역사적 예수는 나에게 이렇게 말한다.

"도미닉, 네 책을 읽어보았다. 매우 좋더군. 그러면 이제 내 비전을 따라 살고, 나의 프로그램에 동참할 준비가 되었는가?"
"제겐 그럴 용기가 부족합니다, 예수님. 그러나 그것을 매우 멋있게 묘사하기는 했지요, 그렇지요? 또 그 방법은 특히 훌륭하지 않아요?"
"자네의 무능함에 나의 메시지를 맞추기 위해 거짓말을 하지 않은 것에 대해 감사하네, 도미닉. 적어도 그것만은 잘한 일이지."
"충분한가요? 예수님?"
"아니네, 도미닉, 충분치가 않아."

◇ 1장 ◇

두 신(神)의 이야기

신께서는… 가장 선하신 분, 아우구스투스로 하여금 우리의 삶을 복주시고… 또 자비를 베푸셔서, 전쟁을 그치고 만물에 [평화로운] 질서를 허락하실 분[구세주]을 우리와 우리 뒤에 올 사람들에게 허락하셨으니… 그 결과 우리 신의 출생일은 이 세상을 위한 기쁜 소식의 시작을 알리는 것이었기에…그러므로… 아시아의 그리스인들은 모든 도시에서 9월 23일에 새해가 시작되는 것으로 지킬 것이다.… 첫 달은 카이사르의 달로 지킬 것인데, 카이사르의 출생일인 9월 23일로 시작된다.

- 로마제국과 그 첫 번째 황제인 아우구스투스에게 봉헌된
아시아의 신전들 안에 있는 석판에 적혀 있는 달력 변경에 관한 포고문

천사가 마리아에게 말하였다. "두려워하지 말아라. 마리아야, 너는 하나님의 은혜를 입었다. 보아라, 네가 잉태하여 아들을 낳을 것이니, 너는 그의 이름을 예수라고 하여라. 그는 위대하게 되고, 가장 높으신 분의 아들이라고 불릴 것이다. 주 하나님께서 그에게 그의 조상 다윗의 왕위를 주실 것이다. 그는 영원히 야곱의 집을 다스리고, 그의 나라는 무궁할 것이다. …성령이 네게 임하시고, 가장 높으신 분의 능력이 너를 감싸줄 것이다. 그러므로 태어날 아기는 거룩한 분이요, 하나님의 아들이라고 불릴 것이다"… 천사가 그들에게 말하였다. "두려워하지 말아라. 나는 온 백성에게 큰 기

뿜이 될 소식을 너희에게 전해 준다. 오늘 다윗의 동네에서 너희에게 구주가 나셨으니, 그는 곧 그리스도 주님이시다."

- 천사가 나사렛에서 동정녀 마리아에게, 또한 베들레헴에서 목자들에게 나타나 전해 준 소식(누가복음 1:31-35; 2:10-11)

트로이 사람 카이사르가 온다

거칠고도 아름다운 지중해의 양쪽 해안에서 백 년이라는 기간 동안 인간이 살아서는 신의 아들(son of God)로, 또 죽어서는 신(god)으로 찬양 받은 경우가 두 번이나 있었다. 그러나 옥타비우스는 로마 귀족 사회의 정점에 위치해 있었던 반면에, 예수는 유대 농민계급의 바닥층에 가까운 사람이었다. 그러므로 앞 사람의 인생 이야기에 대해서는 정확한 날짜와 분명한 장소를 알 수 있는 반면에, 후자에 대해서는 어느 것도 분명치 않다는 것은 놀라운 일이 아니다.

가이우스 옥타비우스(Gaius Octavius)는 기원전 63년 9월 23일에 출생했으며, 율리우스 카이사르(Julius Caesar)의 양자가 되어 기원전 44년 3월 15일 그가 암살 당하자 그의 법적인 후계자가 되었다. 기원전 42년 1월 1일, 카이사르가 로마 원로원에 의해 신으로 인정되자 옥타비우스는 즉시 "신의 아들"(*divi filius*)이 되었다. 그러나 이처럼 확실한 날짜들이 쉽게 확인되는 일들에서조차도, 옥타비우스가 아우구스투스(Augustus)가 되는 이야기를 서술하는 데는 역사보다 신화가, 사실보다는 신앙이, 연대기보다는 시(詩)가 사용되고 있다.

즉 십여 년의 내전이 끝난 기원전 40년경, 옥타비우스와 안토니우스가 이탈리아 남부의 발뒤꿈치 모양을 한 지역인 브린디시움에서 장래의 우호 관계를 약속하던 때에 시인 베르길리우스(Virgil)는 그의 "제4 목가"(*Fourth*

Eclogue)에서, 새 평화가 도래한 세계에서 새롭게 출생할 아이를 상상하며 그에 대해 서사시 풍으로 노래하고 있었다. 황홀한 평화로 충만한 세상에서 그 아이가 맞을 미래를 그는 다음과 같이 기록하고 있다.

> 그러나 세월이 흘러 네가 성숙한 사나이가 될 때쯤이면,
> 상인들조차도 바다를 멀리할 것이요,
> 소나무는 더 이상 상선이 되지 않으리니,
> 모든 땅이 모든 것을 풍요로이 낳을 것이기 때문이다.
> 땅에는 괭이질이 없을 것이며,
> 덩굴은 가지치는 낫을 만나지 않을 것이요,
> 힘이 넘치는 농부는 소들을 멍에에서 풀어 줄 것이다.
> 염료는 더 이상 순백의 양모에
> 화려함으로 채색된 거짓을 가르치는 일도 없을 것이니,
> 양들은 초원에서 스스로 고운 진홍빛 색깔로 치장할 것이요,
> 이어 자기 털을 진노랑으로 바꿀 것이요,
> 또한 어린양들은 풀을 뜯어먹어
> 주홍 빛깔 천으로 옷 입을 것이기에.

그러나 이런 이상적인 꿈과는 달리, 그 후 10여 년 동안은 평범하고 기본적인 일상의 평화조차 허락되지 않았다. 그리스 서부 해안의 악티움 앞바다에서 클레오파트라의 함대가 패배한 안토니우스를 발견하고는 알렉산드리아로, 나아가 죽음의 운명으로 이끌어 간 것이 바로 이 당시였다.

베르길리우스는 화려한 음악적 시편과 극히 정치적인 선전을 결합시키면서, 즉시로 옥타비우스와 또 그에게 물려진 율리우스의 유산에다가 새로운 로마의 질서에 걸맞은 신화론적인 혈통을 부여하기에 이른다. 그는

영감을 얻기 위해 그가 얻을 수 있는 유일한 자료이며 그리스-로마 종교의 "성서"라 할 수 있는 호메로스(Homer)로 거슬러 올라간다. 그는 호메로스의 그리스어로 된 두 편의 서사시, 즉 해외에서의 전쟁 수행을 다룬 『일리아드』(Iliad)와 다시 고향으로 돌아오는 것을 다룬 『오딧세이』(Odyssey)를 라틴어로 된 그의 『애이네이드』(Aeneid)에서 하나로 결합시키고 있다. 여기서 율리우스 카이사르와 가이우스 옥타비우스는 고대의 신성한 가문의 계승자로 찬양되었다. 인간인 아버지 안키세스와 신인 어머니 아프로디테의 아들인 애이네아스(Aeneas)는 파괴되는 트로이의 불길 속에서 자기 아버지와 아들을 구해 냈으며, 아들 율루스(Julus)를 이탈리아로 데려가 율리우스 가문의 시조로 세웠다. 그는 『애이네이드』 제1권에서 다음과 같이 말하고 있다.

> 트로이 사람 카이사르가 온다,
> 바다로 제국을 둘러싸고, 하늘의 별들로 명성을 자랑하면서.
> 그의 이름 율리우스, 율루스에게서 나온 사람이니,
> 그대는 다만 조용하여 그 분을 하늘 높이 기릴 것이요,
> 그때에는 동방의 보화로 가득하고
> 기도로 부르면 그는 그대와 함께 할 것이요…
> 그때 철 기둥으로 견고한 전쟁의 문은 닫히리라.

모든 날짜와 장소들이 분명하게 밝혀져 있는 곳에서조차 신화만이 로마 사회의 완전히 새로운 비전(vision)에 적합한 것이었다. 그러나 우리가 그것을 신화나 이데올로기, 신학, 아니면 선전이라고 부르든 간에 그 밑에는 옥타비우스가 유일한 승자로 부상함으로써 20년 동안 계속되어 온 내란을 종결시켰다는 역사적인 사실이 놓여 있다. 이제 그는 아우구스투스가 되

었는데, 이 칭호(title)는 인간과 신 사이에 매우 모호하게 위치하고 있음을 뜻한다. 그는 또한 프린켑스(Princeps)가 되었는데, 이 칭호 또한 왕권과 시민 신분 사이에 모호하게 자리하고 있음을 나타내는 것이다. 이미 죽은 자들까지 포함해서 그의 경쟁자들 중에서 그를 최고로 인정하라. 그리고 우리가 이런 식의 역사와 신화의 혼합에 대해 너무 쉽게 비웃어 버리지 않도록, 우리는 다른 사람과 다른 사회, 이방문화들 속에 있는 그런 혼합물을 분간해 내는 일에는 언제나 재빠르다는 점을 기억하라. 우리는 자신이 갖고 있는 혼합물은 전혀 보지 못한다. 어쨌든, 로마 원로원은 8월 19일 아우구스투스가 죽자, 채 한 달도 지나지 않은 기원후 14년 9월 17일에 그를 신으로 인정했다. 이제 그는 가계 계승이나 양자로 삼음에 의해서 뿐만 아니라, 내부로는 로마의 권력을 통합하고 밖으로는 로마의 힘을 강화하기 위해 했던 그 모든 일을 통해 그 스스로의 힘으로도 신적인 지위에 이르게 되었다. 이런 사실을 염두에 두고 이제 예수에 대한 논의로 넘어가자.

과거의 미래

신약성서의 네 복음서 중에서 마태와 누가만이 예수의 출생이나 어린 시절에 관해 이야기해 준다. 그리고는, 마가와 요한처럼, 곧바로 그의 성인기로, 즉 마가와 요한이 그들의 예수 이야기를 시작하는 시점으로 넘어간다. 그런데 여기서 설명이 필요한 것은 예수의 유년기 이야기가 누락됐다는 것이 아니라 들어 있다는 사실이다. 예를 들어, 아우구스투스는 죽기 전에 그의 업적 목록을 안전하게 보관하도록 신녀들(Vestal Virgins)에게 맡겼으며, 이것은 로마에 있는 그의 묘 앞에 세워진 청동판에 새겨졌다. 터키 중앙의 앙카라에 있는 로마-아우구스투스 신전에서 나온 한 사본 속에서 그는 그 이야기를 다음과 같이 시작하고 있다.

열아홉 살 때에 나는 스스로의 결단으로, 자비를 들여 군대를 일으켰다. 그래서 당시 한 당파의 전제정치로 인해 억압받고 있던 공화정의 자유를 성공적으로 옹호할 수 있었다.

이렇게 "신 아우구스투스의 업적"(*Res Gestae Divi Augusti*)은 그의 출생이나 유아기에서 시작하지 않고, 기원전 44년의 사건들로부터 시작하고 있다. 이미 아우구스투스는 어른이며, 안토니우스는 미미한 한 파벌로서 무명의 위치로 밀려나 있다.

그러므로 중요한 문제는 마태와 누가가 예수의 출생 시기와 장소, 모습에 대해 우리에게 무엇을 말해 주느냐가 아니라, 좀 직설적으로 말해, 그들이 도대체 왜 우리에게 예수의 출생 이야기를 말하느냐 하는 것이다. 그런 유아기 이야기들(infancy stories)이 어떤 역할을 하는가? 그 이야기들은 예수 생애의 첫 장면들, 곧 그 이외의 다른 유아기나 젊은 시절 이야기들은 없어지거나 감추어져 버리고 남게 된 예수의 생애의 첫 장면들이라기보다는 복음서들의 서곡(overtures), 즉 각 복음서의 중심 주제들이 압축적으로 짜여진 것으로서, 복음서들에 대해 서론과 요약부 역할을 하는 것이라고 볼 수 있다. 그런데 이 복음서들은 예수의 성년기 생애에 대해 서로 다른 독특한 관점을 갖고 있으며, 따라서 서곡으로서의 그의 어린 시절에 대해서도 당연히 서로 다르고 독특한 관점을 갖고 있음이 분명하다. 이 사실이, 주의 깊은 독자들에게 즉시 떠오르는 문제, 즉 마태와 누가에만 나오는 이 쌍둥이 기사들 사이에는 차이점이 있으며 또 이 두 기사를 하나의 논리적이고 연속적인 이야기로 통합하는 것이 어렵다는 문제를 적어도 개괄적으로나마 설명해 준다. 예컨대 누가만이 목자와 천사들, 여관과 구유, 그리고 예수가 갓난아기 때에 성전에 갔던 일과 후에 열두 살 때 성전에서 찾은 이야기를 전하고 있다. 한편 마태만이 헤롯왕과 동방박사, 무고한 아기들의 학살, 그리고 이집트로 피신했던 이야기를 전하고 있다. 그럼 이제 몇 가지를 상세히 살펴보자.

요한과 예수

누가복음의 첫 장들에는 두 개의 출생 이야기가 나오는데, 그것들은 동시에 두 방향을 향하고 있다. 첫째는 과거를 향하는데, 여기서는 세례요한의 출생을 히브리 성서(그리스도인들은 이것을 확대하고 그리스어로 번역해서 자기들의 구약성서로 받아들였다)에 나오는 고대의 족장들, 예언자들, 그리고 영웅들의 출생 이야기들과 비슷하게 만들고 있으며, 다음으로 미래로 향하는데 여기서는 예수의 출생이 세례요한의 출생보다 우월하며, 따라서 앞에서 언급한 세례요한과 관계된 모든 인물들보다 우월하다는 것을 주장한다.

구약성경에는 부부가 임신이 불가능함에도 불구하고 이루어진 출생 이야기가 몇 개 나온다. 이런 불임은 흔히 희망이 완전히 사라지는 노령기까지 계속되는 것이었다. 대표적인 사례가 잉태 못하는 부부인 사라와 아브라함(창세기 18:10-11)이다. 그런데 "아브라함과 사라는 이미 나이가 많은 노인들"이었음에도 불구하고 하나님은 그들에게 아들을 약속했다. 여기에는 불임을 이겨낼 뿐 아니라 나이까지도 극복하는 이중의 기적이 나타난다. 또 다른 사례로 단지 불임만을 극복하는 사례가 선지자 사무엘의 부모의 경우인데, 여기서 하나님은 한나의 기도와 서원을 들으시고 그녀와 엘가나에게 아들을 주신다(사무엘상 1-2장). 물론 이 두 경우에 하나님의 그런 개입으로 태어난 아들은 그 때문에 운명적으로 위대한 인물이 된다. 유대인이 아브라함의 자손이 될 수 있었던 것은 그렇게 태어난 이삭을 통해서였으며, 또한 사무엘을 통해서 군주제를 받아들임으로써 다윗이 이상적인 왕이 될 수 있었다. 즉 나중에 위대한 인물이 되어 모든 사람이 관심을 갖게 되자, 그 누구도 관심 없었던 출생과정까지 위대한 것으로 만들어졌다. 위대한 삶과 죽음은 세월을 거슬러 올라가 위대한 잉태와 출산을 필요로 했던 것이다. 따라서 사라와 아브라함, 또는 엘가나와 한나의 상황은 (세례요한의 부모인) 엘리사벳과 사가랴의 상황에 대한 하나의 모델로서 작용한다. 즉 그들은 "자녀가 없었다. 엘리사벳이 임신을 하지 못하는 여자였고, 두 사람은 다 나이가 많았다"(누가 1:7). 세례요한의 잉태는 임신할 수 없고 또한/또는 나이든 부부를 통하여 예정된 아이가 태어나는, 그래서 잉태 그 자체가 그 인물의 타고난 위대성을 공표하고 있는 구약성서 모델을 잇고 있으며 심지어는 완성시키기까지 한다. 이것이 누가의 프로그램의 절반이다. 나머지 절반은 훨씬 더 중요하다.

이처럼 한 쌍을 이루고 있는 세례요한과 예수의 유년기 이야기는 대충 읽어보아도 알 수 있을 정도로 정교하게 병행을 이루고 있는데, 학문적인 연구가 할 수 있는 일은 단지 그 세부적인 특징들을 밝혀 주는 것뿐이다. 그것을 두 이야기가 병행하는 다섯 개의 막(幕)으로 이루어진 연극이라고 생각해 보자.

제1막은 천사의 고지(告知)로서, 천사가 사가랴에게 세례요한의 잉태를 알리고(누가 1:5-25), 또한 마리아에게 예수의 잉태를 전하는 장면이다 (1:26-38). 이 첫 번째 병행구가 이렇게 전개된 것은 아마도 작품의 전체 구조에 관심을 끌기 위한 것으로 보인다. 예를 들어, 천사가 사가랴에게 (1:13), 그리고 마리아에게(1:30) "두려워하지 말아라"고 말한 것을 비교해 보라. 또는 사가랴가 천사에게 묻는 것("어떻게 그것을 알겠습니까? 나는 늙은 사람이요, 내 아내도 나이가 많으니 말입니다," 1:18)과 마리아가 묻는 것("나는 남자를 알지 못하는데, 어떻게 이런 일이 있겠습니까?" 1:34)을 비교해 보라. 그러나 특별히 이런 형태상의 병행구 내에서, 바로 앞의 비교에서 이미 드러난 내용상의 차이점에 주목해 보라. 즉 천사 가브리엘은 세례요한에 대하여 "그는 주께서 보시기에 큰 인물이 될 것이다"(1:15)라고 말하는 반면에, 예수에 대해서는 "그는 위대하게 되고, 가장 높으신 분의 아들이라고 불릴 것이다" (1:32)라고 말한다. 이 병행구의 요점이 이미 분명해졌다. 즉 그것은 임신할 수 없고 나이든 부모에게서 태어난 세례요한보다 처녀인 어머니로부터 태어난 예수를 훨씬 더 탁월한 분으로 높이려는 것이다.

제2막은 두 아이의 출생의 공표이다. 세례요한의 출생이 먼저 나오지만 훨씬 간결하다(누가 1:57-58).

> 엘리사벳은 해산할 달이 차서, 아들을 낳았다. 이웃 사람들과 친척들은, 주께서 큰 자비를 그에게 베푸셨다는 말을 듣고서, 그와 함께 기뻐하였다.

그러나 예수의 출생은 훨씬 더 길게 말해진다(2:7-14).

> 마리아가 첫 아들을 낳아, 포대기에 싸서, 구유에 눕혀 두었다. 여관에는 그들이 들어갈 방이 없었기 때문이다. 그 지역의 목자들이 들에서 밤을 새우면서, 자기들의 양 떼를 지키고 있었는데 주의 천사가 그들에게 나타나고, 주의 영광이 그들에게 두루 비치었다. 그들은 몹시 두려워하였다. 천사가 그들에게 말하였다. "두려워하지 말아라. 나는 온 백성에게 큰 기쁨이 될 소식을 너희에게 전해 준다. 오늘 다윗의 동네에서 너희에게 구주가 나셨으니, 그는 곧 그리스도 주님이시다. 너희는 갓난아기가 포대기에 싸여, 구유에 뉘어 있는 것을 볼 터인데, 이것이 너희에게 주는 표적이다." 갑자기 그 천사와 더불어 많은 하늘 군대가 나타나서, 하나님을 찬양하여 말하였다. "가장 높은 곳에서는 하나님께 영광이요, 땅에서는 주께서 기뻐하시는 사람들에게 평화로다."

그러나 이 병행구는 여전히 예수의 우월성을 강조하고 있다. 즉 세례요한이 태어났을 때는 오직 "이웃 사람들과 친척들"만이 엘리사벳과 함께 기뻐하고 있다(1:58). 그러나 예수의 경우는 "많은 하늘 군대가 나타나서 하나님을 찬양"하고 있다(2:13).

제3막은 두 아이의 "할례와 명명(命名)"으로, 세례요한은 1:59-63a에서, 예수는 2:21에서 이야기된다.

아기가 난 지 여드레째 되는 날에, 그들은 아기에게 할례를 행하러 와서, 그의 아버지의 이름을 따서, 그를 사가랴라 하고자 하였다. 그러나 아기 어머니가 "안 됩니다. 요한이라 해야 합니다" 하고 말하니, 그들은 "친척 가운데는 아무도 이런 이름을 가진 사람이 없습니다" 하였다. 그들은 그 아버지에게 아기의 이름을 무엇으로 하려는지 손짓으로 물어 보았다. 그가 서판을 달라고 하여 "그의 이름은 요한이다" 하고 쓰니, 모두 이상히 여겼다. 그런데 곧 그의 입이 열리고 혀가 풀려서, 말을 하며 하나님을 찬양하였다.

여드레가 차서, 아기에게 할례를 행할 때에, 그 이름을 예수라고 하였다. 그것은, 아기가 수태되기 전에, 천사가 알려준 이름이다.

제4막은 두 아이의 사회적 소개와 운명 예언이다. 세례요한의 사회적 소개는 그의 아버지의 집에서 이루어졌으며, 소문은 이웃을 통해 주위의 산골 마을로 퍼져 나갔다. 그리고 예언은 세례요한에 관한 것이라기보다는 차라리 예수에 관한 것이다(누가 1:65-79).

이웃 사람은 모두 두려워하였다. 이 모든 이야기는 유대 온 산골에서 화제가 되었다. 이 말을 들은 사람은, 모두 이 사실을 그들의 마음에 두고 "이 아기가 대체 어떤 사람이 될 것인가?" 하였다. 주께서 능력으로 그 아기를 보살피시는 것이 분명했기 때문이었다. 요한의 아버지 사가랴가 성령으로 충만하여, 이렇게 예언하였다. "주 이스라엘의 하나님은 찬양 받으실 분이시다. 그분은 당신의 백성을 돌보아 속량하시고 우리를 위하여 권능의 구원자를 당신의 종 다윗의 집에서 일으키셨다. 예로부터 당신의 거룩한 예언자들의 입으로 주께서 말씀하신 대로, 우리를 원수들에게서 구원하시고, 우리를 미워하는 모든 사람의 손에서 건져내셨다. 주께서 우리 조상에게 자비를 베푸시고, 당신의 거룩한 언약을 기억하셨다. 이것은 주께서 우리에게 주시려고, 우리 조상 아브라함에게 하신 맹세이니, 우리를 원수들의 손에서 건져 주셔서, 두려움이 없이 주님을 섬기게 하시고, 우리가 평생 동안 주님 앞에서, 거룩하고 의롭게 살아가게 하셨다. 아가야, 너는 가장 높으신 분의 예언자라 불릴 것이니, 주님보다 먼저 가서 그의 길을 예비하고, 죄 사함을 받아서 구원을 얻는 지식을 그의 백성에게 가르쳐 줄 것이다. 이것은 우리 하나님의 자비로운 심정에서 오는 것이다. 그분은 해를 하늘 높이 뜨게 하셔서, 어둠 속과 죽음의 그늘 아래에 사는 사람들에게 빛을 비추게 하시고, 우리의 발을 평화의 길로 인도하실 것이다."

그러나 예수의 사회적 소개는 집에서만이 아니라 성전에서 이루어진다. 소문은 인근의 산골 마을로가 아니라 "예루살렘의 속량을 기다리는" 모든 사람에게로 퍼져 나간다. 그리고 운명에 대한 예언은 시므온과 안나 두 사람에 의해 이루어졌고 오로지 예수에게만 국한되었다. 누가복음에는 다음과 같이 기록되어 있다(2:21-38).

여드레가 차서, 아기에게 할례를 행할 때에, 그 이름을 예수라고 하였다. 그것은, 아기가 수태되기 전에, 천사가 알려준 이름이다. 모세의 법대로

마리아와 요셉이 정결예식을 행하는 기간이 다 된 후에 그들은 아기를 주께 드리려고 예루살렘으로 데리고 올라갔다. 그것은 주의 율법에 "어머니의 태를 처음 여는 남자아이마다, 주의 거룩한 사람으로 불릴 것이다"라고 기록된 대로 한 것이요, 또 주의 율법에 "산비둘기 한 쌍이나, 어린 집비둘기 두 마리를 드려야 한다"고 이르신 대로 희생제물을 드리려는 것이었다. 그런데 마침 예루살렘에 시므온이라는 사람이 있었는데, 그 사람은 의롭고 경건한 사람이므로, 이스라엘이 받을 위로를 기다리고 있었고, 또 성령이 그에게 임하여 있었다. 그는 주께서 보내시는 그리스도를 보기 전에는 죽지 않을 것이라는 성령의 지시를 받은 사람이다. 그가 성령의 인도로 성전 안에 들어갔을 때에, 마침 아기의 부모가 율법이 정한대로 행하고자 하여, 아기 예수를 데리고 들어왔다. 시므온이 아기를 자기 팔에 받아서 안고, 하나님을 찬양하여 말하였다. "주님, 이제 주께서는 주의 말씀을 따라, 이 종이 세상에서 평안히 떠나갈 수 있게 해주셨습니다. 내 눈이 주의 구원을 보았습니다. 주께서 이것을 모든 백성 앞에 마련하셨으니, 이것은 이방 사람들에게는 계시하시는 빛이요, 주의 백성 이스라엘에게는 영광입니다." 아기의 아버지와 어머니는, 시므온이 아기에 대하여 하는 이 말을 듣고서, 이상하게 여겼다. 시므온은 그들을 축복한 뒤에, 아기의 어머니 마리아에게 말하였다. "보십시오, 이 아기는 이스라엘 가운데 많은 사람을 넘어지게도 하고 일어나게도 하도록 세우심을 받았으며, 비방을 받는 표징으로 세우심을 받았습니다. -- 그리고 칼이 당신의 마음을 꿰뚫을 것입니다. -- 이것은 많은 사람의 마음에 품은 생각들을 드러내시려는 것입니다." 아셀 지파에 속하는 바누엘의 딸로 안나라는 여예언자가 있었는데, 나이가 많았다. 그는 결혼하여 일곱 해를 남편과 함께 살다가, 과부가 되어서, 여든 네 살이 되도록 성전을 떠나지 않고, 밤낮으로 금식과 기도로 하나님을 섬겨 왔다. 바로 이 때에 그가 다가서서 하나님께 감사를 드리고, 예루살렘의 속량을 기다리는 모든 사람에게 이 아기에 대하여 이야기해 주었다. 아기의 부모는 주의 율법에 규정된 모든 일을 마치고 나서, 갈릴리에 있는 자기네 고향 동네 나사렛에 돌아왔다.

제5막은 아이의 성장에 대한 묘사다. 앞에서 살펴본 모든 경우처럼 세례요한이 먼저 나오지만, 그 다음 장면에서 예수가 그를 능가하여 높여지고 있다. 다음 본문(1:80과 2:40-52)을 보라.

아기[요한]는 자라서 심령이 굳세어졌다. 그는 이스라엘 백성 앞에 나타나는 날까지 광야에서 살았다.

아기[예수]는 자라며 튼튼해지고, 지혜로 가득 찼고, 하나님의 은총을 받고 있었다. …
예수가 열두 살이 되는 해에…그의 부모는…성전에서 예수를 찾았는데, 그는 선생들 가운데 앉아서, 그들의 말을 듣기도 하고, 그들에게 묻기도 하고 있었다. 그의 말을 듣고 있는 사람들은, 모두 그의 슬기와 대답에 경탄하였다. …
예수는 지혜와 키가 자라며, 하나님과 사람에게 더욱 사랑을 받았다.

예수를 높인 것은 위에 고딕체로 표시된 구절들에서 최고조에 이른다. 즉 세례요한은 광야에 숨어 지냈으나, 예수는 열두 살 때 이미 성전에서 선생들을 놀라게 했다.
이 이중적인 유아기 이야기에서 누가는 독자들에게 두 개의 강력한 메시지를 보내고 있다. 즉 세례요한은 그 민족의 과거의 요약이며 완성이라는 것, 그러나 예수는 그보다 훨씬 더 위대하다는 점이다.

모세와 예수

누가와 마찬가지로 마태도 예수의 출생을 그 민족의 성스러운 고대 문서 전승들과 연결짓는 데 관심을 갖고 있다. 그러나 임신할 수 없는 부부와 기적적인 잉태를 상상하는 대신에, 마태는 오직 모세의 유년 시대에만 집중한다. 그 배경이 되는 이야기는 출애굽기 1-2장의 기본적인 설화와 또 이 설화가 기원후 1세기에 확대되어 대중들 사이에서 유행하게 된 이야기들을 모두 이용한다. 성서에 의하면, 이집트의 통치자 파라오는 "갓 태어난 히브리 남자아이는 모두 강물에 던지고, 여자아이들만 살려 두어라"(출애굽기 1:22)고 명령함으로써 자기 땅에 살고 있는 이스라엘 사람들의 씨를 말리고자 하였다. 모세는 우연히 이 시대에 태어났는데, 그의 어머니가 갓 태어난 그를 숨기고 나아가 그를 상자에 담아 파라오의 딸에 의해 구출되도록 강둑에 가져다 둠으로써 겨우 생명을 구한다. 물론 마지막에는 그가 이집트에서 죽음의 위험에 처한 그의 백성들을 구원하여 약속의 땅으로 인도해 갈 것이다. 이 이야기를 읽는 사람은 누구나 어렵지 않게 그 설화적인 통일성과 관련된 두 가지 문제를 발견할 수 있다. 첫째, 왜 모세는 그처럼 어려운 시대에 태어났어야 했는가? 둘째, 새로 태어난 아들들이 죽어야 할 운명이라면 왜 이스라엘 사람들은 계속해서 아이를 낳아야 했는가? 이 문제들은 모세의 유아기 이야기가 확대되어 대중적인 이야기들로 다시 이야기되었을 때 대답되어진다. 아래에서 나는 그런 대중적인 전승들의 초기 것과 후기 것 양쪽에서 글을 인용한다. 요세푸스와 위(僞)필로(Pseudo-Philo)에게서 발견되는 초기의 전승은 1세기에 나온 것으로서, 마태가 그의 유아기 이야기를 기록하기 전에 이미 그처럼 확대된 이야기들이 널리 퍼져 있었다는 것을 증명하는 데 매우 중요하다. 또한 옥스퍼드의 보들리 도서관에 소장되어 있는, 출판되지 않은 중세시대의 히브리어 필사본인 『기억의 책』(*Book of Remembrances*, 또는 *Sefer ha-Zikronot*)에 들어 있는 후기 전승들은 훨씬 온전하며 따라서 더욱 철저하고 자세하게 마태복음과 비교해 보는 것을 가능케 해준다. 다시 한번 병행 드라마(a parallel drama)를 상상해 보자. 그러나 이번 것은 5막(幕)이 아니라 3막으로 이루어진 것이다. 그런데 여기서 이들 3막에는 각기 장(場)들이 있다.

제1막은 **통치자의 음모**이다. 모세는 유아 대학살이 포고된 후에 우연히 태어난 것이 아니다. 그와는 반대로 유아 대학살이 그를 죽이기 위해 포고된 것이다. 제사장 가문의 유대인 역사가이며, 기원후 93년이나 94년경에 20권으로 된 자기 민족의 역사 『유대 고사』(Jewish Antiquities)를 쓴 요세푸스는 성서의 출애굽 이야기를 각색하면서 다음과 같은 세부 사항을 포함시켰다.

뒤이은 한 사건이 이집트 사람들로 하여금 우리 민족을 멸절시키도록 자극하는 결과를 가져왔다. 미래를 정확하게 예언하는 능력을 가진 사람들인 신성한 서기관 중의 한 사람이 왕에게 그때에 이스라엘에 한 아이가 태어날 것인데 그가 자라면 이집트인의 주권을 꺾고 이스라엘 백성들을 높일 것이요, 그는 만인 위에 뛰어난 능력을 행할 것이요 영원한 명성을 얻게 될 것이라고 말하였다. 이 말에 놀란 왕은 이 지혜자의 충고를 따라 이스라엘 백성 중에 태어나는 모든 남자아이들을 강에 던져 죽게 하라고 명령하였다.

다시 말해서, 파라오가 남자아이들을 학살하라고 명령한 것은 분명히 그 예정된 아이를 죽이라는 것이었다. 이 이야기는 훨씬 뒤에 나온 『기억의 책』에서 네 개의 특별한 장으로 발전된다.

[1. 징조] 파라오가 자기 왕국의 왕좌에 앉아 있는 꿈을 꾸었다. 그는 손에

상인의 저울 같은 것을 들고 있는 한 노인이 자기 앞에 서 있는 것을 보았다. 노인은 그 저울을 파라오에게 내밀었다. 그런 후 그는 이집트의 모든 원로들과 왕자들과 귀족들을 데려다 그 저울의 한쪽 접시 위에 올려놓았다. 그리고는 어린 양 한 마리를 두 번째 접시에 올려놓았다. 그런데 그 양이 그 모든 사람들보다 무게가 더 나가는 것이었다. 파라오는 이 놀라운 장면을 보고 어떻게 어린양이 그 모든 사람들보다 더 무거울 수 있는가 어리둥절해 하다가 깨어나서는 그것이 단지 꿈이었음을 알게 되었다.

[2. 불안] 다음날 아침 파라오가 자리에서 일어나 모든 신하들을 소집하여 그 꿈에 대해 들려주자 그들이 두려움에 크게 떨었다.

[3. 조언을 구함] 그때 왕자 중 하나가 대답했다. "이것은 종말의 날에 커다란 재난이 이집트에 임할 것이라는 뜻입니다." "그러면 그게 무엇인가?" 왕이 환관에게 물었다. 그러자 환관이 왕에게 답하였다. "이스라엘 중에 한 아이가 태어날 터인데 그가 이집트 온 나라를 파괴할 것입니다. 제발 왕께서는 여기서 히브리인 중에 새로 태어나는 남자아이는 모두 죽이도록 왕명을 정하여 이집트 방방곡곡에 선포하시기 바랍니다. 그래서 이집트 땅이 이 재난에서 피할 수 있도록 하시기 바랍니다."

[4. 대학살] 왕은 그 말에 응하였으며, 히브리인의 산파들을 불러오라고 명하였다.[여기에서 이야기는 출애굽기 1:15로 이어진다]

연속적인 네 개의 장으로 이루어진 이 이야기는 마태복음에 나오는 예수 출생 이야기(2:1-18)의 모델이 된다. 단지 차이가 있다면, 마태가 모세 출생에 관한 민간전승에서는 그 병행구를 찾아볼 수 없는 이방의 현자들

(동방박사들)을 포함시키고 있다는 점이다. 즉 마태복음에서 예수는 헤롯의 권위에 의해서는 부인되고 이방의 지혜에 의해서는 받아들여진다. 예수의 생애 시작 부분에 등장하는 이 지혜로운 이방인들은 끝 부분에 나오는 "모든 민족을 가르치라"(28:19)의 결론적인 훈계와 연결된다. 여기에 마태의 생각을 간단한 형태로 정리해 본다.

[1. 징조] 헤롯 왕 때에 예수가 유대 땅 베들레헴에 태어나자 동방으로부터 현자들이 찾아와 물었다. "유대인의 왕으로 나신 이가 어디 계십니까? 우리가 동방에서 그의 별을 보고, 그에게 경배하러 왔습니다."

[2. 불안] 헤롯 왕은 이 말을 듣고 당황하였고, 온 예루살렘 사람들도 그와 함께 당황하였다.

[3. 조언을 구함] 왕은 백성의 대제사장들과 율법학자들을 다 모아 놓고서, 그리스도가 어디에서 태어나실지를 그들에게 물어 보았다. 그들이 왕에게 말하였다. "유대 베들레헴입니다. 예언자가 이렇게 기록하여 놓았습니다"

[4. 대학살] 헤롯은 박사들에게 속은 것을 알고, 몹시 노하였다. 그는 사람을 보내어 베들레헴과 그 가까운 온 지역에 사는, 두 살짜리로부터 그 아래의 사내아이를 모조리 죽였다.

제2막은 아버지의 결단이다. 출애굽기에는 대학살의 포고가 있은 후 "레위 가문의 어떤 남자가 레위 가문의 여자를 아내로 맞이하였다. 그 여자가 임신을 하여 아들을 낳았는데"(2:1-2)라고 간단하게 언급하고 있는데 반하여, 민간전승들은 이 이야기를 크게 확대하고 있다. 유대인 철학자 필로(Philo)의 작품으로 잘못 알려진, 그러나 어쨌든 그 저작연대가 기원후 70년 예루살렘이 함락된 직후인 것으로 여겨지는, 저자를 알 수 없는 『성서의 고대』(*Book of Biblical Antiquities*)는 이 빈약한 정보를 매우 폭넓게 확대하고 있다.

> 그때 백성의 장로들이 슬픔에 젖은 사람들을 불러모으고는 한탄하며 말하였다. … 이제 우리에게 규칙을 정하기로 합시다. 하나님께서 무엇을 하실지 알게 될 때까지… 아무도 자기 아내에게 가까이 하지 않기로, 아이가 없이 죽는 것이 더 낫기 때문입니다. 그런데 아므람[모세의 아버지가 될 사람]이 답하여 말했다. … 나는 당신들이 정한 그 법을 지키지 못하겠습니다. 나는 내 아내에게 들어가 자식을 낳고 그렇게 해서 이 땅위에서 번성하겠습니다. … 자, 그러니 이제 나는 아내에게 들어가 취할 것이요, 왕의 명령에는 승복할 수 없습니다. … 그런데 아므람의 진심에서 우러난 이 말을 하나님이 기뻐하셨다. … 그리하여 레위 족속에 속한 아므람이 나아가 그의 족속에 속한 아내를 취하였는데, 그가 그렇게 아내를 취하자 나머지 사람들도 그를 본받아 각각 자기들의 아내를 취하게 되었다… 그런데 하나님의 영이 밤사이에 마리아[미리암]에게 임하였고, 그녀는 꿈을 꾸었다. 날이 밝자 그녀는 부모에게 이렇게 말했다. 제가 지난 밤 꿈을 꾸었습니다. 거기서 긴 아마포 옷을 입은 한 남자가 있는 것을 보았는데 그 사람이 제게 말하기를 가서 네 부모에게 이렇게 전하라 했습니다. 보라, 너희에게서 태어날 아이가 물 속으로 던져질 것인데, 그것은 그 아이로 인하여 물이 말라 버릴 것이요, 그 아이를 통해 내가 징조를 보일 것인바 내가 나의 백성을 구할 것이요, 그 아이는 그때부터 영원히 우두머리가 되어 다스리게 될 것이기 때문이다.

이 글에서 아므람은 집단적인 이혼에 동참하기를 거부하고 있으며, 미리암의 예언적 역할은 단순히 미래를 선언하는 것이다. 그러나 훨씬 뒤에 나온, 보다 상세한 『기억의 책』(Book of Remembrances)에서는 아므람이 집단적인 이혼에 동참하고 있으며, 그의 마음을 바꾸도록 하기 위해 미리암의 예언이 등장하고 있다. 이 막은 세 개의 장으로 이루어진다.

[1. 이혼] 이스라엘 사람들이 자기들의 사내아이들을 강물에 던져야 한다는 파라오의 포고령을 들었을 때 일부 백성들은 그들의 아내와 이혼을 했다. 그러나 나머지는 계속 결혼 상태를 지속했다. …

[2. 재확인] 그런데 3년이 지난 후 하나님의 영이 미리암에게 임하였고, 그녀는 나아가 그의 집 한 가운데서 예언하여 다음과 같이 말했다. "보라, 이제 나의 부모에게 아들이 태어날 것이요, 그 아이가 이집트의 지배에서 이스라엘을 구원할 것이다."

[3. 재혼] 그 아이에 관한 말을 듣게 된 아므람은 야곱의 집의 모든 사내아이를 죽이라고 명한 파라오의 포고령이 있은 후 이혼했던 그의 아내에게로 가서 재혼하였다. 그래서 이혼한 지 삼 년 후에 그는 아내와 동침하였고 이로 인해 아내는 잉태하게 된다.

이 세 개의 장이, 마태복음(1:18-25)에 다시 나타나고 있지만, 여기서는 처녀(동정녀) 임신에 의해 그 실제적인 내용이 상당 부분 바뀌었다. 특히 예정된 구원자(savior)에 관한 미리암의 예언과 가브리엘 천사의 재확인 사이에 나타나는 유사점을 주의해 보라.

[1. 이혼] 그의 어머니 마리아가 요셉과 약혼하고 나서, 같이 살기 전에, 마리아가 성령으로 잉태한 사실이 드러났다. 마리아의 남편 요셉은 의로운 사람이므로, 약혼자에게 부끄러움을 주지 않으려고, 가만히 파혼하려 하였다.

[2. 재확인] 요셉이 이렇게 생각하고 있는데, 주의 천사가 꿈에 그에게 나타나서 말하였다. "다윗의 자손 요셉아, 두려워하지 말고, 마리아를 네 아내로 맞아들여라. 그 몸에 잉태된 아기는 성령으로 말미암은 것이다. 마리아가 아들을 낳을 것이니, 너는 그 이름을 예수라고 하여라. 그가 자기 백성을 그들의 죄에서 구원하실 것이다."

[3. 재혼] 요셉은 잠에서 깨어 일어나서, 주의 천사가 말한 대로, 마리아를 아내로 맞아들였다. 그러나 아들을 낳을 때까지, 아내와 잠자리를 같이하지 않았다. 아들이 태어나니, 요셉은 그 이름을 예수라고 하였다.

제3막은 아이의 피신(避身)인데, 여기서 민간전승들은 현명하게도 출애굽 이야기를 뜯어고치지 않고 있다. 그 이야기는 이미 완전한 것이었다. 모세는 파라오의 대학살을 모면했으며 결국은 그의 백성을 이집트로부터 그들의 약속된 땅으로 인도한다. 그러나 마태는 여기에다 강력한 풍자를 끼워 넣고 있다. 즉 예수는 헤롯을 피해 달아나지만, 이제 그의 탈출은 이방 나라 이집트로부터(from)가 아니라 바로 그곳으로(to)라는 것이다. 이것은 모세에 관한 병행구에는 나오지 않는 마태의 주제, 즉 갓난 예수를 알아보고 경배한 것은 본국의 국가 권력이 아니라 해외에서 온 이방인들의 지혜였다는 점을 강조하고 있다.

마태에게 예수 출생의 모델이 된 것은 모세의 출생에 대한 성서의 얼마

안 되는 이야기가 아니라, 확대되어 민간에 퍼져 있던 이야기들이다. 파라오가 예정된 아이의 출현에 대해 듣고는 어린 사내아이들을 모두 살해함으로써 그를 죽이고자 했던 것처럼, 헤롯 대왕도 예수에 대해 그렇게 했다. 또 모세의 아버지가 집단적인 이혼 결정을 받아들이기를 거부하고 자기 자식의 운명에 관해 선언하는 미리암을 통해 하늘의 메시지를 받은 것과 마찬가지로, 요셉도 마리아와 파혼할 것을 고려했으나 자기 자식의 운명을 알려주는 천사의 말을 듣고 생각을 바꾸었다. 모세는 이집트로부터 "나의 백성을 구원"할 것이다. 그러나 예수는 "자기 백성을 그들의 죄에서 구원"하게 될 것이다. 물론 마태의 이야기에는 병행하는 세부적인 내용들과 마찬가지로 반어적으로 뒤집어 놓은 이야기들도 존재한다. 즉 이방의 현자들은 별을 보고 먼 곳으로부터 예수를 영접하기 위하여 온다. 이에 반하여 헤롯은 유대교 성서를 읽고는 그를 죽이려고 한다. 그리고 무엇보다도 예수는 모세가 최종적으로 탈출했던 바로 그 땅인 이집트로 안전을 찾아 피신한다. 그러나 다시 한번 마태도 누가처럼 자신이 만든 바로 이 구조를 통해 강하고 설득력 있는 메시지를 전하고 있다. 즉 예수는 새로운, 그리고 더 위대한 모세라는 말이다.

성서를 뒤져서

그런데 외관상으로 보면, 누가와 마태는 예수에 관해 완전히 서로 다른 유아기 이야기를 만들어 냈다. 즉 누가는 어머니들에게 강조점을 두면서 구약성서의 완성으로서의 세례요한과 예수를 섬세하게 비교하고 있는 반면에, 마태는 아버지들에게 강조점을 두고서 구약성서의 정점으로서의 모세와 예수를 세밀하게 비교하고 있다. 그러나 좀더 깊은 차원에서는 그들이 똑같은 전략을 사용했다. 즉 과거는 현재를 다지고 미래를 세우기 위해 이용된다. 그러나 그 과정에서 예수는 그에게 모델이 되었던 앞의 모든 사람들과는 비교가 안 될 정도로 위대하다. 전체적인 과정에서 발견되는 이런 유사성은 결코 우연히 생겨난 것이 아니다. 그것은 훨씬 오래된 기독교 전통, 즉 성서(기존의 히브리 성서, 즉 구약성서 – 역자주)를 단순히 변증적이거나 논쟁을 위한 문서로 본 것이 아니라, 예수와 그의 운동과 운명을 이해하고 그의 처음 제자들의 삶과 희망을 이해하는 데 기초가 되는 문서(foundational texts)로 보아 여기저기를 자세히 뒤졌던 기독교 전통의 다양한 형태를 보여주는 것이다. 이런 성서 탐색에 속하는 좀더 특수한 다른 사례들은 마태와 누가에 공통적으로 나타나는, 따라서 그들 자신의 개인적인 편집작업 이전부터 있어 온 것이 분명한 세 가지 사건들, 즉 예수의 처녀 임신(동정녀 수태), 다윗의 가계(家系), 그리고 베들레헴 출생 이야기의 배후에서 찾아볼 수 있다.

처녀가 임신하여

마태와 누가는 예수의 처녀 임신(virginal conception)에 대해 의견이 일치한다. 마태의 이야기는 요셉에게 초점을 맞추고 있는데, 그는 자신의 약혼녀 마리아가 자신과 동침하기도 전에 임신하자 파혼을 고려하고 있다. 우리가 앞에서 보았듯이 이 잠재적인 파혼은 당시에 널리 퍼져 있던 모세의 출생 이야기에 나오는 모세 부모의 잠재적인 파혼을 모델로 한 것이며, 나아가 그의 공적인 생애를 시작하는 이야기에서처럼, 하나님으로부터 주어진 예언의 말씀에 의해 그 파혼이 방지된다. 마태복음에는 다음과 같이 기록되어 있다(1:20–23).

"다윗의 자손 요셉아, 두려워하지 말고, 마리아를 네 아내로 맞아들여라. 그 몸에 잉태된 아기는 성령으로 말미암은 것이다. 마리아가 아들을 낳을 것이니, 너는 그 이름을 예수라고 하여라. 그가 자기 백성을 그들의 죄에서 구원하실 것이다." 이 모든 일이 일어난 것은, 주께서, 예언자를 시켜서 이르시기를 "보아라, 동정녀가 잉태하여 아들을 낳을 것이니, 그의 이름을 임마누엘이라고 할 것이다" 하신 말씀을 이루려고 하신 것이다. 임마누엘 은 번역하면 "하나님이 우리와 함께 계시다"는 뜻이다.

여기에 인용된 예언은 이사야서 7:14이며, 기원전 734년이나 733년에 주어진 이 예언의 원래의 상황은 북왕국 이스라엘과 시리아의 연합군의 공격을 받고 있던 남왕국 유다의 왕인 아하스를 설득하여 아시리아의 황제에게 도움을 호소하기보다는 하나님을 신뢰하게 하려는 시도가 실패한 때였다. 아하스가 하나님의 도움을 신뢰하기를 거절했기 때문에 그는 이사야서 7:14-25에 나오는 심판의 예언을 받게 되었다. 즉 어떤(any) "처녀(young woman)가 잉태하여 아들을 낳고" 그 아이가 "잘못된 것을 거절하고 옳은 것을 선택할 나이가 되기" 전에, 즉 다 자라기 전에 침략해 오는 두 나라와 아하스의 나라가 다 황폐하게 될 것이다. 진정 하나님은 "임마누엘"(Immanuel), 즉 "그와 함께 하실"(God with him) 것이지만, 그것은 구원이 아니라 심판을 통해서다. 이사야서에 나오는 이 예언은 처녀 임신에 대해서는 어떤 식으로든 말한 바가 없다. 즉 이 예언은 히브리어로 '알마'(*almah*), 곧 방금 결혼했으나 아직은 첫 아이를 임신하지 않은 처녀에 대해 말하고 있다. 히브리어 성서의 그리스어 역본에서 '알마'라는 말이 '파르테노스'(*parthenos*)로 번역되었는데, 이것도 그 문맥에서 분명 동일한 것, 즉 방금 결혼한 처녀를 의미한다. 이사야서의 임마누엘 예언과 베르길리우스의 "제4 목가"(*Fourth Eclogue*)는 똑같이 한 아이의 출생과 성장 사이의 짧은 기간을 주목하고 있지만, 베르길리우스가 절대적인 평화를 약속하고 있을 때 이사야는 똑같이 짧은 기간 동안에 절대적인 황폐를 약속했다. 어쨌든 마태는 이사야의 예언을 절망보다는 희망의 예언으로 이해했고, 처녀라는 이사야의 용어를 마리아가 산모가 되기 전의 상태에 대해서 뿐만 아니라 임신 기간과 그 이후까지도 그녀에게 유지되고 있는 상태로 파악했다.

누가는 마리아가 임신했을 때 결혼하기로 약속된 상태였다는 점에서 마태와 일치한다. 그러나 그는 그것이 신적인 능력에 의한 처녀 임신이라는 것을 다음과 같이 강조한다(1:31-35).

"보아라, 네가 잉태하여 아들을 낳을 것이니, 너는 그의 이름을 예수라고 하여라. 그는 위대하게 되고, 가장 높으신 분의 아들이라고 불릴 것이다. 주 하나님께서 그에게 그의 조상 다윗의 왕위를 주실 것이다. 그는 영원히 야곱의 집을 다스리고, 그의 나라는 무궁할 것이다." 마리아가 천사에게 말하기를 "나는 남자를 알지 못하는데, 어떻게 이런 일이 있겠습니까?" 하였다. 천사가 마리아에게 말하였다. "성령이 네게 임하시고, 가장 높으신 분의 능력이 너를 감싸 줄 것이다. 그러므로 태어날 아기는 거룩한 분이요, 하나님의 아들이라고 불릴 것이다."

여기서 우리는 당장에 마태와는 달리 누가가 이사야서 7:14을 명백하게 언급하지 않는다는 사실을 알아챌 수 있다. 그러나 암시적으로는 그 본문이 인용되어 있다. 마태복음은 "그 몸에 잉태된 아이는 성령으로 말미암은 것이다. 마리아가 아들을 낳을 것이니, 너는 그 이름을 예수라고 하여라"(1:21)고 말하고 있다. 그러나 누가복음은 "보아라, 네가 잉태하여 아들을 낳을 것이니, 너는 그의 이름을 예수라고 하여라"(1:31)고 말한다. 그러나 이 본문들은 서로 아무 관계가 없는 별개의 두 자료에서 나온 놀라울 정도로 유사한 구절들이다. 그러나 분명 두 본문은 이사야서 7:14의 "처녀

(the young woman)가 잉태하여 아들을 낳을 것이며, 그가 그의 이름을 임마누엘이라고 할 것입니다"를 모델로 하여 이루어진 것이다. 그리스어 판에서 볼 때, 마태보다는 누가가 훨씬 더 이사야서에 가깝다.

그러므로 임마누엘이라는 말 대신에 예수라는 말을 사용하는 공통의 기독교 전승이 각각 마태와 누가에게 전달되는데, 마태는 이사야 7:14에 대한 해석으로부터 처녀 임신을 분명하게 이끌어 냈고, 누가는 암묵적으로 이끌어 냈다. 분명히 누군가가 처녀 임신을 예언한 것으로 해석될 수 있는 본문을 찾기 위해 구약성서를 뒤졌을 것이고, 그 본문의 원래의 뜻은 결코 그런 것이 아니었음에도 불구하고 그 본문을 찾아냈을 것이다. 이미 누군가는 어른 예수가 초월적인 의미를 갖는 것으로 결정했으며, 그 의미를 거꾸로 그의 임신과 출생에다가 덮어씌우고자 했다. 그런데 초기 기독교의 모든 전통들이 이사야 7:14을 예수의 처녀 임신을 예언한 것으로 보았다고 가정할 필요는 없다. 사실 예수의 처녀 임신은, 마태와 누가에게 별개의 경로로 전해지고, 그래서 그들의 유아기 설화들에서만 채용된 그 전승 이외에는 그 어디서도 찾아볼 수 없다.

기독교의 반대자들은 예수의 처녀 임신과 신적인 출생에 대한 주장을 듣자마자, 즉각적이고 단호하게 예수의 아버지 이름이 없다는 것은 곧 그가 사생아(私生兒)임을 뜻한다고 반박하곤 했다. 2세기의 후반 25년간 활동한 이교 철학자 켈수스(Celsus)는, 유대교와 이교철학 양자의 이름으로 단언하기를, 이런 처녀 출생 주장을 내세우는 진정한 동기는 예수가 사생아라는 정체를 은폐하려는 것이 틀림없다고 했다. 그는 이 부정한 아버지가 '판데라'(Panthera)라는 이름의 로마 병사였다고 주장했는데, 이 이름 속에서 우리는 이사야서(7:14)에 언급된 젊은 여인에 해당하는 그리스어 '파르테노스'(parthenos)를 수정해 조롱하고 있음을 보게 된다.

다윗의 마을에서 태어나다

마태와 누가는 모두 예수가 유대땅 구릉지대의 예루살렘 남쪽에 있는 마을 베들레헴에서 태어났다는 점에 동의한다. 그러나 여기서도 우리는 또 역사보다는 신화 속에 놓여진다. 히브리 성서는 "다윗은 유다 땅 베들레헴에 있는 에브랏 사람 이새의 아들이다. 이새에게는 모두 아들이 여덟 명 있었다"(사무엘상 17:12)고 한다. 그러나 다윗(David)은 과거에 살았던 한 사람의 군주 이상의 존재였다. 다시 말해 그는 아써 왕(King Arthur)과 같이 한때의 왕이었으며 또 미래의 왕이었다. 사회적인 불의와 외세의 지배, 식민지 착취의 물결이 유대인들의 영토를 휩쓸자 사람들은 다윗과 같은 지도자, 곧 오랜 동경으로 신성해지고 유토피아적인 이상주의로 충만하여 지난 시대의 평화와 영광을 회복시켜 줄 수 있는 미래의 다윗과 같은 지도자를 마음에 그리게 되었다. 예언자 미가는 기원전 8세기 후반기에 활동한 예언자 이사야와 같은 시대 사람으로서 그보다 젊고 또 그와는 달리 하층 계급 출신이었다. 이 미가의 책에 모아진 예언들 중에는 다음과 같은 열렬한 희망이 들어 있다(5:2).

> 그러나 너 베들레헴 에브라다야, 너는 유다의 여러 족속 가운데서 작은 족속이지만, 이스라엘을 다스릴 자가 네게서 내게로 나올 것이다. 그의 기원은 아득한 옛날, 태초에까지 거슬러 올라간다.

이 예언은 마태복음 본문, 즉 고대하던 자, 곧 메시아(the Messiah) 혹은 그리스도(Christ), 또는 기름부음을 받은 자(Anointed One)가 왜 베들레헴에서 태어나야 했는지를 설명하는 본문(2:6)에서 분명하게 인용되고 있다. 마태는 요셉과 마리아가 베들레헴에 계속 살아왔으며 예수가 태어나고 이집트로 피난하고 나서야 나사렛으로 이주했음을 당연시하고 있는 듯하다.

마태와 마찬가지로 누가에게도 예수는 다윗 계통의 메시아, 즉 유대교 일부 집단에서 미래의 희망으로 기대되던 인물이었으며, 전반적인 약속에서는 탁월한 인물이었지만 세부적인 묘사에서는 불명확한 인물이었다. 앞에서 살펴본 것처럼, 천사는 마리아에게 예수는 "위대하게 되고, 가장 높으신 분의 아들이라고 불릴 것이다. 주 하나님께서 그에게 그의 조상 다윗의 왕위를 주실 것이다"(누가 1:32)고 말했다. 그러나 마태와는 달리 누가는 그의 이야기를 나사렛에 살고 있는 요셉과 마리아에게서 시작한다. 그러므로 누가는 예수의 출생 전부터 그 부모가 나사렛에서 살고 있던 것으로 생각했음에 틀림없다. 그들이 베들레헴에 간 이유에 대해서 누가복음은 다음과 같이 말한다(2:1-7).

> 그때에 아우구스투스 황제가 칙령을 내려서 온 세계가 호적 등록을 하게 되었는데, 이 첫 번째 호적 등록은 구레뇨가 시리아의 총독으로 있을 때에 시행한 것이다. 모든 사람이 호적 등록을 하러 저마다 자기 동네로 갔다. 요셉은 다윗 가문의 자손이므로, 갈릴리의 나사렛 동네에서 유대에 있는 베들레헴이라 하는 다윗의 동네로, 자기의 약혼자인 마리아와 함께 등록하러 올라갔다. 그 때에 마리아는 임신 중이었는데 그들이 거기에 머물러 있는 동안에, 마리아가 해산할 날이 되었다. 마리아가 첫 아들을 낳아, 포대기에 싸서, 구유에 눕혀 두었다. 여관에는 그들이 들어갈 방이 없었기 때문이다.

여기에는 세 가지 문제가 있다. 첫째, 옥타비우스 아우구스투스 치하에서는 그와 같은 범세계적인 인구조사가 없었다는 점이다. 둘째, 실제로 헤롯 대왕의 아들 아켈라오가 지배하던 영토인 유대와 사마리아, 이두매에 대한 인구조사가 있었는데, 그것은 로마제국이 그를 골(Gaul) 지역으로 추방하고 그의 땅을 합병한 기원후 6년에 이르러서였다. 기원후 6-7년에 시리아를 통치했던 로마총독 구레뇨(Publius Sulpicius Quirinius)가 이 인구조사의 책임자였던 것 같다. 따라서 누가복음이 세례요한과 예수의 이야기를 "유대왕 헤롯 때에"(1:5)라는 말로 시작하고 있을지라도, 이 인구조사는 헤롯 대왕이 죽은 지 십 년이 지나서 이루어졌다. 셋째, 로마령 이집트에서 이루어진 인구조사와 납세(納稅) 포고령들로부터 우리는 당시 개인들이 통상적으로 그들이 살고 일하는 현주소에서 주민등록을 했다는 사실을 알 수 있다. 만일 그들이 집을 떠나 다른 곳에 있었다면 자신들의 현주소로 돌아와야만 했다. 즉 (누가의 본문이 주장하듯이) 인구조사를 위해 모든 사람이 조상의 고향 본적지로 돌아갔다가 다시 지금 살고 있는 집으로 돌아온다는 것은 오늘날과 마찬가지로 그 당시에도 행정적으로 악몽이었을 것이다. 오늘날과 마찬가지로 그때에도 중요한 것은 사람들로 하여금 세금을 낼 수 있는 곳에서 등록하도록 하는 것이었다. 이 베들레헴 여행 이야기가 지금까지 그토록 매혹적인 것이었음에 비추어 볼 때, 이렇게 그 역사적 진실을 밝힐 수밖에 없는 것은 좀 유감스럽다. 그러나 인구조사와 납세 등록을 위해 나사렛을 떠나 베들레헴에 갔다가 다시 돌아오는 여행은 완전히 꾸며진 이야기로서, 예수의 부모로 하여금 예수의 출산을 위해 베들레헴에 있게 만드는 방법을 마련하기 위해 누가 자신의 상상으로 창작된 것이다. 그러나 처녀 임신과 마찬가지로, 베들레헴 출생이 마태의 경우는 명확하게 구약성서의 예언과 연결되어 있으나, 누가의 경우는 단지 암묵적으로만 연결되어 있다는 사실을 주목해 보라. 마지막으로, 사람들이 예수가 다윗 계열의 메시아 혹은 그리스도냐 아니냐를 놓고 논쟁하는 요한복음 본문에서 이런 바꿔치기를 생각해 보자(7:41-42).

"이 사람은 그리스도다" 하고 말하는 사람들도 있었다. 그러나 더러는 "갈릴리에서 그리스도가 나올 수 있을까? 성경은 그리스도가 다윗의 자손 가운데서 날 것이요, 또 다윗이 살던 마을 베들레헴에서 날 것이라고 말하지 않았는가?" 하고 말하기도 하였다.

이 논쟁에서, 또는 이 문제와 관련된 신약성서의 다른 본문들 어디에서도, 예수가 베들레헴에서 출생했다는 주장에 대해 알았던 사람들이 있었다는 암시를 찾아볼 수가 없다. 처녀 임신과 베들레헴 출생은 마태와 누가가 그들의 유아기 이야기의 자료로 이용하였던 공통의 전승에만 독특하게 들어 있었던 것으로 보인다. 처녀 임신과 베들레헴 출생의 밑에 깔려 있는 신앙고백, 즉 예수는 하나님의 아들이며 또 다윗 계통의 메시아라는 신앙고백은 물론 초기 기독교 전승들 속에 훨씬 더 깊숙이 각인되어 있다.

헤롯 왕 때에

마태와 누가의 유아기 이야기들 사이에서 공통적으로 발견되는 마지막 요소가 있다. 그런데 이 두 이야기가 서로 독립적인 것이기 때문에, 이 요소는 그들 모두가 사용하고 있는 훨씬 더 초기의 전승을 시사하는 것이다. 우리가 방금 살펴보았듯이, 누가복음은 세례요한과 예수의 병행적인 유아기 이야기를 그 일들이 "유대왕 헤롯 때에"(1:5) 일어났다는 상당히 모호한 연대기적 표기로 시작하고 있다. 이와 비슷하게 마태복음도 동방박사들이 도착한 것을 "헤롯 왕 때에"(2:1)라고 말하고 있다. 그러나 이 공통된 구절은 30년 이상 계속된 그의 통치기간 중의 어느 시점이건 가리키는 표현일 수 있다.

로마인들이 들어오기 전 약 100여 년 동안, 유대인 국가는 하스몬 왕조에 속하는 유대인 왕들에 의해 통치되어 왔었다. 그러나 유대 왕가의 내전이 불행하게 로마의 귀족 정치적 내란과 상호작용을 일으키자 최후의 승자가 된 사람은 이두매 사람 헤롯(Herod)이었다. 로마의 원로원은 그를 유대의 왕으로 임명했으며, 그는 기원전 37년부터 4년까지 정치적으로 빈틈없이 잔혹하게 다스렸다.

그러므로 예수가 "헤롯 왕 때에" 태어났다고 말하는 것은 그가 통치한 30년이 넘는 기간의 어느 때를 말하는 것인데, 그 확실성이 모호한 두 가지 표현이 그의 통치 말년을 가리키고 있다. 우리가 알고 있듯이, 누가복음은 베들레헴에서의 예수 출생을 인구조사, 곧 구레뇨 치하에서 기원후 6-7년경에 있었던 납세 인구조사(taxation census)와 연결시키고 있다(2:2). 유감스럽게도 이 일은 헤롯 대왕이 죽은 지 약 10년 후에 있었다. 그러나 누가의 실수는 헤롯 치세의 초기라기보다는 후기를 가리킨다고 주장할 수도 있을 것이다. 그리고 우리가 기억하고 있듯이 마태복음에는 헤롯 대왕이 파라오와 모세의 모델을 따라서 베들레헴에 있는 모든 남자 어린아이를 죽이고, 예수가 이집트로 피난하고 헤롯 대왕이 죽었으나 아직 예수가 어린아이였을 때에 베들레헴 대신 나사렛으로 돌아온 것으로 되어 있다(2:13-23). 여기서도 또 헤롯 통치 말기를 가리키고 있다. 그러나 이 두 이야기는 다 전적으로 이야기 구성상의 창조성(compositional creativity)에 의해 만들어진 것이기 때문에, 이 두 이야기가 결합되어 있다 해도 역사적인 정확성을 제공하는 것은 아니다.

헤롯 대왕의 죽음은 그가 지배했던 영토 전역에서 대규모의 사회적이며 정치적인 반란을 초래했다. 그 반란이 얼마나 큰 것이었는지는 모든 반란의 경우처럼, 그 반란을 진압하기 위해 투입된 군사력이 어느 정도였느냐에 의해 판단할 수 있다. 단순한 지역적 소요사태는 그 지역의 예비부대들(auxiliary forces)이 통제할 수 있었다. 유대에는 군단(legion)이 배치되지 않았기 때문이다. 그러나 보다 심각한 사회 불안과 반란이 일어날 때는 시리아 총독과 그의 휘하 군단들이 남진해서 로마제국의 지배를 회복했다. 다음 장에서 좀더 자세하게 살펴볼 유대인 역사가 요세푸스는 헤롯 대왕의 죽음으로 자리가 빈 왕권을 차지하고자 일어선 세 명의 하층계급 출신의 지도자들을 사울과 다윗이라는 고대의 메시아적이고 군사적인 모델들과 연속선상에서 말하고 있다. 그들은 북쪽의 갈릴리에서 활동한 유다(Judas)와 동쪽의 요르단 강 건너 베레아의 시몬(Simon), 그리고 남쪽으로는 유대의 아트롱게스(Athronges)였다. 유다는 옛날의 사울이 그랬듯이 키가 크고 잘생겼다. 아트롱게스는 다윗처럼 양치기였다. 이들 세 사람이 보여주는 것은 그 나라의 중요한 모든 지역에서 무장반란(武裝叛亂)이 있었다는 것뿐만 아니라, 그 무장반란이 농민계층으로부터 터져 나왔으며, 또한 사울과 다윗, 즉 하나님의 명령에 의한 정당한 왕권과 하늘의 지배 아래 있는 참된 왕권을 향수(鄕愁)처럼 이상화하고 비현실적으로 회상하던 패러다임인 사울과 다윗이라는 고대 인물을 모델로 하여 일어났다는 것이다. 그런데 이런 상황을 맞아 시리아 총독 바루스는 수많은 예비부대들과는 별도로 멀리 떨어진 예루살렘에 세 개 군단을 파견해야 했으며, 그 성벽 밖에서 2,000명의 반도들을 십자가에 처형하고 나서야 로마의 통치를 다시 견고하게 회복시킬 수 있었다. 그 결과 헤롯의 영토는 그의 세 아들들에게 나누어졌다. 즉 아켈라오(Archelaus)는 남부와 중부의 이두매와 유대와 사마리아를 차지하고, 안티파스(Antipas)는 북쪽의 갈릴리와 동쪽으로 요르단강 건너 베레아를, 빌립(Philip)은 요르단 강 건너 북쪽에 있는 영토들을 얻게 된다. 이 모든 사실은 헤롯 대왕의 죽음으로 인해 이런 상황에 휘말렸던 사람들에게는 그의 사망일을 쉽게 잊어버릴 수 없게 만들었을 것이다. "헤롯 왕 때"가 끝난 것은 나라 전체에 걸쳐서, 심지어는 이 일이 아니면 왕조의 흥망에 무관심했을 가장 미천한 농민들에게까지, 대중들의 기억 속에 새겨져 그 후 오랫동안 이어졌을 것이다. 따라서 초기 기독교 전승들이 예수가 이 혹독한 시대 이전, 혹은 그 직전에 태어났다는 사실을 기억해 내는 것이 불가능한 일은 아닐 것이다. 그러므로 예수가 기원전 4년 직전에 출생했다는 것은 적어도 근거가 있는 추측이다.

현존하는 무덤의 묘비문들을 갖고 판단해 보면, 그 당시 유대인 남성들의 평균 수명은 29세였다. 따라서 우리는 본디오 빌라도가 유대 총독으로 있었던 기원후 26년에서 36년 사이에 예수가 죽었다고 확신하므로, 그가 죽었을 때의 나이는 통계상의 평균 수명과 거의 일치했을 것이다.

이 사람은 목수가 아닌가?

기독교인들은 요한복음(1:14)을 따라 예수가 인간의 몸을 입은 하나님의 말씀이라고 믿는다. 그러나 그 몸이 사회적으로 또는 경제적으로 어떤 계층에 속했는지에 대해서는 좀처럼 묻지를 않는다. 마가복음(6:3)에 보면, 어른이 된 예수의 명성을 듣고서는 그의 고향인 나사렛의 이웃 사람들이 다음과 같이 두 가지 질문을 던지고 있다.

"이 사람은 마리아의 아들 목수가 아닌가? 그는 야고보와 요셉과 유다와 시몬의 형이 아닌가? 또 그의 누이들은 모두 우리와 같이 여기에 살고 있지 않은가?"

마태복음(13:55-56)은 이 마가복음 본문을 따르고 있지만, 그것을 세 가지 물음으로 확대하고 있으며 서두 부분을 개작했다.

"이 사람은 목수의 아들이 아닌가? 그의 어머니는 마리아이고, 그의 아우들은 야고보와 요셉[요세]과 시몬과 유다가 아닌가? 또 그의 누이들은 모두 우리와 같이 살고 있지 않은가? 그런데 이 사람이 이 모든 것을 어디에서 얻었을까?"

누가복음(4:22)도 역시 마가복음을 따르고 있지만 그것을 "이 사람은 요셉의 아들이 아닌가?"라는 하나의 질문으로 축소하고 있다. 독립적인 본문으로 추정되는 요한복음(6:42)은 "이 사람은 요셉의 아들 예수가 아닌가? 그의 부모를 우리가 알지 않는가? 그런데 이 사람이 어떻게 하늘로부터 내려왔다고 하는가?"라는 갈릴리 사람들의 물음을 보여 준다. 그러므로 마가만이 예수의 직업이 목수라고 말하고 있다. 독립적인 단일(출처) 자료가 분명한 이 본문이 예수의 가족과 그의 목수 직업에 관하여 우리에게 말해 주고 있는 것은 무엇인가?

나는 예수의 처녀 임신이 예수의 신분에 대한 신앙고백적 진술이지, 마리아의 몸에 대한 생물학적인 진술은 아니라고 이해한다. 이것은 훨씬 뒤에 어른 예수에 대해 생겨난 믿음으로서, 유아기의 예수에게 신화적으로 되쏘아진(retrojected) 것이다. 그러나 이런 이해는 두 가지 중요한 의미를 갖는다. 첫째, 이름이 언급된 네 명의 형제와 이름을 알 수 없는 최소한 두 명의 자매들은 예수의 친 형제자매들이다. 둘째, 예수가 반드시 요셉과 마리아의 첫 아이는 아니라는 점이다. 그는 그 형제들 중의 막내였을지도 모른다. 사실 나는 바울과 요세푸스가 똑같이 예수의 "형제"로 말했던 야고보에 대한 강조가 혹시 야고보가 그 가정의 맏이였다는 것을 보여주는 것은 아닌지, 또 예수가 죽은 후에 야고보가 지도자적인 위치로 부각된 것은 그의 뛰어난 신앙심에서 비롯된 것이 아니라, 그들의 아버지 요셉이 오래 전에 죽었을 경우 그가 가정에서 가장의 위치에 있었다는 사실에서 온 것은 아닌가 생각한다. 물론 이것은 완전히 추측일 뿐이다. 그러나 내가 이것을 말하는 것은 예수가 마리아의 맏아들이었다고 주장하는 것은 예수의 처녀 임신이 문자적으로, 실제로, 그리고 역사적으로 이루어졌다고 간주할 때만 가능한 주장임을 지적하기 위해서다.

우리가 마가복음을 따라 "목수"로 읽든지 아니면 마태복음을 따라 "목수의 아들"로 읽든지 그것은 일반적으로 아들이 자기 아버지의 직업을 물려받는 세상에서는 별 차이가 없다. 그런데 여기서 목수라고 번역되는 테크톤(*tektōn*)은 사회적으로나 경제적으로 정확히 어떤 계층이었을까? 이 문제와 관련하여 곧바로 제기되는 문제는 목수라는 용어를 현대식으로 생각해서 기술이 있고 수입이 좋고 존경받는 중산층의 일원으로 해석하는 것을 피해야 한다는 것이다. 그런 해석을 피하기 위해서는 당시의 사회사(social history)와 교차문화적 인류학을 통해 우리의 상상력을 계발하는 것이다.

램지 맥멀린은 그리스-로마 세계에서는 사람들의 사회적 출신 성분이 쉽게 분별되었으며, 또 "목수"와 같은 칭호는 하층계급의 신분을 가리켰다고 말한다.1) 그는 자신의 책 뒤에 그리스-로마 사회의 상류층에 속한 저자들이 당시의 문맹인들, 즉 하층계급 사람들에 대해 가졌던 편견을 드러내는 용어들을 담은 "속어 사전"(Lexicon of Snobbery)을 실었다. 마가복음(6:3)에서는 예수에게 사용되고 마태복음(13:55)에서는 요셉에게 사용된 말인 테크톤(*tektōn*), 즉 "목수"는 바로 그런 속어에 속한다. 물론 우리는 상류층의 조롱이 하류층 사람들의 정체성에 결정적인 영향을 미쳤다고 추측해서는 안 된다. 그러나 일반적으로 볼 때 그리스-로마 세계는 손으로 일을 해야 했던 사람들과 그렇지 않은 사람들로 크게 나뉘어 있었다.

이보다 앞서서 이루어진 게하르트 렌스키의 연구는 그 모든 것을 보다 넓은 교차문화적인 틀 속에서 보도록 도와준다.2) 그는 기술과 생태학을

---

1) Ramsay MacMullen, *Roman Social Relations: 50 B.C. to A.D. 384* (New Haven, CT, and London: Yale Univ. Press, 1974), 17-18, 107-108, 139-140, 198 note 82.
2) Gehard Lenski, *Power and Privilege: A Theory of Social Stratification* (New York: McGraw-Hill, 1966), 189-296.

기준으로 인간 사회를 수렵과 채집사회, 단순 원예사회, 진보된 원예사회, 농업사회, 그리고 산업사회로 나눈다. 이 가운데 로마제국은 철제 쟁기의 제조, 동물이 끄는 장비, 바퀴와 돛을 이용한 물품운송을 특징으로 하는 농업사회였다. 또한 로마제국은 상류계급과 하층계급 사이에 가로놓인 커다란 격차를 특징으로 하고 있었다. 이런 거대한 분열의 한쪽 편에는 지배자와 관료들이 존재하는데, 그들은 합하여 인구의 1%를 점유하면서도 국토는 적어도 절반을 소유했다. 또 같은 편에 세 개의 다른 계층들이 존재했는데 토지의 15% 정도를 소유할 수 있었던 성직자들, 군대장군들에서 전문관료들에 이르는 신하들, 그리고 상인들인데 이들은 아마 하층계급에서 신분이 상승된 이들로서 그럼에도 상당한 재산과 심지어는 어느 정도의 정치적 권력까지 얻게 된 사람들이었다. 다른 쪽에는 우선 농민들이 존재하는데, 이들은 인구의 거의 대다수를 차지하며 그들이 거둔 일년 수확의 대략 3분의 2를 상류계급을 유지하는 데 바쳤다. 만일 그들이 운이 좋은 경우라면, 간신히 가족을 부양하고 가축을 기르며 사회적인 책임을 지고 나서도 다음 해에 쓸 종자를 확보할 수 있을 정도의 자립 수준에서 살 수 있었다. 운이 나쁜 경우에는 가뭄, 빚, 질병이나 죽음으로 말미암아 그들의 땅에서 쫓겨나서 공동경작이나 소작농 혹은 그 이상의 심각한 처지에 빠지게 되었다. 그 다음에 인구의 약 5%를 차지하는 장인(匠人)들이 있는데, 이들은 일반적으로 재산을 다 잃어버린 사람들로 채워지기 때문에 사회 계층상 농민들 아래에 속했다. 그 아래에는 천민계층과 소모계층이 존재했는데, 전자는 그들의 혈통, 직업, 또는 신분으로 인해 떠돌이가 된 사람들이며, 후자는 대략 인구의 10%를 차지하는 사람들로서 거지와 탈법자로부터 불량배, 날품팔이꾼, 노예로 이루어져 있었다. 이런 소모계층이 존재한 이유는 그 끔찍한 호칭이 암시하듯이 농경사회가 죽음과 질병, 전쟁과 기아에도 불구하고 상류층이 고용 적정수준이라고 생각했던 것보다 훨씬 더 많은 하층계급 사람들이 있었기 때문이다. 다른 말로 해서 소모계층은 인구구조상 불가피했다.

그러므로 예수가 목수였다면 그는 장인계급에 속했으며, 이 계급은 농민과 천민계층 혹은 소모계층 사이의 위태로운 자리에 끼워져 있었다. 내가 강조하는 것은 예수의 사회경제적 계급에 관련된 모든 결정은 기독교 신학의 관점에서가 아니라 교차문화적 인류학의 관점에서, 또 예수를 높이는 일에 관심 있는 사람들의 입장에서가 아니라 그의 존재에 대해서는 생각조차 않는 사람들의 입장에서 결정해야 한다는 것이다. 더욱이 예수 시대에 유대 민족의 95-97%가 문맹이었기 때문에 예수도 역시 문맹이었다는 것, 그리고 그는 구전문화(oral culture)에 속했던 당시 대다수의 사람들과 마찬가지로 자신의 전통의 근원적인 설화들과 기본적인 이야기들, 그리고 일반적인 소망들을 알고 있었을 뿐, 정확한 성경 본문이라던가 명확한 인용문, 그 시대의 서기관(書記官) 엘리트들의 난해한 논증들은 전혀 알지 못했다고 생각하는 것이 옳을 것이다. 다시 말해서, 소년 시절의 예수가 그 지혜로 예루살렘 성전에서 학문이 깊은 선생들을 놀라게 만드는 장면(누가 2:41-52)이나 어른이 된 예수가 나사렛 회당에서 이사야서의 한 구절을 찾아내고 해석하는 데서 보여준 실력이 그 마을 사람들을 놀라게 만드는 장면(누가 4:1-30)은 정확하게 이해해야 한다. 즉 그런 장면들은 예수의 변론적인 도전과 카리스마를 서기관의 학식과 주석이라는 관점에서 재구성하여 선전하는 누가의 방법인 것이다.

계층에 관한 문제

통치자와 장인이라는 주제 때문에 다시 옥타비우스와 예수에게로 돌아가 살펴볼 필요가 있다. 옥타비우스에 관해서는 모든 연대(年代)들이 잘 알려져 있지만 그의 열렬한 추종자들은 신화를 더 선호했다. 예수에 관련해서는, 비록 그 연대들이 잊혀지기보다는 기억되어 왔다 할지라도 그 추종자들 역시 신화를 선택했던 것 같다. 그 각각의 신자들은 유사하기는 하나 매우 별개의 과정을 통해 그들 자신의 근거가 되는 문헌으로 거슬러 올라갔는데, 옥타비우스의 경우는 호메로스 전통의 『일리어드』와 『오딧세이』로, 예수의 제자들의 경우는 히브리 전통의 율법과 예언서에로 거슬러 올라갔으며, 그 문서들 속에서 각자 필요로 하는 것을, 즉 전자는 이탈리아를 그리스 위로 높이는 것이요, 후자는 기독교를 유대교 위로 높이는 것을 발견해냈다. 최선의 역사적 판단을 따를 때, 예수는 아마도 기원전 4년 직전에 요셉과 마리아를 통해 인구가 1,200명에서 200명 사이가 되는 것으로 추정되는 작은 마을 나사렛에서 태어났다 (전에 나는 앞의 수치를 따랐으나 이제는 후자를 인정하는 쪽으로 기울고 있다). 그는 대가족의 아들로 태어났으나 반드시 맏이였던 것은 아니며, 최소한 형제자매가 여섯은 되었다. 그 이외의 나머지는 신화로서, 예수의 후기 추종자들에 대해서는 많은 것을 말해 주지만, 예수의 초기 기원에 대해서는 아무것도 말해 주지 않으며, 또 미래의 역사가 어떻게 이루어질 것인지에 대해서는 말해 주나, 과거의 역사가 어떻게 이루어졌는가에 대해서는 전혀 말해 주지 않는다.

그러나 어떤 의미에서 볼 때 이것은 논점을 완전히 벗어난 것이다. 신실한 목사와 마을의 무신론자가 예수 출생 이야기들의 역사성을 놓고 찬반 논쟁을 벌이는 것은 훨씬 더 본질적인 문제를 놓치고 있는 것이다. 예수의 신적인 기원들(divine origins)은 분명히 옥타비우스의 경우와 같이 허구적(fictional)이거나 신화론적인 것이다. 그러나 1세기 당시에는 옥타비우스에 관해 그런 주장을 한다고 해서 놀라는 사람은 아무도 없었다. 도저히 믿을 수 없었던 것은 누군가가 예수에 대해 그런 주장을 했다는 사실이었다.

기원후 177년과 180년 사이의 어느 때에, 이미 기독교인들을 박해하던 마르쿠스 아우렐리우스 황제 시대에 이교 철학자 켈수스(Celsus)는 기독교인들의 종교에 대해 지적으로 논박하기 위해 『참된 교리』(*True Doctrine*)를 저술했다. 예를 들어, 예수의 처녀 출생에 대해 논하는 곳에서, 그는 그와 같은 사건은 그 자체가 믿을 수 없는 사건이라고는 결코 말하지 않는다. 믿을 수 없는 것은 그것이 하층계급에 속하는 사람, 즉 예수와 같이 아무 것도 아닌 유대인 농부에게서 일어날 수가 있었다는 점이다.

> 얼마나 불합리한가! 분명 기독교인들은 예수의 처녀 출생 이야기를 꾸며내기 위해 다나와 멜라니페 신화나 아우게와 안티오페 신화들을 사용했다. …결국 페르세우스, 암피온, 애쿠스, 미노스에게 신적인 출생을 부여한 그리스의 옛 신화들은 또한 그들이 인간을 위해 어떤 위업을 이루었는가에 대한 명백한 증거가 되기도 한다. 그런데 그 옛 신화들은 분명 당신의 추종자들의 이야기만큼은 신빙성이 있다. 당신이 행한 말이나 행동 중에 저 옛날 영웅들처럼 훌륭한 것이 무엇인가?

켈수스의 생각으로는 예수가 하나님이었다고 주장하는 것이 불합리한 것이 아니라 예수가 하나님이었다고 주장하는 것이 불합리한 것이다. 그가 누구이기에, 또는 그가 무엇을 했기에 그런 신적인 출생을 가질 자격이 있는가? 켈수스가 기독교에 퍼부었던 공격의 밑바탕에는 사실 계급적인 속물근성이 숨어 있다.

> 그러나 나는 우선 최근에 새로운 교리를 가르치기 시작했고, 또 하나님의 아들이라고 여겨진 인물, 소위 구세주라 하는 예수의 문제를 다루고자 한다. 이제 내가 증명해 보이려는 것은 이 구세주가 많은 사람들을 현혹하여 인간의 행복에 해로운 믿음을 받아들이게 만들었다는 점이다. 하층계급에

뿌리를 두고 있는 이 종교는 계속해서 일반 대중 속으로 퍼져 나가고 있다. 아니, 그 상스러움과 지지자들의 무식함 때문에 그것이 퍼져 나간다고까지 말할 수도 있을 것이다. 그리고 비록 그 믿음들을 우화적으로 해석하고자 하는 일부 온건하고 사리가 밝고 지적인 사람들이 있기는 하지만, 기독교가 좀더 순수한 형태로는 무식한 사람들 사이에서 성공을 거두고 있다.

그러므로 예수는 처녀에게서 태어나지 않았으며, 다윗 계통에서 태어나지 않았으며, 베들레헴에서 태어나지 않았다고 주장하는 것은, 또 마구간도 없었고, 목자도, 별도, 동방박사도, 유아 대학살도, 이집트로의 탈출도 없었다고 주장하는 것은 충분치가 않다. 그렇게 주장하는 것이 모두 맞는 말이긴 하지만, 그런 주장은 여전히 그가 누구였기에 또한 무슨 일을 했기에 자기 추종자들로 하여금 그런 주장을 하게끔 만들었는지에 대한 물음에는 대답을 하지 않고 있다. 이것은 하나의 역사적인 문제이며, 켈수스의 냉소로 무시될 수는 없는 문제이다.

◇ 2장 ◇

요르단 강은 단순한 강이 아니다

근동 지방과 지중해 지역의 묵시종말론 유형들은 분명히 문학적으로 대단히 정교한 것들이다. …그러나 만일 우리가 시야를 넓힌다면, 아메리카 대륙과 아프리카, 오세아니아의 문화들 속에서도 놀랄 만큼 그와 유사한 병행 현상들을 발견하게 될 것이다. 그런데 이것들은 위에서 말한 지역들과의 초창기의 역사적인 교류에 의한 것으로, 또는 확산에 의한 것으로는 설명될 수 없는 것이다. …신화적인 요소에 생명을 다시 불어넣고, 그것을 당대의 상황과 연관지어 재해석하는 일은 이런 운동들에서 언제나 일어나는 특징이다.

– Tord Olsson, in *Apocalypticism in the Mediterranean World and the Near East*, David Hellholm, ed. (Tübingen: Mohr, Siebeck, 1979)

순진한 사람에게 천년기(millennium)가 유대-그리스도교 전통 속에서 발견되는 1,000년이라는 확정된 기간만을 뜻하는 것일 수 있다. 그러나 우리의 관점에서 이 말은 장차 도래할 완전한 시대, 또는 도달하게 될 완전한 땅에 대한 모든 개념에 비유적으로 적용될 수 있다. 그 모습은 시간이 우주의 계획 속의 어디에 있느냐에 따라 다르게 나타난다. 완전한 시대는 개벽에 의해, 즉 세상이 시작되던 때의 조화로운 상태를 되찾기 위해 시간이 뒤로 되돌려짐으로써 도래하게 될 것이다. 그 시대는 이런 최초의 새로움이라는 특성을 가지게 될 것이지만 시간이 다하고 나서야 오게 될 것이다. 그런데 그 시대가 지속되는 기간은 확정적인 것일 수도 있고 바뀌거나 불확실한 것일 수 있다. 심지어는 순환하는 시대의 한 부분이 될 수도 있다.

— Sylvia L. Thrupp, in *Millennial Dreams in Action: Studies in Revolutionary Religious Movements* (New York: Shocken, 1970)

하나님은 이제 이탈리아 위에 임하셨다

유대인 역사가 요세푸스에 대해서는 앞장에서 잠깐 언급했다. 이제 좀 더 진지하게 그를 만나고 좀더 충분하게 그를 살펴볼 때가 되었다. 그는 기원후 37년에 예루살렘의 제사장 계열의 귀족계급으로 태어났으며, 기원후 64년 네로 황제 앞에서 몇몇 동료 제사장들을 변호하기 위해 로마에서 등장했다. 66년에서 73년까지의 제1차 로마-유대 전쟁 기간 동안 그는 갈릴리 지역의 반란에 가담했으나 결국은 67년에 로마의 베스파시아누스 장군에게 항복했다. 그는 자기를 잡은 이가 황제가 될 것이라고 예언했으며, 69년에 그 예언이 이루어짐으로써 풀려났다. 그는 베스파시아누스의 아들 티투스의 통역관으로서 예루살렘의 포위와 함락을 목격했으며, 로마로 돌아가 베스파시아누스의 새 플라비우스 왕조의 보호 아래서 69-79년까지는 베스파시아누스 황제, 79-81년까지는 티투스 황제, 그리고 81-96까지는 도미티아누스 황제의 후견을 받았다. 그는 아마도 1세기 말 경에 죽은 것으로 추정된다. 그러므로 그는 적어도 제1차 로마-유대 전쟁 기간 동안에는 유대인과 로마 양편 모두에 관계했었고 목격자였다. 그러나 요세푸스가 언제나 정확했다고 단정지을 수는 없다. 그렇다면 무비판적으로 그의 말을 되풀이하는 것과 철저하게 의심하는 양극단 사이에서 어떻게 그의 글을 제대로 이해할 수 있을 것인가?

요세푸스의 첫째 저작은 『유대 전쟁』(*Jewish War*)으로서 기원후 70년대 중반에서 80년대 초 사이에 쓰여졌다. 이 책은 기원후 66년에서 74년까지의 기간을 다룰 뿐만 아니라 그 중심 주제를 다루기 전의 서문에서 기원전 175년부터 기원후 66년까지의 이전 시대에 대한 개관을 다루고 있다. 그의 두 번째 저작은 훨씬 더 길지만 첫 저작만큼 잘된 것은 아닌 『유대 고사』(*Jewish Antiquities*)인데, 기원후 93년에서 94년에 완결된 첫 판이 발간되었다. 이 책은 세상의 창조로부터 66년의 전쟁이 발발하기까지의 기간을 다루고 있다. 따라서 그는 기원전 175년에서 기원후 66년 사이의 기간에 대해 두 개의 독립적인 기록을 남겼는데, 이 쌍둥이 판(版)들은 요세푸스의 강조점과 편견과 목적들을 이해하기 위해서 치밀하게 대조해야만 한다. 그의 중요한 전제들 중에서 다음 두 가지가 이번 장에서 중요한 의미를 갖는다.

첫째, 전통적으로 성서적인 예언과 제국들의 역사 사이의 관계에 맞추어, 그 당시의 세계적인 제국 내에서 유대인들에게 일어난 일은 무엇이든지 하나님의 징벌과 구원의 계획이라는 측면에서 해석했다. 이런 해석은 이전에 이집트와 앗시리아, 바빌로니아, 페르시아, 그리스, 시리아에 적용되었던 것과 마찬가지로 로마제국에도 적용되었다. 따라서 전체적으로는 로마제국에, 특수하게는 플라비우스 왕조에 관하여 요세푸스가 가졌던 신학적인 입장은 매우 분명하다. 우리는 『유대 전쟁』(5. 367, 378과 412)에서 그것을 찾아볼 수 있다.

실제로 행운이 사방팔방에서 그들[로마인들]에게로 넘어갔으며, 하나님, 곧 나라들을 돌며 각 나라에 차례대로 제국의 홀(笏)을 안겨 주셨던 하나님께서 이제는 이탈리아 위에 임하셨다. …당신들은 로마인들을 대상으로

싸우는 것일 뿐만 아니라 하나님을 대항해서도 싸우는 것이다. …하나님
께서 이 거룩한 장소들을 떠나시어 지금 당신들이 대항해 싸우고 있는
그들 편에 굳게 자리잡으셨다.

요세푸스에 따르면 하나님은 유대인들이 정치적으로 로마에 복종하기를
원하신다. 그러므로 제1차 로마-유대전쟁 기간 중에 로마제국에 대해 반
기를 들었던 사람들은 사실상 하나님께 반항한 것이다.

그러나 두 번째 편견은 훨씬 더 중요하다. 앞장으로부터, 유대인들이 사
회적 차별과 문화적인 지배, 그리고 제국의 억압에 의해 압도되었던 조국
에 정의와 평화를 되돌려줄 미래의 이상적인 통치자, 즉 기름부음을 받은
자, 혹은 메시아에 대한 강력한 희망을 품고 있었다는 점을 되새겨 보라.
유대인들에 대한 통제가 점점 더 총체적인 것이 되어 가고, 아울러 그 희
망이 점점 더 질박하게 되자 당시의 개인들이나 집단들은 흔히 묵시종말
적인(apocalyptic) 입장으로 돌아서 하나님의 개입(divine intervention), 즉 하
늘을 땅으로 가져오고 땅을 하늘로 높이는 대규모적인, 세계를 뒤흔드는
하나님의 개입을 상상하기에 이른다. 그 상세한 내용들은 분명치 않았을
것인데 바로 그런 모호함 때문에 더욱 강한 힘을 가졌을 것이다. 그러나
분명히 하나님은 인간의 군사력을 통해서나 아니거나, 직접적으로 끔찍스
러울 정도로 혼돈된 세상을 회복하기 위해 행동하실 것이다. 기원전 1세기
중반의 한 집단에서 나온 그 희망이 어떤 모습이었는지를 『솔로몬의 시편』
(*Psalms of Solomon*)에서 살펴보자(17:21, 29, 32-33과 35).

주님, 저들을 보시고 저들을 위하여 왕, 다윗의 아들을 일으키소서.
그리하여 당신이 아시는 이 시대에,
당신의 종 이스라엘을 다스리게 하소서. 오, 주님…

그는 이방 민족들을 취하여 그의 멍에를 메게 할 것이요…
그가 다스리는 날에는 그들 중에 불의한 자가 없을 것인데,
만민이 다 경건하여 주 메시아가 그들의 왕이 되실 것이기 때문이다.
그는 말과 군사와 활을 의지하지 않으시며,
또 전쟁을 위하여 금과 은을 거두지도 않을 것이요,
그는 또 전쟁의 날을 대비해 많은 무리에 소망을 두지 않을 것이요…
그는 언제나 그의 입에서 나오는 말씀으로 세상을 무찌를 것이다.

그러나 이것은 요세푸스가 유대인의 메시아적이고 묵시종말적인 소망들을 이해했던 방식이 결코 아니다. 『유대 전쟁』(6.312-313)에서 그의 해석을 볼 수 있다.

그들에게 이 전쟁을 일으키도록 부추긴 가장 중요한 동기는[기원후 70년에 성전이 불타 버렸을 때조차도]…그들의 거룩한 책[성서]에서 발견된, 때가 되면 자기네 나라에서 한 사람이 나타나 세계의 지배자가 될 것이라는 의미로 받아들여질 수 있는 애매모호한 신탁이었다. 그들은 이것을 자기네 동족에 속하는 어떤 사람을 뜻하는 것으로 이해했고, 많은 현자들이 이것을 해석하는 데서 잘못을 저질렀다. 그러나 그 신탁은 사실 유대 땅에서 황제로 선포된 베스파시아누스의 통치권을 말하는 것이었다.

이 배경에 대해서 간단히 살펴보자. 기원후 68년 6월, 자살함으로써 암살을 피했던 네로 황제는 율리우스-클라우디우스 왕조에 불명예스러운 종말을 가져왔다. 1년 동안 세 명의 자칭 황제들이 일어났고 그들로 말미암아 또 다른 내전의 위기에 처했었다. 그러나 기원후 69년 7월, 당시 유대지역에서 전쟁을 수행하고 있던 베스파시아누스가 황제로 선포되었다.

이 새로운 플라비우스 왕조는 손에 넣을 수 있는 모든 예언을 필요로 했으며, 거두어들일 수 있는 모든 승리를 필요로 했으며, 그래서 유대인의 땅과 같은 작은 나라에 대해서까지 손을 뻗었다. 제1차 로마-유대전쟁 기간 중 갈릴리 지역에서 포로가 된 요세푸스가 67년에 유대의 묵시종말적 메시아니즘을 베스파시아누스에게 멋지게 적용했는데, 이 일로 인해 그는 생명을 구했고 나중에 그것이 입증되자 출세하기에 이른다. 이런 배경에 비추어 볼 때, 요세푸스가 베스파시아누스 자신보다 앞서서 또는 그 이외의 다른 어떤 인물이 묵시종말적 혹은 메시아적인 성취를 이룬 자였다고 강조하거나 드러내 놓고 주장했을 가능성은 거의 없었을 것이다.

그러므로 로마황제의 권력을 하늘의 뜻으로 보았던 요세푸스의 첫 번째 편견 외에도, 이렇게 플라비우스 왕조가 하나님에 의한 세워진 것이요, 성서에 예언된 것이며, 나아가 요세푸스 자신에 의해 예언된 것으로 본 두 번째 편견이 있었다. 그가 세례요한에 대해 말한 것을 살펴볼 때는 이 모든 것을 반드시 고려해야 한다.

막케루스에 감금되어

앞장에서는, 헤롯 대왕의 세 아들이 기원전 4년에 그 아버지가 죽은 후 아버지의 영토의 각 부분을 차지했던 것에 대해 살펴보았다. 갈릴리와 베레아를 물려받은 헤롯 안티파스는 기원후 30년경에 자기의 배다른 형제인 헤롯의 아내 헤로디아와 결혼하기 위하여 자기의 첫 번째 아내를 버렸으며, 그 후 그의 장인이었던 나바테아의 왕 아레타스와의 전쟁에서 패배했다. 요세푸스는 이런 군사적인 패배 이면에 세례요한의 처형에 대한 하나님의 복수가 놓여 있다고 암시함으로써 세례요한에 관한 그의 이야기를 풀어 가고 있다. 그의 세례요한 이야기는 신학적인 변증들로 가득 차 있으며, 그것에 관해 생각하면 할수록 더 이해하기가 어려워진다. 나는 『유대고사』(18.116-119)의 본문을 인용하면서, 그것의 기이함을 더 잘 살펴보기 위해 두 부분으로 나눈다.

> 헤롯은 그[세례자라 불리는 요한]를 처형하였다. 그러나 사실 그는 선한 사람이었으며, 또 유대인들에게 이웃에게 정의를 행하고 하나님께 신실하여 의로운 삶을 살도록 훈계하였으며, 그렇게 함으로써 세례에 참여하라고 가르쳤다. 그의 생각으로는 그렇게 사는 것이 세례가 하나님께 받아들여지기 위한 필수적인 준비과정이었다. 사람들은 자기들이 저지른 죄를 용서받기 위해 세례를 이용해서는 안 되고, 의로운 행위를 통해 그 영혼이 이미 완전히 정화되었다는 것을 기정사실로 해서 이루어지는 육체에 대한 성별로서 세례를 받아야 한다.

요세푸스는 세례가 죄를 없애 주는 주술적이거나 종교의례적 행위가 아니라, 영적이고 내적인 정화가 이루어진 이후에만 오직 효과가 있는 육체적이고 외적인 씻음이라고 주장했다. 즉 이미 거룩하게 된 사람들을 위해 마련된 육체적인 제의 속에서 죽어 마땅한 어떤 죄목을 찾아내는 것은 확실히 어려운 일이다. 또 이런 설명으로만 보면 군중들이 그런 세례를 받기 위해 요한에게 몰려왔으리라는 것을 기대할 수 없다. 그러나 우리는 이미 요세푸스의 조심스러운 설명에는 다소 다른 식으로 이해된 세례가 있음을 보게 된다. 즉 그 세례는 몸과 영혼이 하나가 되게 하는 세례이며, 예루살렘 성전 제사장들의 기능과 마찬가지로 확실히 죄를 제거하는 종교의례로서의 세례이다. 사실 이 세례는 요세푸스가 그처럼 조심스럽게 부정하고 있는 것처럼, 제사장들의 구원체계에 대한 치밀한 대안(a calculated alternative to that salvific system)이었다.

그는 계속해서 세례요한에 관하여 다음과 같이 말하고 있다.

> 다른 사람들도 그의 설교에 크게 감화되어 그를 둘러싼 군중들에게 동참하게 되자 헤롯은 당황하였다. 사람들에게 매우 강한 영향을 미친 웅변은 일종의 선동으로 이어질 수 있었는데, 왜냐하면 그들은 마치 그들이 행하는 모든 일에서 요한의 지시를 받고 있는 것처럼 보였기 때문이다. 그래서 헤롯은 반란을 기다려 어려운 상황 속에 휘말려 들어가고 뒤늦게 자신의 실수를 깨닫기보다는 그의 행위가 반란으로 이어지기 전에 그를 제거하는 것이 낫겠다고 마음먹게 되었다. … 헤롯의 의심으로 인해 요한은 막케루스에 감금되었으며… 거기서 처형되었다.

갑자기 모든 것이 바뀌었지만 어떤 설명도 없다. 그 다른 사람들이란 누구인가? 그들은 왜 그처럼 감화를 받았을까? 그 설교의 내용은 무엇인가? 세례요한은 그들이 행하는 모든 일에서 그에게 복종한 사람들을 어디로 이끌어 가려 했던가? 또 그것이 어떻게 일종의 선동으로 심지어는 반란으로까지 이어질 수 있었을까? 이 두 번째 본문을 읽고 나면, 안티파스가 세례요한을 제거하기 위해 즉각적으로 움직였다는 사실에 놀라지 않게 된다. 문제가 되는 것은 이 두 번째 본문이 어떻게 첫 번째 본문과 조화를 이룰 수 있겠는가 하는 것과, 또한 종교 의식적인 경건이 어떻게 잠재적인 반란으로 오해를 사게 되었는가 하는 것이다. 이에 대한 해답을 얻기 위해서는 신약성서의 복음서들이 세례요한에 관해 말하고 있는 것을 살펴보고, 그 다음에 한 번 더 요세푸스에게로 돌아올 필요가 있다.

요르단 광야

세례요한의 처형에 관해 마가복음(6:17-29)에 나오는 다음과 같은 놀라운 창작 이야기를 역사적 사실로 받아들인다고 할지라도, 이 본문에 의지하는 것만으로는 안티파스가 그를 처형한 일을 설명하는 것이 불가능하다.

헤롯은 요한을 잡아오게 하여서, 옥에 가둔 일이 있었다. 그것은 자기 동생 빌립의 아내 헤로디아 때문에 일어난 일이었다. 헤롯이 그 여자를 아내로 맞았으므로, 요한이 헤롯에게 "동생의 아내를 차지하는 것은 옳지 않다"고 여러 차례 말했기 때문이다. 그래서 헤로디아는 요한에게 원한을 품고 요한을 죽이고자 하였으나 뜻을 이루지 못하였다. 그것은 헤롯이 요한을 의롭고 성스러운 사람으로 알고 그를 두려워하며 보호해 주었고, 또 그의 말을 들으면 몹시 괴로워하면서도 오히려 달게 들었기 때문이다. 그런데 좋은 기회가 왔다. 헤롯이 자기 생일에 고관들과 천부장들과 갈릴리의 요인들을 청하여 잔치를 베풀었는데, 헤로디아의 딸이 춤을 추어서 헤롯과 그 자리에 앉아 있는 사람들을 즐겁게 해주었다. 왕은 소녀에게 "네 소원을 말해 보아라. 내가 들어주마" 하였다. 그리고 그 소녀에게 굳게 맹세하기를 "네가 원하는 것이면 이 나라의 절반이라도 주겠다" 하였다. 소녀가 바깥으로 나가서, 자기 어머니에게 말하였다. "무엇을 달라고 청할까요?" 그 어머니가 말하였다. "세례자 요한의 머리를 달라고 하여라." 소녀는 급히 왕에게로 돌아와서 "곧바로 이 자리에서 세례자 요한의 머리를 쟁반에 담아서 내게 주십시오" 하고 청하였다. 왕은 마음이 몹시 괴로웠지만 맹세한 것과 거기에 함께 앉아 있는 사람들 때문에, 소녀가 달라는 것을 거절할 수 없었다. 그래서 왕은 곧 시위병을 보내 요한의 목을 베어 오게 하였다. 시위병은 나가서 감옥에서 요한의 목을 베어서 쟁반에 담아 소녀에게 주고, 소녀는 그것을 자기 어머니에게 주었다. 요한의 제자들이 이 소식을 듣고 와서, 그 시체를 거두어다가 무덤에 안장하였다.

마가의 이 이야기는 그 자신의 창작으로 보는 것이 가장 합당한데, 그 목적은 세례요한과 예수의 운명 사이에서 발견되는 유사점들을 강조하는 것, 그 중에서도 특히 두 사람이 처형된 것은 똑같이 마지못해서 그렇게 한, 따라서 거의 그 죄를 물을 수 없는 행정 당국자--세례요한의 경우는 안티파스요 예수의 경우는 빌라도--에 의해 이루어졌는데, 그것도 다른 사람들의 강요에 의해서였다는 사실을 강조하려는 데 있었다. 마가에게 세례요한은 삶과 죽음, 심지어는 제자들에 의한 매장에서조차도 예수의 선구자가 된다. 그리고 그는 옛날 지중해 지역에 널리 알려져 있던 한 끔찍한 이야기를 의도적으로 상기시키고 있는 것으로 보인다. 즉 기원전 184년, 로마의 두 공식 감찰관 중의 한 사람이었던 카토는 집정관 지위에 있던 퀸크티우스 플라미니우스를 원로원으로부터 추방하도록 만들었다. 그의 죄는 기원전 43년에 죽은 웅변가 키케로에 의해, 또 기원후 17년에 죽은 역사가 리비우스에 의해, 마지막으로 기원후 40년에 죽은 수사학자 세네카에 의해서도 기록되고 있다. 다음은 리비우스가 쓴 두 판으로 된 로마사 중의 하나인 39권(43:3-4)에서 인용한 것이다.

플라미니우스가 열광적으로 사랑하고 있던 어떤 악명 높은 여인이 있었는데 플라켄티아에서의 만찬에 그녀가 초대되었다. 그 자리에서 그는 이 창녀에게 많은 일들을 자랑하는 중에 자기가 사건들을 처리하는 데 있어 얼마나 엄격한가를, 그리고 그가 얼마나 많은 사람들을 구금하고 판결하고 목을 베도록 만들었는가를 떠벌렸다. 그러자 여인은 그에게 몸을 기대면서 자기는 지금까지 사람의 목을 베는 것을 본 적이 없는데 그 장면을 굉장히 보고 싶다고 말했다. 그러자 마음이 넓은 애인인 그는 범죄자 중에 한 명을 데려오게 해서는 자기의 칼로 그 목을 베었다. 이 행동은…포학하고 잔인한 것이었다. 신들에게 술을 따르고 축복을 비는 것이 관례로 행해지던 축연의 자리 한 가운데서 집정관의 가슴에 기댄 수치심 모르는 매춘부를 위한 볼거리로서 한 인간이 제물로 희생되었고 그 피로 식탁을 흥건히 적셨다.

이야기의 요점은 그 사내가 죄가 없다는 것이 아니다. 어쨌든 그는 처형될 예정이었다. 그러나 그것은 정부(情婦)를 즐겁게 해주기 위한 목적으로 행해져서도, 또 연회 자리에서 행해져서도 안 되는 것이다. 이 이야기는 분명히 권력을 어떻게 남용해서는 아니 되는가에 대해 널리 알려진 사례였다. 마가의 창작은 십중팔구 이 고전적 모델을 상기시키고자 한 것이다.

비록 안티파스의 이혼과 재혼에 대한 세례요한의 비판을 사실로 받아들인다고 할지라도, 그것을 세례요한이 처형된 데 대한 합당한 이유로 보기는 거의 불가능하다. 즉 훨씬 더 심각한 어떤 위협이 안티파스로 하여금 그를 처형하도록 자극했음이 분명하다. 사실 우리는 그 위협이 도대체 어떤 것이었는지 추측만 할 수 있을 뿐이다. 왜냐하면 요세푸스는 유대교의 메시아니즘이나 묵시종말론이 문제가 되는 곳에서는 언제나 극히 모호하고 교활하고 방어적인 입장을 취했기 때문이다. 결국 요세푸스가 로마황제 베스파시아누스에게 적용했던 바로 그것을 또 다른 사람들이 로마에 반대한 유대 애국자들에게, 특히 황제의 직위에서 한참이나 아래에 있는 그런 계급의 사람들에게 적용할 수 있었다는 것을 분명하게 밝히는 일은 불가능했을 것이다. 그리고 신약성서 복음서들 속에 드러난 세례요한은, 한편 신앙 속에 정치를 숨기고 종교 속에 반역을 감추고 있는 경향도 있지만, 분명 묵시종말적 예언자로서 등장하고 있다.

요세푸스는 세례요한과 관련하여 광야라든가 요르단 강에 대해서는 결코 아무것도 말하지 않았으며, 요한의 세례가 죄를 없애주지는 못한다는 것을 강하게 주장했다. 그러나 마가는 요세푸스와 반대로, 광야, 요르단 강, 죄의 용서에 관해 말하고 있는데, 그렇게 함으로써 이 세 요소들은 어쨌든 하나로 묶여 있는 것이요, 그것들을 빼버리는 것은 우리가 요세푸스의 이익에 편드는 것임을 경고하고 있다. 아래의 마가복음(1:4~5)을 보라.

세례자 요한이 광야에 나타나서, 죄를 용서받게 하는 회개의 세례를 선포하였다. 그래서 온 유대 지방 사람들과 온 예루살렘 주민들이 그에게로 나아가서, 자기들의 죄를 자백하고, 요단강에서 그에게 세례를 받았다.

지리적으로 이 광야 지역은 남부 요르단 계곡의 양쪽 편으로 뻗어 있다. 즉 요르단 광야는 안티파스의 베레아 영토 대부분을 포함하며, 그 남쪽 경계에 세워진 막케루스의 궁궐 요새에 의해 보호되었다.

다른 복음서 자료로부터 우리는 요세푸스가 위에서 말한 바 그 신분이 밝혀지지 않은 저 다른 사람들을 크게 감화시켰던 세례요한의 설교에 속하는 한 사례를 볼 수 있다. 세례요한은 다음과 같이 설교했다(Q 복음: 마태 3:7-12; 누가 3:7-9과 16b-17).

"독사의 자식들아, 누가 너희에게 닥쳐올 징벌을 피하라고 일러주더냐? 회개에 알맞은 열매를 맺어라. 그리고 너희는 속으로 주제넘게 '아브라함이 우리 조상이다' 하고 말할 생각을 하지 말아라. 내가 너희에게 말한다. 하나님께서는 이 돌들로도 아브라함의 자손을 만드실 수 있다. 도끼가 이미 나무 뿌리에 놓였으니, 좋은 열매를 맺지 않는 나무는 다 찍혀서, 불 속에 던져진다. …나는, 너희를 회개시키려고 너희에게 물로 세례를 준다.

내 뒤에 오시는 이는, 나보다 더 큰 능력을 가지신 분이다. 나는 그의 신을 들고 다닐 자격조차 없다. 그는 너희에게 성령과 불로 세례를 주실 것이다. 그는 손에 키를 들었으니, 자기의 타작 마당을 깨끗이 하여, 알곡은 곳간에 모아들이고, 쭉정이는 꺼지지 않는 불에 태우실 것이다."

이 복음서 이야기의 전개 구조에 따르면, "오시는 이"(the Coming One)에 대한 이 예언은 예수를 가리키는데, 예수의 활동을 설명하는 것으로는 썩 좋은 것이라고 볼 수 없다. 그러나 요한복음(1:26~31)에서만은 세례요한이 그의 예언의 표현을 바꾸고, 이어서 그것을 명백하게 예수에게 적용하고 있다.

요한이 대답하였다. "나는 물로 세례를 주오. 그런데 여러분 가운데, 여러분이 알지 못하는 이가 한 분 서 계시오. 그는 내 뒤에 오시는 분이지만, 나는 그의 신발 끈을 풀 만한 자격조차 없소." 이것은, 요한이 세례를 주던 요단 강 건너편, 베다니에서 일어난 일이다. 이튿날 요한은 예수께서 자기에게 오시는 것을 보고 말하였다. "보시오, 세상 죄를 지고 가는 하나님의 어린양입니다. 내가 전에 말하기를 '내 뒤에 한 분이 오실 터인데, 그분은 나보다 먼저 계시기에, 나보다 앞서신 분이다' 한 적이 있습니다. 그것은 이분을 두고 한 말입니다. 나도 이분을 알지 못하였습니다. 내가 와서 물로 세례를 주는 것은, 이분을 이스라엘에게 알리려고 하는 것입니다."

이 명백한 표현 바꾸기와 노골적인 적용이 강조하는 것은 세례요한의 설교를, 그것이 들어 있는 현재의 복음서에서 떼어 내어 단독으로 살펴볼 때, 그 설교에서 분명하게 드러나는 것이 무엇인가 하는 것이다. 즉 세례요한은 결코 예수에 관해 말하고 있는 것이 아니라, 복수하는 묵시종말적인 하나님의 출현이 임박했음(the imminent advent of avenging apocalyptic God)을 말하고 있는 것이다. 천지개벽과 같은 이 사건은 두 개의 강력한 이미지로 그려지고 있는데, 이 두 이미지 뒤에는 똑같이 '불의 위협'이 놓여 있다. 즉 오시는 이로서의 하나님은 먼저 도끼를 들고 좋은 나무와 나쁜 나무를 갈라놓는 산지기 같으며, 다음으로 알곡과 쭉정이를 나누는 타작하는 사람과 같다. 세례요한의 불같은 비전(vision)에는 오직 선과 악의 두 영역만이 존재하며, 사람이 어느 영역 안에서 살고 죽을 것인가를 결정할 수 있는 시간은 매우 짧다.

요세푸스는 세례요한에 관해 무엇인가를 은폐하고 있는데 그것을 예측해 보면, 우리가 복음서의 이야기들 속에서 그에 관해 발견하는 것과 일치한다. 물론 복음서 이야기들은 세례요한을 예수의 선구자로 바꾸는 데 그 나름의 신학적인 관심사에 따라 서로 달리 표현했다. 즉 세례요한은 요세푸스처럼 제국의 정복자의 임박한 출현(the imminent advent of an imperial conqueror)을 선포한 것이 아니라, 고전적 유대전통을 따라서 복수하는 하나님의 임박한 출현을 선포한 묵시종말적 설교자였다. 그러나 우리는 여전히 요르단 강과 광야에 대해, 세례를 베푸는 것과 죄를 사하는 것 사이의 관계에 대해 좀더 알 필요가 있다. 이 일을 위해 우리는 한번 더 요세푸스로 되돌아간다.

묵시종말적 북치기

앞에서 이미 나는 아우구스투스 시대의 신화론적인 치장에 관해 말했었는데, 그것은 위대한 시들을 통해 새로운 제국의 현실을 고대의 영광과 명백한 운명이라는 외투로 감싼 것이었다. 베르길리우스의 『애이네이드』의 저 유명한 구절들(6.851-853)을 생각해 보라.

로마인들이여, 너희의 권세로
온 세상의 민족들을 다스리라.
너희의 정책은 다음과 같아야 할지니,
평화를 유지하고, 법으로 다스리며,
패자에겐 자비를 베풀고, 교만한 자는 쳐 부셔라.

여기서 잠시 이것이 다른 처지에서, 즉 아래에 있는, 패배하고 정복당한 사람들의 처지에서는 어떻게 보였겠는가를 생각해 보자. 로마의 귀족 역사가 타키투스(Tacitus)는 그의 장인이자 기원후 77년에서 84년까지 영국의 총독이었던 그내우스 율리우스 아그리콜라의 전기로 『아그리콜라』(*Agricola*)를 썼는데, 이 책 30에서 그가 그의 위대하고 영원한 명예를 걸고 기록하고 있는 장엄한 연설을 읽어 보라. 여기서 반란군의 장군 칼가쿠스(Calgacus)는 스코틀랜드 북동부에서 로마군대와의 숙명적인 결전을 앞두고 로마제국에 대해 다음과 같이 묘사하고 있다.

세상의 약탈자들, 이제 그들의 파괴적인 손은 이 땅으로도 만족치 못하여, 바다까지 침노한다. 그들의 적이 부유하면 그들은 탐욕으로 타오르고, 그들의 적이 가난하면 그들은 공명심으로 충천한다. 동방도 서방도 그들을 만족시키지 못했다. 부[부유한 땅]에 대해서 뿐 아니라 가난[가난한 땅]에 대해서까지도 그렇게 열심히 탐하는 자들은 인류 가운데 오직 그들뿐이다. 약탈하고 살육하고 훔치는 것, 이런 것들을 그들은 제국이라 부르고, 황폐를 가져다 놓고는 그것을 평화라고 부른다.

강력한 문화적 유혹, 엄청난 군사적 우월성, 끔찍한 경제적 착취, 그리고 교만한 사회적 차별에 대해 피압박민들은 어떻게 대응할 수 있을까?

택할 수 있는 한 가지 방법은 단지 싸우고 지고, 싸우고 지고 또 계속해서 그렇게 되풀이하는 것이다. 그러나 기원전 4년, 헤롯 대왕이 죽은 후에 나타난 메시아적 반란들과 관련하여 이미 살펴보았듯이, 그런 군사적 투쟁들은 흔히 그들이 얻었던 옛날의 승리에 대한 기억을 불러내거나 또는 하나님이나 신들, 천사들이나 조상들의 초자연적 도움을 기대하는 지도자들의 영도 아래 이루어졌다. 이 자칭 메시아들(messianic claimants)은 분명히 묵시종말적 예언자들(apocalyptic prophets)과는 구별되어야 한다. 후자는 어떤 군사적인 폭동도 기대하지 않으며, 반대로 초월적인 힘이 인간의 저항으로서는 상상조차 할 수 없는 것, 즉 악에 대한 선의 승리, 그들에 대한 우리의 완전한 승리와 하늘과 땅이 영원히 하나가 되는 정의와 선으로 충만한 세상을 성취하여 줄 것이라고 주장한다.

묵시종말론(apocalypticism)은 일반적으로는 천년기설(millennialism)이라 부르고, 나아가 비교 인류학이라는 좀더 넓은 관점에서는 천년왕국설(millenarianism)이라 부르는데 다음 두 가지 중요한 유형으로 나타난다. 앞장에서 살펴본 바 있는 렌스키의 계층이론에 따르면, 하나는 자신들의 지식과 글로 통치자들을 섬기는 신하계급에서 나온 것이며, 다른 하나는 그들의 몸과 힘으로 통치자를 섬기는 농민계급으로부터 나온다. 우리는 이미 「솔로몬의 시편」에서 전자에 해당하는 저항운동의 사례를 살펴보았는데, 이것은 세례요한이나 예수가 활동하기 전 시대에 유대교의 매우 학식있는 서기관이나 사제 집단에서 일어난 것이었다. 이것은 또한 성서의 다니엘이나 요한계시록에서 발견되는 묵시종말론에 속하는 유형이다. 그러나 나는 여기서 예수 시대에 나타난 농민 묵시종말론에 초점을 맞춘다. 그 이유는 이 운동이 세례요한을 이해하는 데 가장 밀접한 배경이기 때문이다. 그러나 저 농민 출신의 자칭 메시아들이 사울과 다윗이라는 고대의 모델들에 호소했던 것과 마찬가지로, 이들 농민출신의 묵시종말적 예언자들은 모세와 여호수아라는 고대의 모델들에 호소한다.

1세기의 30년대에서 60년대 사이에 저항운동은 유대인들의 고국 땅에서 유대인들에게서 뿐만 아니라 사마리아인들 중에서도 계속해서 터져 나왔는데, 요세푸스는 그 당시에 사람들을 타락의 길로 이끌어 간 협잡꾼, 혹세무민하는 자들, 허풍선이, 그리고 거짓 예언자들에 대해 극심한 경멸조로 언급하고 있다. 그러나 그런 비난에도 불구하고 그는 그들이 행했던 일이 어떤 것이었는지에 대한 명확한 개념을 우리에게 제공해 주고 있다. 전체적인 서술 하나와 세부적인 묘사 하나, 이 둘이면 충분한데, 이 둘은 다 50년대에 나왔다. 이 두 사건은 로마총독 펠릭스가 이 나라 전체를 다스릴 때, 헤롯의 왕자들이 거의 다 무대에서 사라졌을 때, 그리고 이 나라가 총체적인 폭동의 벼랑에 서 있었을 때 나타났다. 아래의 글은 그와 같은 묵시종말적 예언자들에 대한 개괄적인 진술인데, 『유대 전쟁』(2. 258-260)과 『유대 고사』(20. 167b-168)의 병행 본문에서 인용한 것이다.

(1) 이들 [예루살렘에서 유대인 협력자들을 살해하던 신하계급의 테러리스트인 시카리파(the Sicarii] 외에도 또 다른 악한 무리가 일어났다. 이들은 그 행동에 있어서는 좀 더 순수했지만 더 사악한 의도를 갖고 있었으며, 그 암살자들 못지 않게 그 도시의 평화를 파괴했다. 혹세무민하는 자들이요 협잡꾼인 이들은 하나님의 뜻이 혁명적인 변화를 원한다는 구실을 내세워 군중들을 선동하여 광적인 행동을 하도록 했고, 하나님이 광야에서 해방의 증거를 그들에게 주실 것이라는 믿음으로 그들을 광야로 이끌고 나갔다.

(2) 혹세무민하는 자들과 협잡꾼들은 군중들에게 자기들을 따라 광야로 나갈 것을 요구했다. 왜냐하면 그들은 하나님의 계획과 딱 들어맞는 이적과 징조들을 그들에게 보여줄 것이라고 말했기 때문이다.

펠릭스는 이 비무장 군중들에 대해 즉각적으로 조치를 취했으며 곧이어 대량학살이 이어졌다. 그러나 내가 고딕체로 강조한 구절들은 묵시종말적 예언자들이 하려고 했던 것이 무엇인지를 이해하는 데 특별히 중요한 것이다. 즉 그들은 대략 1,200년 전에 이스라엘 민족을 광야에서 약속의 땅으로 이끌었던 모세와 여호수아라는 고대의 모델을 재현해 낸 것이었다. 예를 들어, 해방의 증거 혹 징조들이란 『유대 고사』(2. 327)에서 모세가 출애굽 직전에 이집트에 끌어들인 그 재앙들에 대해 사용된 말과 동일한 표현이다. 또 하나님의 계획이나 섭리는 『유대 고사』(2. 286)에서 모세가 그의 동료와 함께 출애굽 직전에 이집트의 경쟁자들에게 행한 기적들에 대해 사용된 말과 같은 표현이다. 따라서 본의 아니게 요세푸스는 이 예언자들을 모세와 동일 선상에 놓고 있는 것이다. 이 예언자들이 기대했던 것은 그와 같은 비무장의 종교의례적인 작전이 하나님을 설득하거나 강요하여, 옛날에 하나님의 개입에 의해 가나안 족속에 대해 이루었던 해방을 이제 로마인들에 대해서도 다시 이루어 주시게 되리라는 것이었다.

이런 묵시종말적 예언자들 가운데 한 구체적 사례를 보면, 모세와 여호수아, 광야와 요르단 강, 도강과 승리, 인간의 무력함과 하나님의 강권적 능력이라는 유형론이 훨씬 더 명료해진다. 한번 더 『유대 전쟁』(2.261-262)과 『유대 고사』(20.169-170)의 병행하는 본문들을 살펴보자. 각 본문은 다른 본문에는 빠져 있는 중요한 요소들을 담고 있다.

(1) 이집트인 거짓 예언자로 말미암아 훨씬 더 심각한 타격이 유대인들에게 가해졌다. 자기 스스로 예언자의 명성을 내세운 허풍선이가 이 나라에 나타났고, 대략 3만여 명의 추종자를 얻었으며, 우회로를 통해 광야에서부터 올리브 산(감람산)이라고 불리는 산으로 그들을 이끌어 갔다. 거기서 그는 예루살렘으로 밀고 들어가자고, 또 로마 주둔군을 물리친 후에는 자

신이 백성의 군주가 되고 자기와 함께 한 사람들은 친위대로 삼겠다고 제안했다.

(2) 이때에, 한 사람이 이집트에서 예루살렘으로 올라왔는데, 그는 자기가 예언자라고 주장했고, 서민 대중들을 선동하여 자기와 함께 올리브 산이라고 불리는 산으로 나가자고 하였다. 그 산은 그 도시에서 1km 정도 반대편에 있었다. 그는 거기서 그의 명령에 따라 예루살렘의 성벽이 무너져 내리는 것을 증명해 보이겠노라고, 그 일을 통해 그들이 예루살렘으로 들어가는 길을 열어 줄 것을 약속한다고 주장했다.

물론 이번에도 역시 펠릭스는 신속하게 대처했고, 그 이집트인이 탈출했음에도 불구하고 대량학살이라는 결과를 가져왔다. 한편 사도행전에 보면, 펠릭스 휘하의 예루살렘 군대 사령관인 클라우디우스 리시아스가 바울을 그 탈출한 이집트 예언자로 오해해서 "그러면 당신은 얼마 전에 폭동을 일으키고 사천 명의 자객을 이끌고 광야로 나간 그 이집트 사람이 아니오?"(21:38)라고 묻고 있다. 이 이집트인과 그의 추종자들이 행한 것은 광야로 나갔다가 다시 요르단 강을 건너 약속의 땅으로 들어가, 바로 여호수아가 여리고에서 했던 것처럼, 예루살렘 성을 에워싸는 것이었고, 그렇게 해서 그들이 인간의 힘만으로는 정복할 수 없는 것을 하나님의 힘으로 정복하고자 했던 것이다.

묵시종말적 예언자들은 많은 군중들을 이끌고 광야로 나갔는데, 그 이유는 그 옛날 하나님께서 모세와 여호수아를 통해 인도하셨던 것처럼, 이제 그들도 다시 요르단 강을 건너서 그들이 되찾게 될 약속의 땅으로 들어가기 위해서였다. 그러나 하나님은 그렇게 행하지 않으셨고, 그들은 죽어갔다. 그러나 그들의 절망적인 희망은 분명 요세푸스가 판단한 것보다 더 나은 대접을 받을 만한 가치가 있다. 그러나 요세푸스에게는 예언이 서기관과 제사장 집단, 또는 총독에게 말하는 신하들, 베스파시아누스에게 말하는 자신과 같은 사람들에 의해서만 행해질 수 있는 것이었지, 농민들, 즉 오직 몸으로만 말하고 목숨으로 글을 쓰고, 희망을 이루지 못한 채 죽을 수밖에 없는 농민 봉기자들에 의해서는 행해질 수가 없는 것이었다.

나는 요세푸스를 따라 세례요한을 저 혹독했던 시대인 기원후 1세기의 30년대에서 60년대 사이에 나타난 유대인 농부 출신의 묵시종말적 예언자들 무리에 포함시킨다. 그러나 이런 주장은 두 개의 즉각적인 반론을 불러일으킨다.

왜 요세푸스는 다른 묵시종말적 예언자들에게 퍼부었던 것 같은 경멸적이고 헐뜯는 표현들을 세례요한에게는 적용하지 않았는가? 앞에서 그가, 유대인들은 안티파스의 군사적 패배를 그가 세례요한을 처형한 것에 대한 하나님의 형벌이라고 생각했다고 주장한 것을 생각해 보라. 이것이 의미하는 바는 세례요한이 참으로 많은 사람들에게 그렇게 해석된 모습으로 기억되고 전달되었기에 60년이란 기간이 지나 요세푸스에 의해서도 그렇게 받아들여지게 되었다는 점이다. 내가 추측하는 것은 요세푸스가 『유대고사』를 쓰고 있던 당시에도 로마에는 세례요한을 그처럼 믿는 유대인들이 살아 있었다는 것, 그리고 신중함을 빼면 아무것도 아닌 그가 유대인과 로마인들을 만족시키기 위해 세례요한을 깨끗하게 만들었다는 점이다. 그러나 그 과정 자체가 매우 분명하게 드러나 있기에 우리는 다른 어떤 것의 도움 없이 그 행간들을 읽는 것만으로도 그때 세례요한이 무엇을 하고 있었는가를 거의 추측해 낼 수가 있다. 즉 요세푸스가 세례요한에 관해 말할 때 광야라든가 요르단 강에 대해 아무것도 언급하지 않은 것은 조금도 이상하지 않다. 왜냐하면 모든 유대인들이 알고 있듯이 그 광야는 단순한 모래가 아니었고 요르단 강은 단순한 강이 아니었기 때문이다. 만일 세례에 필요했던 것 전부가 물이라면, 나아가 흐르는 물이라 해도 그것은 요르단 강 이외에도 많은 곳에서 발견할 수가 있었다. 다른 말로 해서, 요한은 요르단 강에서 세례를 베푼 것이 아니었다. 그는 요르단 강에서 세례를 베푼 것이었다.

두 번째로, 세례요한이 만일 묵시종말적 예언자였다면 왜 우리는 그 어디에서도 그가 사람들의 무리를 이끌었다는 증거를 발견하지 못하며, 또 우리가 알고 있는 한에서만 보면 왜 안티파스는 세례요한에 대해서만 조치를 취하고 그의 추종자 집단에 대해서는 조치를 취하지 않은 것일까? 요세푸스가 "무리가 함께 세례를 받다"라는 구절을 사용했지만, 안티파스가 다스리는 베레아라는 요르단 강 동쪽에서 계속 모여드는 무리를 결집하여 서쪽으로 나가는 대중운동을 준비하는 것이 세례요한의 전략은 아니었다. 사람들이 그를 찾아오면 그는 그들의 죄를 깨끗이 씻어내고 정화시키고 준비되도록, 광야로부터(from) 요르단 강을 통과하여(through), 약속의 땅으로(into) 되돌려 보내기를 계속했는데, 그 약속의 땅에서 구원하시며 복수하시는 하나님의 임박한 도래를 기다리게 했다. 다른 말로 해서, 그가 형성하고 있던 것은 성별된 개인들의 거대한 조직이었으며, 묵시종말적 소망들로 짜여진 거대한 그물망이었으며, 유대인의 땅 전역에서 똑딱거리는 시한폭탄의 네트워크(network)였다. 이 조직의 거대함이 그에 대한 기억을 영구적일 수 있게 해주었다. 그러나 조직의 확산은 안티파스로 하여금 불가피하게 세례요한만을 공격하게 만들었으며, 동시에 빗나가지 않고 요한을 공격하는 것을 가능하게 해주기도 했다. 세례요한은 농민을 기초로 해서 거대한 운동을 일으키고 광야와 요르단 강, 모세와 여호수아를 중심으로 움직였던 1세기의 수많은 묵시종말적 예언자들 중에서 첫째가는 사람이었다. 그러나 그는 또한 특별히 자기 자신의 길을 갔다.

요한이 예수에게 세례를 베풀다

예수가 세례요한에게 세례를 받았다는 것은 그들 두 사람에 관해 지금까지 확실한 것으로 인정되어 온 그 어떤 것에 못지 않게 역사적으로 확실한 것이다. 요세푸스가 세례요한에 관해 이야기하면서 펼치는 신학적 변증은, 복음서들이 세례요한과 예수에 관해 이야기하면서 펼치는 신학적 변증과 비교해 볼 때 아무것도 아니기 때문이다. 즉 기독교 전승은 분명히 세례요한이 예수에게 세례를 베풀었다는 생각을 못마땅하게 여겨 왔다. 그런 생각은 세례요한을 더 뛰어나게 만들고 예수를 죄인으로 만드는 것 같기 때문이다.

마가복음은 어떠한 변호적인 설명도 없이 그 세례에 관해 말하고 있지만(1:9), 곧이어 하늘에서 들려오는 음성으로 그것을 덮어씌우고 있다 (1:10-11).

> 그 무렵에 예수께서 갈릴리 나사렛에서 오셔서, 요르단 강에서 요한에게 세례를 받으셨다. 예수께서 물 속에서 막 올라오시는데, 하늘이 갈라지고, 성령이 비둘기같이 자기에게 내려오는 것을 보셨다. 그리고 하늘로부터 소리가 났다. "너는 내 사랑하는 아들이다. 내가 너를 좋아한다."

이 본문은 매우 효과적으로 세례보다 계시를, 세례요한보다 예수를 높이고 있는 것으로 보인다. 그러나 이것은 하나님의 음성에 관해 말하기 전에 서둘러 예수의 세례를 지나쳐 그의 기도를 강조하고 있는 누가복음 (3:21)이나, 세례요한으로 하여금 예수에게 이의를 제기하도록 만들고 있는 마태복음(3:13-15), 또는 신약성서 밖에서 발견된 본문인 「나졸인 복음서」(Gospel of the Nazoreans) 2장의 입장에서 보면 충분한 것이 못된다. 이처럼 점차 더욱 방어적으로 바뀌는 세 본문들을 차례대로 인용하면 다음과 같다.

(1) 백성이 모두 세례를 받았다. 예수께서도 세례를 받으시고, 기도하시는데, 하늘이 열리고,

(2) 그 때에 예수께서 요한에게 세례를 받으시려고, 갈릴리를 떠나 요르단 강으로 요한을 찾아오셨다. 그러나 요한은 "내가 선생님께 세례를 받아야 할 터인데, 선생님께서 내게 오셨습니까?" 하고 말하면서 말렸다. 예수께서 대답하셨다. "지금은 그렇게 하도록 하여라. 이렇게 하여, 우리가 모든 의를 이루는 것이 옳다." 그제서야 요한이 허락하였다.

(3) 보라, 주의 어머니와 그 형제들이 주께 말하기를 세례요한이 죄사함의 세례를 베풀고 있으니 우리도 가서 그에게 세례를 받자고 하였다. 그러나 주님은 그들에게 이렇게 말씀하셨다. 내가 무슨 죄를 지었기에 그에게 가서 세례를 받아야 합니까? 어떤 점에서 내가 그에게 가서 세례를 받아야 할 죄를 지었다는 것입니까? 내가 말한 것들이 무지로 인한 것[무지의 죄]이 아닌데 말입니다.

마지막으로, 세례요한이 세례를 베풀었다는 것을 알고 있었음에도 불구하고 예수가 세례를 받은 것에 대해서는 언급조차 않는 두 개의 자료가 있다. 즉 Q 복음은 세례요한의 세례보다는 그의 설교에 훨씬 더 큰 관심을 갖고 있는데, 어쩌면 예수가 세례를 받은 것에 관한 자료를 모르고 있었을 수도 있다. 그리고 다음의 요한복음(1:32-34)도 성령의 현현(顯現)에 관해서는 매우 기꺼이 말하면서도 예수가 세례를 받은 일에 관해서는 아무런 말을 하지 않고 있다.

요한이 또 증언하였다. "나는, 성령이 비둘기같이 하늘에서 내려오는 것을 보았습니다. 성령은 이분 위에 머물렀습니다. 나도 이분을 몰랐습니다. 그러나 물로 세례를 주라고 나를 보내신 분이 나에게 말씀하시기를 '성령이 어떤 사람 위에 내려와서 머무르는 것을 보거든, 그가 바로 성령으로 세례를 주시는 분임을 알아라' 하셨습니다. 그런데 나는 그것을 보았습니다. 그래서 나는, 이분이 하나님의 아들이라고 증언하였습니다."

요한은 신약성서의 다른 세 복음서들로부터 자기의 세례요한 전승을 받아들인 것으로 보이는데, 1:19-34 전체에서 예수가 세례를 받은 일에 관하여 한 마디도 언급하지 않고 있으며, 그 대신 예수에 관한 세례요한의 증언을 강조하고 있다. 그래서 요한복음에서는 예수의 세례가 영원히 사라져 버렸으며, 오직 예수에 관한 계시만 남게 되었다.

금식에서 만찬으로

세례요한은 기원후 66년의 제1차 로마-유대전쟁이 있기 전 수십 년 동안 나타난 다른 많은 사람들과 같은 묵시종말적 예언자였다. 물론 어떤 면에서는 다르기도 했다. 예수는 요르단 강에서 그에게 세례를 받았다. 다시 말해서, 세례요한은 요르단 강 건너편 광야로 나아갔고, 모세와 여호수아가 약속의 땅을 정복했던 것을 종교의례적으로 재현함으로써 유대인들의 하나님과 유대인의 역사에 자신을 헌신했다. 이후로 그는 오시는 분(the Coming One)으로서의 하나님의 임박한 출현을 열렬하고 폭발적인 기대감을 갖고 기다리는, 유대 땅에 형성된 네트워크의 일부가 되었다. 인간의 힘으로는 이룰 수 없는 일, 즉 로마의 세력을 무찌르는 것은 성별된 사람들의 무리가 충분하고 합당한 수준에 도달하여 그런 천지개벽 같은 사건을 위해 준비되기만 하면 하나님께서 이루어 주실 것이다. 중요한 문제는 예수가 묵시종말론의 신봉자로 시작했는가 아니었는가의 문제가 아니라, 그가 그런 입장을 계속 유지했는가 아니었는가 하는 문제이며, 또 그가 자신의 사명을 시작할 때 세례요한의 쓰러진 깃발을 일으켜 세우는 일로 시작했느냐 하는 것이다.

이제 세 쌍의 말씀(sayings) 자료들을 살펴볼 것인데, 특히 이것들을 연결 지어 종합적으로 살펴보면, 이 말씀자료들은 예수가 세례요한의 비전(vision)과 관계를 끊고 자기의 독자적인 프로그램을 위해 매우 다른 메시지를 찾아냈다는 사실을 말해 준다. 첫 번째 말씀은 도마복음(78)과 Q 복음(마태 11:7b-9, 혹은 누가 7:24b-26) 모두에서 발견된다. 도마복음은 세례요한을 높이는 일보다는 권세 있는 자를 비판하는 쪽으로 결말 부분을 변경했다.

(1) 예수께서 말씀하셨다. "너희는 무엇 때문에 광야로 나왔느냐? 바람에 흔들리는 갈대를 보기 위해서냐? 아니면 [당신들의] 통치자나 권세자들처럼 화려한 옷을 입은 사람을 보기 위해서냐? 그들은 화려한 옷을 입고 있지만 진리를 알지 못한다."

(2) 예수께서 요한을 두고 무리에게 말씀하시기 시작하였다. "너희는 무엇을 보러 광야에 나갔더냐? 바람에 흔들리는 갈대냐? [함축된 대답은 "아니다"이다] 아니면, 무엇을 보러 나갔더냐? 화려한 옷을 입은 사람이냐? 화려한 옷을 입은 사람은 왕궁에 있다. 아니면, 무엇을 보러 나갔더냐? 예언자를 보러 나갔더냐? 그렇다. 내가 너희에게 말한다. 그는 예언자보다 더 위대한 인물이다."

형식면에서 볼 때, 이 말씀은 함축적인 대화로 이루어져 있다. 이것은 세례요한에게 동정적인 입장을 가진 사람들에게 한 말이다. 한편 내용 면에서 보면, 이 말씀은 광야와 왕궁을 서로 대조하고, 또 그 각각에 적합한 거주자들을 대조하는 것으로 이루어져 있다. 그러나 우리가 광야에서 만나게 될 사람으로는 분명하게 예언자가 거론되고 있는 데 반하여, 왕궁의 거주자는 왕이라든가 신하, 통치자라든가 관료라고 밝히지 않고 있다. 단지 그는 은유적으로 바람에 흔들리고 굴복하는 사람으로 묘사되고, 또 문자적으로는 화려하거나 사치스러운 옷을 입고 있는 사람으로 그려지고 있다. 그러나 비록 이것이 옳은 해석이라 할지라도, 왜 이 말씀은 이와 같은 식으로 이루어졌을까? 왜 광야에 사는 예언자를 하필이면 왕궁에 거하는 "사람"과 비교하고 대조하고 있는 것일까? 내가 생각해낼 수 있는 유일한 대답은 이 말씀의 의도하는 바가 세례요한과 안티파스를 대조하는 것이요, 또 이 말씀은 세례요한의 감금과 처형으로 인해 그의 추종자들 사이에 생겨난 위기감의 직접적인 산물이라는 것이다. 이것은 세례요한은 처형당했지만 그의 묵시종말적 비전에 대한 신앙은 지켜 나가고자 하는 시도라고 생각된다. 당신은 무엇이 더 좋은가, 죽은 세례요한인가, 아니면 살아 있는 안티파스인가? 안티파스가 공격해 왔을 때도 예수는 여전히 세례요한과 함께 했을 것이고, 이 말씀은 세례요한이 체포된 충격에도 불구하고 계속해서 그를 옹호했던 예수의 초기 태도를 정확하게 요약하고 있다.

두 번째 말씀자료도 역시 도마복음(46)과 Q 복음(마태 11:11이나 누가 7:28) 모두에서 발견된다. 여기서도 두 본문을 그 순서대로 인용한다.

(1) 예수께서 말씀하셨다. "아담으로부터 세례자 요한에 이르기까지 여자가 낳은 사람 중에 세례자 요한보다 더 커서 [그 앞에 설 때 경외심으로 인해 눈을 내리깔지 않아도 될 만큼 큰 인물은 없다. 그러나 너희에게 말하노니, 너희 중에 누구든지 어린아이가 되는 자는 하늘 나라를 볼 것이

요 또 요한보다 크게 될 것이다."

(2) "내가 진정으로 너희에게 말한다. 여자가 낳은 사람 가운데서 세례자 요한보다 더 큰 인물은 없었다. 그러나 하늘 나라에서는 아무리 작은 이라도 요한보다 더 크다."

이 말씀들은 앞의 말씀들과 모순되어 보인다. 즉 위의 첫 번째 말씀은 세례요한을 안티파스 위로 높이고 있지만, 이 두 번째 말씀은 하나님 나라에 속한 모든 사람을 세례요한 위로 높이는 것으로 결론을 맺고 있다. 하나님의 나라(the Kingdom of God)라는 이 표현에 대해서는 다음 장에서 훨씬 더 많은 논의를 할 것이다. 그러나 여기서는 놀랍게도 가장 큰 자와 가장 작은 자가 역설적인 병치를 이루고 있다는 사실만을 지적하겠다. 즉 광야의 세례요한이 아니라, 하나님 나라의 어린아이가 미래의 시작인 것이다.

세례요한에 관한 이 두 말씀은 다 역사적 예수로부터 나온 것이며, 따라서 오직 하나의 결론, 즉 한 쌍을 이루는 이 두 주장 사이에서 예수가 세례요한의 사명과 메시지에 대한 자신의 생각을 바꾸었다는 결론이 나온다. 즉 처음에는 예수가 받아들였고 세례요한의 죽음이라는 위기에서도 옹호했던 세례요한의 비전, 곧 회개하는 죄인의 자리에서 오시는 분으로서의 묵시종말적 하나님을 기다린다는 세례요한의 비전은 이제 더 이상 적절한 것으로 여겨지지 않게 되었다. 미래의 나라(a future kingdom)를 기다리는 것으로는 충분하지가 않다. 즉 우리는 지금 여기에 현존하는 나라(a present kingdom)로 들어가야만 한다. 이때부터 예수는 자기 자신의 비전과 프로그램을 갖고 세례요한의 그늘로부터 벗어났다. 이것들은 세례요한의 것과는 전적으로 다른 것이었지만, 예수로 하여금 하나님은 즉각적인 묵시종말적 회복을 통해 일하시는 분이 아니며 또 앞으로도 그런 식으로는 일하지 않는 분으로 이해하도록 만든 것은 분명 세례요한의 처형 사건이었을 것이다.

세 번째의 마지막 말씀들은 적이나 친구들이 세례요한과 예수를 서로 대조시키는 본문들로 이루어져 있는데, 이것들은 이 두 사람이 서로 간에 매우 달랐다는 사실을 인정한 것이다. 예를 들어, 금식하는 세례요한과 함께 식사하는 것을 즐기는 예수가 다음의 두 본문에서 어떻게 대조되고 있는가를 살펴 보라. 마가복음(2:18-20)에서 세례요한을, 그리고 Q 복음(마태 11:18-19이나 누가 7:33-34)에서 예수를 살펴본다.

(1) 요한의 제자들과 바리새파 사람들은 금식을 하고 있었다. 사람들이 예수께 와서 물었다. "요한의 제자들과 바리새파 사람의 제자들은 금식하는데, 왜 선생님의 제자들은 금식을 하지 않습니까?" 예수께서 그들에게 말씀하셨다. "혼인 잔치에 온 손님들이, 신랑과 함께 있는 동안에 금식할 수 있느냐? 신랑을 자기들 곁에 두고 있는 동안에는 금식할 수 없다. 그러나 신랑을 빼앗길 날이 올 터인데, 그 날에는 그들이 금식할 것이다."

(2) 요한은 와서, 먹지도 않고 마시지도 않았다. 그러니까, 사람들이 말하기를 "그는 귀신이 들렸다" 하고, 인자는 와서, 먹기도 하고 마시기도 하니, 그들이 말하기를 "보아라, 저 사람은 먹기를 탐하는 자요, 포도주를 즐기는 자요, 세리와 죄인의 친구다" 한다.

앞 본문의 긍정적인 은유와 뒷 본문의 부정적인 은유 각각의 이면에는 금식하는 요한(fasting John)과 잔치하는 예수(feasting Jesus) 사이의 대조가 존재한다. 다시 말해서, 세례요한은 묵시종말적인 금욕주의로 살았으며 예수는 정반대였다. 그러나 물론 예수가 묵시종말적인 금욕주의자가 아니었다고 말하는 것은 그가 어떤 사람이었는가에 대해 우리에게 아무것도 말해 주지 않는다. 지금까지 확증된 것은 기껏해야 세례요한이 어떤 사람이었는지, 예수는 어디에서 시작했는지, 그리고 어떻게 해서 예수가 자기의 말에서나 다른 사람들의 눈으로 보기에도 세례요한과는 매우 다른 입장, 나아가 정반대되는 입장에 이르게 되었는가 하는 것뿐이다.

사람의 아들 같은 분

앞에서 내린 결론들에 대해 즉각적이고 강한 반론이 제기될 수 있을 것이다. 예수는 묵시종말적인 인물이 분명한 사람의 아들(Son of Man)의 오심에 대해 여러 차례 예언하지 않았느냐? 다른 말로 해서, 예수는 세례요한만큼 묵시종말적인 사람이 아니냐? 따라서 물음은 다음과 같이 정리된다. 예수는 자기 자신이나 어떤 다른 지도자를 가리켜 "오실 사람의 아들"(the coming Son of Man)이라고 말한 적이 있는가?

"사람의 아들"(son of man)로 번역된 히브리어 혹은 아람어는, 영어의 "mankind"와 같이 단순히 모든 인간을 뜻하는 것으로 사용된 성차별적 용어이며, 남성의 독점적인 이미지를 갖고 전체를 나타내는 가부장적인 용어다. 이에 대한 한 사례를 시편(8:4)에서 볼 수 있는데, 여기서는 시적인 병행구가 그 의미를 매우 명료하게 밝혀 준다. 아래에 이 본문을 먼저 옛 날판 RSV 성경으로 제시하고, 그 다음에 새로운 RSV 성경으로 제시한다.

> What is man that thou art mindful of him,
> and the son of man that thou dost care for him?

What are human beings that you are mindful of them,
  mortals that you care for them?

    옛날 번역으로부터 새 번역으로의 변화는 시대에 뒤진 thou art와 thou dost라는 말을 삭제한 것뿐만 아니라, 옛 번역판의 성차별적인 단어인 man과 son of man을 새로운 번역에서는 human beings와 mortals로 대체한 것도 포함된다. 물론 이것들이 앞의 용어들이 실제로 뜻한 것이다.
    이와 동일한 용법에 대한 또 다른 사례가 다니엘 7장에도 나타난다. 이것은 기원전 167년과 164년 사이에 시리아 왕 안티오쿠스 에피파네스 4세에게 박해를 당한 신실한 유대인들에게, 바빌로니아와 메데와 페르시아와 그리스가 왔다가 사라진 것처럼, 시리아의 억압도 역시 속히 지나가게 될 것이라는 점을 확신시켜 주고자 의도된 묵시종말적인 환상이다. 그 후 그들이 물러간 자리에 하나님은 박해를 당하고 또 그 모든 고난에도 불구하고 신앙을 지킨 사람들을 위해 완전하고 영원한 나라를 세우실 것이다. 그런데 그 사악한 제국들이 "사자 같고…곰 같고…표범 같은" 것으로, 즉 여기 이 아래의 세상에 속한 야수와 같은 것으로 묘사된 것과는 정반대로, 이 거룩한 나라는 의도적으로 "사람의 아들 같은"(like a son of man) 것으로, 즉 하늘로부터 오는 사람 같은 것으로 묘사되고 있다. 이것은 호칭(title)이 아니라 문학적인 대조로 사용된 것이 확실하다. 즉 저 사악한 나라들이 야수들 같은 모습으로 나타날 수 있었던 것처럼, 완전한 나라는 사람과 같은 것으로 나타날 수 있다는 것이다. 그러나 이 히브리어 혹은 아람어 표현은 영어로 번역하는 경우와 마찬가지로 그리스어로 번역할 때 특히 이상하게 들리는데, 여기서 "사람의 아들"(a son of man)이라는 말이 쉽사리 "사람의 아들"(the Son of Man)이라는 호칭으로 바뀌게 되었다. 그래서 이 호칭은 특정한 개인을 사악한 세상에 대한 하나님의 즉각적이고 묵시종말적인 심판을 위해 선택된 대행자(agent)로 내세우게 되었다. 다시 말해서, 모든 인간에게 적용되는 총칭적 용법이 오직 어떤 한 사람을 가리키는 호칭적 용법으로 바뀌었다.

정경 복음서들 속에 등장하는 예수는 "사람의 아들"이라는 말을 그런 호칭적 의미로 사용하고 있으며, 또 그렇게 함으로써 그는 자기 자신이나 다른 탁월한 인물을 하나님의 심판의 미래적 대리인으로 그리고 있다는 것은 매우 명백하다. 그러나 문제는 역사적 예수 자신이 정말 그런 표현을 사용했는지, 아니면 그것이 초대 기독교 내에서 나온 해석인지 하는 것이다.

나는 예수가 역사적으로 그런 호칭적 표현을 사용했다는 것을 부인하는데, 그 주된 이유는 사람의 아들(the Son of Man) 전승 전체 속에서, 서로 독립적인 두 개의 자료가 하나 이상의 판본 속에서 그 표현을 사용한 경우가 오직 하나뿐이라는 사실 때문이다. 즉 이 한 가지 사례 외에 그 표현이 나타나는 곳에서는 그 표현은 언제나 이 판본 아니면 다른 판본 단 한 곳에서만 발견되며, 또 처음부터 거기에 있었던 것이 아니라 나중에 등장한 것처럼 보인다. 나의 주장은 예수가 오실 사람의 아들에 관하여 말하지도 않았고 또 말할 수도 없었다는 것이 아니다. 나는 다만 예수가 그 말을 사용한 것으로 나타난 각각의 사례들 모두에서 그 말은 처음부터 있었던 것이라기보다는 나중에 생겨난 것처럼 보인다는 것을 주장하는 것이다.

나는 이 하나의 예외에만 주의를 기울이는데, 그 이유는 왜 사람의 아들이라는 호칭적 표현이 나중에 와서 예수 자신이 말한 표현으로 바뀌어졌는지를 이해하는 데 그것이 매우 중요하기 때문이다. 이 말씀은 도마복음(86)과 Q 복음(마태 8:19-20이나 누가 9:57-58) 모두에서 발견된다.

(1) 예수께서 말씀하시길 "[여우도] 굴이 있고 새도 보금자리가 있으나 사람의 자식[문자적인 의미로, 사람의 아들]은 머리를 두고 쉴 곳이 아무

데도 없다.

(2) 어떤 사람이 예수께 말하기를 "나는 선생님이 가시는 곳이면, 어디든지 따라가겠습니다" 하였다. 예수께서는 그에게 말씀하셨다. "여우도 굴이 있고, 하늘을 나는 새도 보금자리가 있으나, 사람의 아들은 머리 둘 곳이 없다."

이것은 호칭적인 용법이 아니라 총칭적인 용법을 보여주는 사례이다. 예수는 말하기를, 새들은 땅 위에(above) 집을 갖고 있고, 여우들은 땅 밑에(below) 집을 갖고 있는데, 땅 위에(upon) 집을 갖고 있어야 할 사람들은 자기들이 눕고 잘 만한 곳조차 갖고 있지 못하다는 말이다. 물론 이 총칭적인 진술은 귀족적인 상류층 사람들에게는 전혀 해당되지 않는다. 예수는 아마도 그들을 대상으로 이 말을 하지는 않았을 것이다. 그는 가난한 사람들과 연약한 사람들에게 말했던 것인데, 그들은 자기들이 바로 그런 사람들이라는 것을 쉽사리 알아챘을 것이다. 이 해석은 다음 장에서 더 충분히 설명할 것이지만, 지금 여기에서 내가 주장하는 요점은 이 "사람의 아들"은 분명 하나님의 심판의 즉각적이거나 미래적인 대리인을 의미하지 않는다는 것이다. 예수는 그가 말을 하고 있는 사람들과 자기 자신이 똑같다는 것을 보이기 위해, 또 자기가 그들과 공동 운명을 갖고 있어 우리는 가난한 또는 연약한 사람들이라는 것을 강조하기 위해 "사람의 아들"이라는 총칭적인 용어를 사용했다. 이것으로 인해, 그가 죽은 후 그의 말씀들에 관한 전승이 발전하게 되면서 호칭적인 "사람의 아들" 말씀을 창조해서 그가 실제로 말한 것처럼 그의 입에 집어넣는 것이 더 쉬워지게 되었다.

20세기 초에, 알버트 슈바이처는 세례요한과 예수가 모두 그들 나름의 방식으로, 복수하는 하나님을 오도록 하기 위해 애썼던 묵시종말적 설교자들이었다고 주장했다. 그의 고전적인 저작인 『역사적 예수의 탐구』의 결론 부분에서 그는 다음과 같이 기술하고 있다.

> 온 세상이 조용하다. 세례자가 나타나 외친다. "회개하라, 하늘나라가 가까웠다." 그 후 얼마 안 있어 예수가 나타나는데, 그는 자신이 '오실 사람의 아들'임을 깨닫고는 세상의 수레바퀴를 굳게 잡고서 그것을 평범한 모든 역사를 종결짓게 할 최종적인 혁명을 향해 굴러가게 만든다. 바퀴가 굴러가기를 거부하자 그는 그것에 자신의 몸을 던져 넣는다. 그제야 바퀴는 돌기 시작하고 그를 깔아 박살낸다. 그는 종말론적인 조건들을 끌어들이는 대신에 파괴하였다. 이 바퀴는 계속 앞으로 굴러가고, 자기 자신을 인류의 영적인 통치자로 생각하고 또 역사의 방향을 그가 원하는 방향으로 돌릴 만큼 강했던 이 더할 나위 없이 위대한 사람의 만신창이가 된 몸은 아직도 그 바퀴에 달라붙어 있다. 이것이 그의 승리이며 그의 통치이다.[1]

그러나 내가 계속해서 묵시종말적(apocalyptic)이라는 단어를 쓰는 곳에서 그는 종말론적(eschatological)이라는 용어를 사용하고 있음에 주의해 보라. 몇 쪽 뒤에서 그는 종말론적이라는 말로 뜻하는 것이 무엇인지 다음과 같이 설명하고 있다.

> 예수의 말씀들 속에서 영원한 것은 그 말씀들이 종말론적인 세계관에 기초해 있으며, 또 현대 세계가 그 역사적이고 사회적인 환경에 둘러싸여 더 이상 갖고 있지 못한 정신의 표현을 담고 있다는 바로 그 점 때문이다. 그러므로 그의 말씀들은 모든 세계에 다 적합하다. 어떤 세계에서든지 그

---

[1] Albert Schweitzer, *The Quest of the Historical Jesus: A Critical Study of Its Progress from Reimarus to Wrede*, trans. W. Montgomery (New York: Macmillan, 1968; first published 1906), 370-371.

말씀들은 그 말씀의 도전에 기꺼이 응답하면서 그 말씀들을 그의 세계와 시대를 벗어나 헛된 것으로 만들지 않을 사람을 일으켜 세우며, 그를 내적으로 자유케 만들어서는 그 결과 그가 자기의 세상과 시대 속에서 예수의 능력을 전달하는 순전한 통로가 되기에 적합하게 만들기 때문이다. …개인의 영혼은 왜 예수의 세계-부정을 의지해 길을 개척하고 또 물질적이고 지적인 재화의 가치를 능가하는 모든 단계에서 그분과 함께 씨름해야 하는, 자신에게 부여된 임무를, 결코 그에게 안식을 허락치 않는 싸움을 마다하는가?[2]

슈바이처의 글에서는 보다 폭 넓은 의미를 갖는 총칭적인 용어와 보다 협소한 혹은 구체적인 용어가 서로 혼동되어 사용되고 있다. 두 종류의 용어가 다 절대적으로 필요하며, 또한 그것들을 서로 섬세하게 구분하는 것도 필요하다. 폭넓은 용어로는 종말론(eschatology) 혹은 세계 부정(world-negation)을 들 수 있다. 이것은 문화와 문명에 대한 철저한 비판을 의미하며, 따라서 이 세상의 가치와 소망들에 대한 철저한 거부를 뜻한다. 이것은 실망이나 분노, 슬픔이나 고통, 수치와 자포자기의 심정으로 정상적인 삶으로부터 철저하게 이탈한 사람들의 세계관을 기술하는 용어다. 그들은 보다 완전한 다른 세상을 상상하는데, 그 세상의 매혹적인 비전은 그들을 둘러싼 현실 세상을 하찮은 것으로 만들어 버린다. 그러나 이 폭넓은 용어는 모든 종류의 개념들과 프로그램들, 또 모든 유형의 이상적인 혹은 완전한 세상들을 다 포함해야 하는데, 이런 것들의 사례로는 신비적인, 이상향의, 금욕적인, 해방주의적인, 또는 무정부주의적인 종말론 혹은 세계부정들을 들 수 있다. 이것들은 전부 협소한 혹은 보다 구체적인 용어에 속하는 것들이다. 즉 세상을 떠나 동굴과 광야나 수도원으로 물러나는 수도자

---

[2] Schweitzer, *The Quest of the Historical Jesus*, 402.

들에서부터, 말과 행동이나 폭탄으로 세상을 파괴하는 무정부주의자들까지를 포함한다. 이런 구체적인 용어의 또 다른 사례가 묵시적 종말론(apocalyptic eschatology)이다. 이 종말론이 전제로 하고 있는 세상은 절망적일 정도로 악하고 인간의 힘으로는 개선이 불가능한 것으로 여겨지기 때문에, 하나님의 직접적인 개입으로만 고칠 수 있는 그런 세상이다. 따라서 묵시적 종말론은 이 사악한 세상의 임박한 종말에 관한 특수한 계시를 제공하는데, 이 계시는 우리의 해방과 높임과 저들의 개종과 징계 또는 멸망에 관한 것이요, 또 우리가 하늘로 이끌려 올려지거나 하늘이 내려와 우리를 감싸게 되는 새로운 상황에 관한 것이다.

슈바이처는 표면적으로는 잘못되어 있으나 동시에 깊은 내면에서는 옳다. 예수는 세례요한과 같은 묵시종말적 예언자가 아니라 종말론적인 인물 혹은 세계부정의 인물이었는데, 이 점은 내가 다음 장에서 자세하게 논증할 것이다. 그러나 슈바이처에 관한 모든 논의에는 그의 위대한 책의 마지막에 나오는 몇 구절이 반드시 포함되어야 할 것이다.

> 그는 그 옛날 호숫가에서 그분이 누구인지 알지 못하는 사람들에게 찾아가셨듯이 우리에게도 이름 없는 낯선 분으로 다가 오신다. 우리에게도 그는 똑같이 "나를 따르라"고 말씀하신다. 그리고는 우리 시대를 위해 그가 완수해야 할 과업들을 우리에게 맡기신다. 그는 명령하신다. 그리고는 순종하는 사람들에게는 그들이 지혜로운지 단순한지를 개의치 않고 당신 자신을 계시하시는데, 이 계시는 그들이 그분과 교제하며 통과해 갈 수고와 투쟁과 고난 속에서 나타난다. 그리고 이루 형언할 수 없는 신비로서, 그들은 자신들의 체험을 통하여 그가 어떤 분인지를 배우게 될 것이다.[3]

---

3) Schweitzer, *The Quest of the Historical Jesus*, 403.

◇ 3장 ◇

성가신 자들과 아무것도 아닌 자들의 나라

그리스-로마 시대에 바실레이아(*basileia*, "통치")에 관한 논의는 유대 묵시 종말론자들이나 또는 특별히 유대 민족의 이해관계에 관심을 가진 사람들에게만 국한된 것은 아니었다. 바실레이아는 그리스 문화 전반에 걸쳐서 중요한 공통의 주제였다. …그러나 알렉산더 이후 시대에는… 왕과 전제군주, 그리고 장군들이 너무나도 지나치게 부각되었으며…[그리고] 이제 통치라는 이 중대한 문제는 권력과 특권에, 또 그것을 소유한 사람들의 권리와 의무에 집중되었다. …그래서, 비록 다른 용어들이 마찬가지로 사용될 수도 있었지만 가장 많이 다루어진 것이 바실레이아였다. … 바실레이아란 왕과 지배자들이 소유했던 것, 즉 통치권, 위엄, 지배력, 권력, 주권을 말한다. 권력의 공의롭고 자비로운 행사를 어떻게 보장할 것인가가 이 시대 전반에 걸친 가장 큰 문제였다. …

게다가 사회의 정치구조 속에 내재되어 있는 이 실제적인 문제들을 그려내기 위하여 만들어진 그 추상적인 모델들은 흔히 그렇듯이 이제 사회적 에토스 일반에 관한 기본적인 문제들을 생각하는 데도 똑같이 사용될 수 있게 되었다… "왕"은 더 이상 한 도시나 나라의 실제적인 왕을 언급하는 것일 필요가 없게 되었다. "왕"은 상상할 수 있는 "최고" 수준의 안트로포스(*anthropos*, "인간")를 나타내는 추상적인 표현이 되었는데, 여기서 최고의 수준이란 재능이나, 업적, 윤리적인 탁월함으로 나타나는 것일 수도 있고, 또는 신화적인 이상형을 뜻하는 것일 수도 있다.

— Burton Mack, "The Kingdom Sayings in Mark," *Forum* 3, no. 1(1987)

현재 또는 미래의 나라

'바실레이아'(*basileia*)라는 그리스어가 '나라'/'왕국'(*kingdom*)으로 번역된 것은 별로 만족스럽지 못하다. 그러나 이 번역어는 오랜 전통을 가진 것으로서, 다른 무엇으로 바꾼다는 것은 혼란을 야기할 뿐이다. 왕(king)이라는 말이 국수주의적이라는 것뿐만 아니라 "국"(-dom)이라는 말 역시 주로 지역적인 느낌을 갖게 한다는 것, 즉 마치 우리가 땅 위의 어떤 특정한 지역이나 지리적으로 선이 그어진 장소에 관해 말하고 있는 것 같은 느낌을 준다. 그러나 이 단어가 실제로 뜻하는 것은, 이 장의 글머리에 실린 인용문이 말하고 있는 것처럼, 권력과 통치이며, 어떤 장소라기보다는 하나의 과정이며, 땅 위의 한 장소라기보다는 삶의 방식이다. 기본적인 문제는 다음과 같다. 인간의 권력은 그 통치를 어떻게 행사하며, 또 그와 반대로 신의 권력은 그 통치를 어떻게 행사하는가? 하나님의 나라는 하나님의 통치 아래 있는 사람들이며 또한 그것은 이상적으로 말해, 인간의 모든 통치를 다스리고 또 초월한다. 토론의 초점은 왕이 아니라 통치자에게, 나라가 아니라 권력에, 장소가 아니라 과정에 모아진다. 하나님의 나라란 만일 하나님이 즉시로 직접 다스리게 된다면, 이 세상이 어떤 모습이 될 것인가 하는 것을 말한다.

그러나 하나님 나라라는 구절을 이런 식으로 이해하기는 하지만, 예수 당시 유대인들이 사용한 '하나님 나라'의 기본적인 네 가지 유형을 살펴보는 것이 필요하기도 하며 가능하기도 하다. 두 개의 선이 교차함으로써 만들어 내는 네 개의 분면(分面) 혹은 도형들을 그려 보라. 하나의 선은 시간 구분을 나타내는 것으로 양쪽 끝은 각각 미래와 현재를 나타낸다. 나머지 다른 선은 계급 구분을 나타내는 것으로, 다시 한번 렌스키의 모델을 따라, 한쪽 끝에는 신하나 서기관들이, 다른 한 끝에는 농민이나 평민들이 있다.

미래의 혹은 묵시종말적 하나님 나라(the future or apocalyptic Kingdom of God)는 불의와 억압에 의해 강탈당하고 있는 이 세상에 공의와 평화를 회복하기 위해 일하는 하나님의 강력한 행위에 달려 있다. 신자들이 할 수 있는 것은 기껏해야 하나님 나라의 출현을 준비하거나 설득하는 것, 간청하거나 돕는 것뿐이다. 그것의 성취는 오직 하나님의 능력에 달려 있다. 그리고 하나님 나라의 완성은 비록 그 세부적인 사항과 내막이 모호함으로 가려져 있지만, 신자와 불신자를 포함하여 모든 사람들에게 분명하게 눈에 띄고 또 확실한 것으로 드러나게 될 것이다. 그러나 그것은 또한 각 집단에게, 그들에게 합당한 종말을 가져다주는 것이 될 것이다. 우리는 이미 신하들과 농민들이 각각 이런 묵시종말적인 환상을 어떻게 적용했는가에 대한 사례들을 살펴보았다. 앞에서 언급했듯이 신하 혹은 서기관 계급의 관료들의 경우는, "그들의 왕, 다윗의 아들" 또는 "그들의 왕… 주 메시아"의 임박한 오심에 대한 자신들의 소망을 담아 「솔로몬의 시편」(Psalms of Solomon)을 기록한 집단 속에서 그 사례를 찾아볼 수 있다. 농민들의 경우는, 하나님의 개입에 의해 모세와 여호수아가 거두었던 승리들을 본따서 자기들의 종교의례 행위들을 만들었던 세례요한 같은 묵시종말적 예언자들 속에서 그 사례를 찾아볼 수 있다. 서기관 계급의 사람들은 글을 쓰고 선포했다. 그것이 그들이 할 수 있는 일이었기 때문이다. 그리고 농민의 지도자들은 행진하고 시위했다. 그것이 그들이 할 수 있는 일이었기 때문이다. 나는 어느 한 형태가 어떤 식으로든 다른 것보다 더 낫다고는 생각하지 않는다. 그러나 이들 두 집단은 저 네 가지 유형에서 단지 두 부분만을 차지한다.

미래의 혹은 묵시종말적 하나님 나라에 대한 대안적 관점은 현재의/지혜의 하나님 나라(the present or sapiential Kingdom of God)다. 지혜적(sapiential)이라는 용어는 지금 여기 이 세상 속에서 우리가 어떻게 하면 하나님의 능력과 통치와 다스림이 모든 관찰자들에게 분명하게 증거되도록 살 수 있겠는가를 깨닫는 데 지혜(라틴어로 *sapientia*)가 필수적이라는 사실을 강조한다. 사람은 지혜나 선에 의해, 덕과 의로움이나 자유에 의해 그 나라로 들어간다. 하나님 나라는 미래를 향한 삶의 희망이라기보다는 현재를 위한 생활방식(a style of life for now)이다. 따라서 이것은 윤리적인 나라인데, 그럼에도 묵시종말적 하나님 나라에 못지 않게 종말론적인 것일 수가 있다. 이를테면 이 나라의 윤리는 당시의 윤리를 그 심층적 차원에서 문제삼을 수가 있다. 내가 고안한 용어인 이 지혜의 하나님 나라가 묵시종말적 하나님 나라보다 세계-부정적인 특성이 약하다고 생각하는 것은 옳지 못한 것이 될 것이다.

현재의/지혜의 하나님 나라는 미래의/묵시종말적인 대안과 마찬가지로 두 가지 유형을 가지는데, 한쪽 편에 신하들이 있고 다른 편에는 농민들이 있다. 여기서는 이 두 유형 중 앞의 것에 속하는 사례를 세 가지 살펴보겠다.

첫 번째 사례는 예수와 동시대인으로 기원전 10년에서 기원후 45년 사이에 살았던, 유대인 철학자 알렉산드리아의 필로의 저작인 『특별법』(*Special Law*)에서 발견된다(4.135-136). 여기에는 자기 백성을 위해 법을 만들고는 그것에 대해 숙고하고 있는 한 인간 군주가 나오는데, 그는 초월적인/천상의 하나님 나라를 모델로 하여 만들어진 지상의 나라만이 정치적으로 합당한 나라일 수 있다고 말한다.

> 다른 왕들은 손에 지팡이를 들고 그것을 홀(笏)로 삼지만 나는 율법의 속편(續編)을 나의 홀로 삼는다. 이것은 그 어떤 것과도 바꿀 수 없는 나의 자존심이요 나의 영광이며, 또 그 누구도 이의를 제기할 수 없는 주권의 깃발인데, 이것은 하나님의 왕권을 원형으로 삼아 만들어진 것이다.

따라서 필로에 의하면, 지혜로운 사람과 덕이 높은 사람은 이미 하나님 나라 왕권에 참여한 것이 되며, 하나님의 법을 본받아 만들어진 법을 가진 정치적 통치권만이 나라라는 이름을 가지기에 합당한 것이다.

두 번째 사례도 역시 유대인의 저작으로, 기원후 37년에서 41년 사이 칼리굴라 황제의 치세 기간에 씌어진 것으로 추정되는 『솔로몬의 지혜』(Wisdom of Solomon)이다. 참되고 영원한 통치란 지상의 왕들이 지금 행사하는 통치가 아니라, 그들이 지혜 자신의 통치에 굴복할 때 받게 될 통치이다. 지상의 왕들은 진정한 나라를 갖지 못한 왕들이다. 이와는 달리 성서 인물 야곱은 비록 왕은 아니었지만 참된 나라를 소유했다(10:10).

> 한 의로운 사람이 형의 복수를 피해 도망칠 때,
> 그녀[지혜]가 그를 곧은 길로 인도하였고,
> 그에게 하나님의 나라를 보여주었다.

하나님 나라는 지혜의 나라로서 우리 가운데 영원히 현존하는데, 이 나라는 지혜의 부름에 귀를 기울이는 모든 사람들에게 주어지며 한편 세상의 사악한 모든 통치자들에게서는 멀리 벗어나 있다.

세 번째 사례는 『섹스투스의 경구들』(Sentences of Sextus)에서 찾아볼 수 있는데(307-311), 이것은 이교도의 작품으로서 2세기에 나온 것으로 추정되며 후에 기독교적으로 개작된 것으로서, 그 도덕적 가르침은 매우 금욕적이고 성적 문제와 밀접하게 관련되어 있다.

지혜로운 사람은 인류에게 하나님을 소개한다.
하나님은 그의 모든 작품 중에 지혜로운 자를 가장 자랑스러워한다.
하나님 다음으로, 지혜로운 사람만큼 자유로운 사람은 없다.
하나님께 속한 것은 그것이 무엇이든 지혜자에게도 속한다.
지혜로운 사람은 하나님의 나라를 나누어 받는다.

따라서 유대교나 기독교의 현자들은 물론이요 심지어 이교의 현자들에게도 윤리적/지혜적 하나님 나라는 묵시종말적 하나님 나라만큼이나 명백한 가능성을 갖는 것이었다.

이 세 개의 사례 전부는 지혜롭고 의로우며 덕이 있는 현자들, 즉 세 저자들이 속해 있는 바로 그 계급의 사람들이 지금 여기에서 들어갈 수 있는 현재적인 하나님 나라를 그리고 있다. 그러나 남아 있는 분면 혹은 도형은 어떤 것인가? 즉 현재의/지혜의 하나님 나라, 하나님의 직접적인 지배 아래 있는 생활방식은 농민들에게, 특히 농민들에게 말하고 있는 농부에게는 어떤 것으로 보여졌을까? 여러분이 지금쯤은 분명하게 눈치챘을 것이지만, 내가 예수를 위치시키는 자리가 이 네 번째 분면 혹은 도형 속이다.

예수는 글을 배우지 못한 농부였다. 그러나 박식하고 학자적인 학문을 쌓은 사람으로서도 좀처럼 이를 수 없는 구변적인 탁월함을 지니고 있었다. 오늘날 우리가 굳어지고 냉랭한 본문들 속에서 그의 말씀을 읽게 될 때 명심해야 할 것은, 그의 최초의 청중들이 간직할 수 있었던 구전 기억이란 기껏해야 충격적인 이미지, 깜짝 놀라게 하는 유비, 강력한 결합, 그리고 말하거나 행하는 데 한 시간이나 그 이상 걸렸을 비유에 대한 개략적인 줄거리뿐이라는 사실이다. 나는 지금-여기에서의 하나님 나라가 예수에게 어떤 의미가 있었는가를 보여주는 몇 가지 사례를, 그의 최초의 청중들이 구전 기억을 통해 이런 전승들을 보존하고 발전시키고 나아가 창조하기도 하는 데 사용한 주된 장르들로부터 제시하겠다.

가족들을 갈라놓기

20세기 미국인들에게 최고의 가치로 인정받는 것이 경제와 소유에 기초한 개인주의라고 한다면, 1세기 지중해 지역에서는 그와 반대로 친척관계와 성별에 기초한 집단주의(groupism)라 할 수 있다. 집단주의에서는 단지 두 개의 집단, 즉 가족 집단과 정치적 집단, 친척관계와 정치만이 고려의 대상이었다. 그러나 우리는 역사적 예수가 이 두 집단 모두에 대해 비판하고 있는 경구들(aphorisms)과 대화들을 갖고 있다. 먼저, 가족 가치들에 대해 신랄하게 공격하는 것을 보게 되는데, 이런 일은 아주 빈번하게 나타나고 있다. 여기서는 네 개의 전혀 다른 사례들을 제시하겠다. 각 사례는 여러 판본들을 통해 볼 수 있지만 나는 한 사례에 대해 하나의 판본만을 제시하겠다. 첫 번째 사례는 도마복음(55)에서, 두 번째는 마가복음(3:31-35)에서, 세 번째는 Q 복음(누가 11:27-28에는 나오지만 마태에는 병행구가 없음)에서, 그리고 마지막 사례는 Q 복음(마태 10:34-36과 누가 12:51-53에서 발견되는 것을 누가의 것으로 살펴본다.

(1) 예수께서 말씀하셨다. "아버지와 어머니를 미워하지 않는 사람은 나의 제자가 될 수 없다. 또 형제와 자매를 미워하지 않는 사람은⋯나에게 합당한 사람이 아니다."

(2) 그 때에 예수의 어머니와 형제들이 찾아와, 바깥에 서서, 사람을 들여보내어 예수를 불렀다. …예수께서 그들에게 대답하셨다. "누가 내 어머니이며, 내 형제들이냐?" 그리고 주위에 둘러앉은 사람들을 둘러보시며 말씀하셨다. "보아라, 내 어머니와 내 형제들이다. 누구든지 하나님의 뜻을 행하는 사람이 곧 내 형제요 자매요 어머니다."

(3) 무리 가운데서 한 여자가 목소리를 높여 그에게 말하기를 "당신을 밴 태와 당신을 먹인 젖가슴은 참으로 복이 있습니다!" 하였다. 그러나 예수께서는 "오히려, 하나님의 말씀을 듣고 지키는 사람이 복이 있다" 하고 말씀하셨다.

(4) "너희는, 내가 세상에 평화를 주러 온 줄로 생각하느냐? 내가 너희에게 말한다. 그렇지 않다. 도리어, 분열을 일으키러 왔다. 이제부터 한 집안에서 다섯 식구가 서로 갈라져서, 셋이 둘에게 맞서고, 둘이 셋에게 맞설 것이다. 아버지가 아들에게, 아들이 아버지에게 맞서고, 어머니가 딸에게, 딸이 어머니에게 맞서고, 시어머니가 며느리에게, 며느리가 시어머니에게 맞서서, 서로 갈라질 것이다."

가족은 사람이 그 소속을 물릴 수 없는 집단이지만, 위에 인용한 처음 두 본문 속에서는 이처럼 혈연을 통해 주어진 가족 집단이 부정되고, 참여를 원하는 모든 사람에게 개방된 다른 가족을 천명하고 있다. 그런데 이 두 집단이 두드러진 대조를 이루게 된 이유가 세 번째 본문에 의해 더욱 분명하게 드러난다. 즉 아름다운 지중해의 습관대로, 한 여인의 위대함은 유명한 아들의 어머니가 되는 데서 오는 것이라고 생각한 어떤 여인이 예수로 인해 마리아가 복되다고 단언하고 있다. 그러나 예수는 이런 가부장적인 국수주의를 부정하고, 남성이냐 여성이냐, 아이를 낳았느냐 낳지 못하느냐와 상관없이 원하는 사람 누구에게나 열려 있는 축복을 가르친다.

마지막으로, 가족에 대한 예수의 공격이 가장 명백하게 드러나는 것은 마지막 경구에서다. 부모와 결혼한 아들 내외, 그리고 미혼인 딸로 이루어진 다섯 식구가 한 지붕 아래 함께 사는 확대된 핵가족으로 이루어진 표준적인 지중해 지역의 가정을 생각해 보라. 예수는 자기가 그것을 분열시키겠노라고 말하고 있다. 이 말씀에 대한 일반적인 설명은, 어떤 식구들은 예수를 믿는 데 반해 다른 식구들은 거부할 때 가족이 분열되리라는 것이다. 그러나 분할선이 어디에 어떻게 강조되어 그어지고 있는지를 눈 여겨 보라. 그것은 정확하게 세대 사이를 가르며 그어지고 있다. 그러면 신앙이 왜 이런 분할선을 따라서 나누어져야 하는가? 다시 말해 신앙이 여성과 남성을 분리시키지 않고 있는 이유는 무엇이며, 또는 그런 분리가 좀더 원칙 없이 되는 대로 이루어지지 않은 이유는 무엇인가? 이 공격은 신앙과는 아무런 관계가 없고, 권력과 관계가 있는 것이다. 이 공격은 부모를 아들과 딸과 며느리 위로 높이고 있는, 지중해 지역의 가정에 그어진 선에 대한 것이다. 이런 사실은 우리가 앞에서 살펴본 사례 전체를 이해하는 데 도움을 준다. 가정은 사회의 축소판으로서 우리가 사랑하고 사랑받는 법과 미워하고 미움을 받는 법, 도와주고 도움을 받는 법, 학대하고 학대당하는 법을 가장 먼저 그리고 가장 깊게 배우는 장소이다. 가정에도 필연적으로 권력이 개입되고 나아가 권력이 남용되기 때문에, 가정은 결코 안락한 평온의 보금자리가 아니다. 바로 이런 점에서 예수가 가정을 공격하고 있는 것이다. 예수가 제시하는 이상적인 집단은, 지중해 지역뿐 아니라 대부분의 가족관계의 현실과는 대조적인 것으로서, 하나님 안에서 모든 사람이 동등하게 참여할 수 있도록 열려진 집단이다. 이것이 바로 하나님 나라인데, 하나님 나라는 권력 남용, 곧 권력을 좇아 나는 검은 망령이요 죽음의 그림자인 저 끔찍한 권력 남용을 부정한다.

거지들(우리들?)은 복이 있다

가족 집단에서 정치적인 집단으로 눈을 돌려 볼 때, 예수가 복된 가난과 하나님 나라를 결합시킨 것만큼 처음에는 급진적이었지만 나중에는 극히 평범하게 된 경구는 찾아보기 어렵다. 여기에는 동일한 말씀이 네 개의 판본으로 나와 있는데, 그것들은 도마복음(54), Q 복음(누가 6:20과 마태 5:3), 그리고 야고보서(2:5)다. 첫 번째 사례는 콥트어(Coptic) 번역판이며, 뒤의 셋은 그리스어로 되어 있다. 첫 번째 것으로부터 마지막 것으로 읽어 가면서, 우리는 그 급진성이 무디어져 평범하게 바뀌어 가는 과정을 살펴볼 수 있다.

(1) "가난한 사람은 복이 있다. 하늘 나라가 너희의 것이다."
(2) "너희 가난한 사람은 복이 있다. 하나님의 나라가 너희의 것이다."
(3) "마음이 가난한 사람은 복이 있다. 하늘 나라가 그들의 것이다."
(4) 하나님께서는 세상의 가난한 사람을 택하셔서, 믿음이 좋은(rich in faith) 사람이 되게 하시고, 하나님을 사랑하는 이들에게 약속하신 그 나라의 상속자가 되게 하지 않으셨습니까?

세 번째 사례에서 마태가 사용한 "마음이"라는 말은 경제적인 가난을 종교적인 가난으로 해석하고 있으며, 믿음과 사랑에 대한 야고보서의 강조는 현재적인 하나님 나라보다는 약속된 하나님 나라를 가리킨다. 그러나 앞의 두 판본에서는 복된 가난과 하나님 나라의 굳고 놀라운 결합이 모든 사람이 볼 수 있게끔 분명하게 나타나 있다. 물론 우리로서는 예수가 일반적인(the) 가난한 사람들을 뜻했는지, 아니면 너희(you) 혹은 우리(we) 가난한 자들을 뜻했는지를 알 수는 없다.

그런데 뒤의 세 사례에서 사용된 그리스어 '프토코스'(ptōchos)가 "가난한"으로 번역될 때 거기에는 매우 심각한 문제가 따른다. 그리스어 '페네스'(penēs)는 "가난한"이라는 의미이며, '프토코스'(ptōchos)는 "극빈의"라는 의미를 갖기 때문이다. 앞의 단어는 하루 벌어 하루 살아가며 근근이 생계를 이어가는 농부 가정의 상태를 말하며, 뒤의 단어는 질병이나 빚, 징병이나 죽음에 의해 땅에서 쫓겨나 극빈과 거지 생활로 떨어진 가정의 상태를 가리킨다. 우리는 위대한 희극 작가 아리스토파네스의 마지막 희곡으로서 기원전 388년에 아테네에서 만들어진 것으로 보이는 「플루토스」(Plutus)에서 이런 구분을 가장 명확하게 볼 수 있다. 실마리가 되는 부분이 「플루토스」535-554에서 발견되는데, 거기서 크레뮐로스(Chremylus)는 플루토스 신(또는 富의 神)의 우월함을 논하고, 페니아(Penia, 또는 가난)와 프토케이아(Ptōcheia, 또는 극빈)는 어떤 경우든 똑같은 것이라고 주장하고 있다. 거기서 여신으로 등장하고 있는 가난은 자기가 극빈과 동일하게 여겨지는 것을 즉각 부정하고 있다.

크레뮐로스:
  그런데 우리가 늘 말해 왔듯이, 가난[penian]과 극빈[ptōcheias], 이 둘은 참으로 한 자매지간이지.
가난:
  자기 소유를 전혀 갖지 못한 사람은 오직 거지[ptōchou]뿐이라네.
  동전 한 닢도 찾아볼 수 없지.
  나의 가난한[penētos] 사람은 참으로 줄이고 아껴야 하지,
  또 하는 일에도 결코 꾸물거려서는 안 되고,

그의 오두막에 남아서 쌓여 있는 것이라곤 찾아볼 수 없지만,
그래도 부족한 것도 없다네.

가난한 사람은 열심히 일해야 하지만 언제나 살아갈 만큼은 지니고 있다. 그에 반하여 거지는 가진 것이 아무것도 없다. 다른 말로 해서 예수는, 실제적인 면에서 영세농민 전체를 포함하는 계급인 가난한 자가 복되다고 선언한 것이 아니었다. 반대로 그는 극빈자가, 예를 들어, 거지가 복되다고 선언했던 것이다.
그런데 우리가 이 말을 마태가 노골적으로 그런 것처럼 영적으로 해석하여 "마음이 가난한 자[또는 극빈한 자]"로, 즉 영적으로 겸손한 자나 신앙적으로 순종하는 자를 뜻하는 것으로 받아들이지 않는다면 도대체 이 말이 뜻하는 것이 무엇일까? 정말 예수는, 마치 극빈자는 다 훌륭한 사람이며 부자들은 다 악한 사람이나 되는 것처럼, 부랑자와 거지들이 하나님께 복을 받는다고 생각했을까? 이것은 극빈 상태의 매력에 대한 일종의 천진난만하거나 낭만적인 망상일까? 그러나 만일 우리가 개인적이거나 사적인 악이 아니라, 사회적이며 구조적인 또는 조직적인 불의에 대해, 즉 예수와 그의 동료 농민들이 속해 있던 바로 그 제국적인 상황에 대해 생각한다면, 그의 말은 글자 그대로 무섭고도 영원한 사실이 된다. 억압이 행해지는 상황 속에서, 특히 불의가 정상적인 것으로 주장되거나 심지어는 불가피하다고 주장되는 기만적이고 간접적이며 체계적인 억압의 현실 속에서, 죄가 없거나 복을 받은 사람들은 그 조직 자체의 악한 현실로부터 의도적으로 인간쓰레기라고 내몰린 사람들뿐이다. 오늘날 그에 해당하는 사람을 찾아본다면, 오직 노숙자들만이 죄가 없다. 이것은 사회를 향해 던져진 두려운 경구가 되는데, 그 이유는 이것이 앞에서 살펴본 가족을 공격하는 경구들처럼 단지 개인적이거나 사적인 권력 남용에 초점을 맞춘 것

만이 아니라, 사회의 조직적이거나 구조적인 권력 남용에도 초점을 맞추기 때문이다. 그런데 앞의 차원과는 달리 여기서는 우리들 중 어느 누구도 손이 깨끗할 수 있는 사람은 없으며, 특히 양심이 떳떳할 수 있는 사람은 없게 된다.

만일 여자아이거든 내어버려라

또 하나 매우 인상적인 결합은 어린아이와 하나님 나라가 결합된 것이다. 예수 전승이 기억 속에 간직해 온 말씀들에 대해 그 상황과 환경(settings)을 창작해낸 것을 따라가 보면, 우리는 어렵지 않게 경구로부터 대화로 나아갈 수 있다. 다시 말하건대, 초기의 구전 기억은 예수가 보거나 말한 것이 무엇인지를 정확하게 드러내게끔 구문론적으로 명확한 형태로 존재했던 것이 아니라, 어린아이/나라라는 놀라운 결합의 형태로, 따라서 필요에 따라 다양한 형식과 판본들로 개작될 수 있는 형태로 존재했다. 이 결합에는 네 개의 독립적인 판본들이 있지만 간결함을 위해 단지 하나만을 제시한다. 마가복음 10: 13-16이 그것이다.

> 사람들이, 어린이들을 예수께 데리고 와서, 쓰다듬어 주시기를 바랐는데, 제자들이 그들을 꾸짖었다. 그러나 이것을 보시고, 예수께서 노하셔서 제자들에게 말씀하셨다. "어린이들이 내게 오는 것을 허락하고, 막지 말아라. 하나님의 나라는 이런 사람들의 것이다. 내가 진정으로 너희에게 말한다. 누구든지 어린이와 같이 하나님의 나라를 받아들이지 않는 사람은 거기에 들어가지 못할 것이다." 그리고 예수께서는 어린이들을 껴안으시고, 그들에게 손을 얹어서 축복하여 주셨다.

먼저, 현대 미국의 정신과는 전혀 다른 모습으로 살았던 고대 지중해 지역 사람들에게 어린이나 유아는 어떤 의미가 있었을까? 카이로로부터 대략 120 마일 남쪽에 있는 나일강 서쪽 강둑에서 발굴된, 오늘날의 엘 알바나사에 해당하는 고대 옥시린쿠스(Oxyrhynchus) 지역의 쓰레기 더미에서, 금세기 초에 발견된 다음과 같은 파피루스 편지를 읽어 보라. 노동자 힐라리온이 이집트 풍습대로 누이라고 부르는 그의 아내 알리스에게 기원전 1년 6월 18일에 편지를 쓰고 있다. 옥시린쿠스 파피루스에는 다음과 같이 기록되어 있다(4.744).

> 힐라리온이 그의 누이 알리스에게 진심으로 안부를 전하오. 또 나의 존경하는 여인 베로우스[그의 장모?]와 아폴로나리온[그의 장남]에게도 문안하오. 우리가 아직도 알렉산드리아에 있다는 것을 아시오. [나만 빼고] 다른 모든 사람들은 돌아가고 나는 알렉산드리아에 남은 것에 대해서는 걱정하지 마시오. 당신에게 간절히 부탁하는데, 아이[아폴로나리온]를 잘 돌보아 주길 바라오. 그리고 이제 곧 품삯을 받게 되면 그것을 당신에게 보내리다. 아이를 낳게 되면, 아들이면 그대로 두고 여자아이라면 [죽도록] 내어버리시오. 아프로디시아스를 통해 "나를 잊지 말아 달라"고 부탁한 당신의 말을 전해 들었소. 어떻게 내가 당신을 잊을 수 있겠소? 그러니 아무런 걱정도 하지 말기 바라오. 카이사르[아우구스투스] 29[년], 파니[월] 23[일].

힐라리온과 그의 몇몇 동료들은 고향 옥시린쿠스를 떠나 알렉산드리아에서 일하기 위해 북쪽으로 갔다. 두 번째 아이를 배고 있던 그의 아내 알리스는 그에게서 어떤 소식도 듣지 못하고 아무것도 받지 못하자, 그 수도로 가는 아프로디시아스를 통해 그녀의 염려하는 마음을 전달했다. 이 편지는 힐라리온이 아내의 염려에 대해 보낸 답장인데, 임신한 아내에 대해서는 부드럽지만 태어나지 않은 딸에게는 무시무시한 이 편지는 지중해 연안 지역에서 어린아이가 어떤 의미를 갖고 있었는지를 우리에게 아주 명확하게 보여주고 있다. 즉 어린아이는 그 아버지가 가족의 일원으로 받아들이지 않는 한, 빈민굴이나 쓰레기 더미에 내버려 죽게 만들거나 다른 사람이 데려가 노예로 부리게 만들어, 말 그대로 아무것도 아니었다. 어린아이와 같이 된다는 것은 마태복음(18:1-4)의 해석에 의하면 적절한 겸손을 갖는 것을 의미하며, 도마복음(22)에 의하면 성적인 금욕주의를 실천하는 것을 뜻하고, 또 요한복음(3:1-10)에 의하면 최근에 세례를 받은 것을 뜻한다. 그러나 이런 세 가지 해석들은 갓 태어난 아이를 받아들일 것인가 버릴 것인가를 결정하는 데서 아버지의 권위가 절대적인 것으로 작용하는 지중해 연안 지역에서 어린이의 의미가 끔찍하게도 아무것도 아니요 무가치한 것이요 비인격적인 것이 되는 것을 피해 간다.

위에 제시한 마가의 본문에서 나는 핵심 경구를 고딕체로 표시했는데, 그것이 보여주는 어린이/하나님 나라의 근본적인 결합은 분명히 예수로부터 온 것이다. 잠시 동안, 그 말씀에 대해 마가 자신이 창작한 그 상황 설정에 집중해 보라. 이것은 그 상황이 역사적 예수로부터 온 것이 아니라 역사적인 마가로부터 온 것이라는 것을 가리킨다. 쓰다듬어 주다, 껴안다, 손을 얹다, 축복하다 등과 같은 뼈대를 이루는 단어들을 주의해 보라. 이 단어들은 아버지가 갓 태어난 아이를 죽음이 아니라 생명에로, 쓰레기와 함께 버리는 것이 아니라 그의 가족으로 받아들이기로 인정하는 공식적인 신체적 행위들이다. 그런데 제자들은 예수가 이렇게 긍정적이고 용납적인 방식으로 행동하기를 원치 않는다. 따라서 마가 공동체 내에서는 그렇게 버려진 아이들을 받아들여야 하는지에 대하여 논쟁이 있었음에 틀림없으며, 여기서 마가는 다른 권위자들, 즉 제자들이 안 된다(no)고 말하는데도 예수로 하여금 된다(yes)라고 말하게 만들고 있는 것이다. 다시 한번 우리는 고대 지중해 지역의 현실에 직면할 수밖에 없으며, 마가가 나중에 적용한 것의 도움을 받아 처음부터 예수에게서 시작된 것, 즉 어린아이들의 나라는 곧 아무것도 아닌 사람들의 나라(Kingdom of Nobodies)라는 사실을 보다 명확하게 이해할 수 있게 된다.

겨자풀이 필요한 사람은 누구인가?

또 하나 상당히 놀라운 결합이 있다. 그러나 이것은 경구나 대화가 아니라 비유의 형태로 나타나는데, 바로 겨자씨와 하나님 나라의 결합이다. 그런데 이 비유는 예수가 말한 것으로 인정되는 비유들 중에서는 유일하게 3개의 독립적인 출처를 갖고 있는 것이다. 여기서 나는 마가복음에 나오는 판본(4:30-32) 하나만을 제시한다.

> 예수께서 또 말씀하셨다. "우리가 하나님의 나라를 어떻게 비길까? 또는 무슨 비유로 그것을 나타낼까? 겨자씨와 같으니, 그것은 땅에 심을 때에는 세상에 있는 어떤 씨보다도 더 작다. 그러나 심고 나면 자라서, 어떤 풀보다 더 큰 가지들을 뻗어, 공중의 새들이 그 그늘에 깃들 수 있게 된다."

다시 한번, 지중해 지역의 겨자풀과 둥지를 트는 새에 관해 간단히 살펴보는 것이 우리가 이 결합의 놀라운 성격을 이해하는 데 도움이 된다. 로마의 저술가로서 기원후 23년에 태어났고, 과학적인 호기심으로 79년에 폭발한 베수비오 화산에 너무 가까이 갔다가 사망한 대 플리니우스(Pliny the Elder)는 자신의 백과사전적인 『박물지』(*Natural History*)에서 겨자풀에 관해 다음과 같이 쓰고 있다(19.170-171).

겨자는… 쏘는 듯한 맛과 얼얼한 효과로 인해 건강에 매우 유익하다. 이 식물은 이식함으로써 개량되기도 하지만 전적으로 야생으로 자라는 것이다. 그러나 일단 뿌리고 나면 땅에서 그것을 완전히 제거하는 것은 거의 불가능하다. 땅에 떨어지자마자 싹이 나기 때문이다.

다른 말로 해서, 야생의 겨자와 그것을 길들여 재배한 것 사이에는 차이가 있지만, 사람들이 겨자를 약용이나 식용으로 사용하기 위해 재배할 때조차도, 겨자는 밭을 망쳐 버릴 수 있는 위험이 있다. 겨자풀은 정원에서 재배될 때조차도 위험하며 또 밭에서 제멋대로 자랄 때는 치명적이다. 그리고 둥지를 트는 새들이 우리에게는 매력적인 인상을 줄지 모르지만 고대의 농부들에게는 곡식들을 쪼아먹는 끈질긴 위협을 뜻하는 것이었다. 다른 말로 해서, 겨자풀은 속담대로 작은 씨로 시작해서 키가 3-4 피트나 그 이상 되는 덤불로 자란다는 것이 요점이 아니다. 이 비유의 요점은 겨자풀은 그것을 원하지 않는 곳을 점령하는 경향이 있다는 점, 통제할 수 없는 것이 되기 십상이라는 점, 그리고 특히 새들이 들어와서는 안 되는 경작지 안으로 새들을 끌어들이기가 쉽다는 점이다. 그런데 이것이 예수가 말한 바 하나님 나라가 어떤 것인지를 말해 준다. 즉 하나님 나라는 모든 것을 덮어 버리는 위험한 특성과 쏘는 맛을 가진 겨자풀과 같다는 것이다. 하나님 나라는 당신이 단지 조금만 원해야 할 것이요, 덧붙여 당신이 통제할 수가 있다면 조심스럽게 다루면서 소유해야 하는 것이다. 이것은 참으로 놀라운 은유이다. 그러나 자신의 소유인 농토와 농작물과 수확을 염려하는 사람들과, 이와는 달리 농토와 농작물과 수확이 언제나 다른 사람의 소유로 돌아가는 사람들의 입장에서는 전혀 다른 방식으로 해석될 것이다.

누구에게나 열린 공동식사

이 제목을 잠시 동안 설명하지 않고 내버려두자. 그 의미와 필요성은 곧 분명해질 것이다. 앞장의 마지막 부분에서는 금식과 만찬이라는 측면에서 세례요한과 예수를 비교했었다. 이 두 사람 사이의 그런 대조적 태도는 예수 자신의 중립적인 용어들에서뿐만 아니라 반대자들에 의해 퍼부어진 매우 적대적인 용어들 속에서도 뚜렷하게 나타났다. 즉 세례요한은 금식을 했는데 이런 그를 사람들은 귀신들렸다고 했으며, 예수는 먹고 마셨는데 사람들은 그가 "먹기를 탐하는 자요, 포도주를 즐기는 자요, 세리와 죄인의 친구"라고 말했다. 묵시종말적인 금욕주의자인 세례요한이 금식을 한 이유는 분명하다. 그러나 예수가 행한 일은 무엇인가? 적대자들이 비열한 중상모략을 통해 그를 사회적 이상 행동자로 몰아붙이는 것이라고 말하는 것으로는 충분치가 않다. 물론 그것도 사실이기는 하지만 왜 쉽게 이용할 수 있는 다른 호칭들을 제쳐 두고 하필이면 그런 호칭들인가?

이 문제를 푸는 데 도움이 되고, 또 하나님 나라에 관한 모든 경구와 대화와 비유들의 기초를 다지는 데 이바지하는 또 다른 예수의 비유가 있다. 그것은 Q 복음에 들어 있는 것인데, 마태(22:1-13)와 누가(14:15-24)의 판본이 매우 다르다. 그것은 또 도마복음(64)에서도 발견되는데 다음과 같다.

예수께서 말씀하셨다. "어떤 사람이 손님들을 모시게 되었다. 잔치가 준비되었을 때 종들을 보내어 손님들을 초청하였다. 종이 첫째 사람에게 가서 말했다. '저희 주인께서 당신을 초대하십니다.' 그 사람은 대답하였다. '내게 빚진 상인이 몇 사람 있는데 오늘밤 그들이 옵니다. 내가 가서 그들과 셈을 해야 하오. 잔치에 못 가는 것을 부디 용서하시오.' 종은 다른 사람에게 가서 말했다. '저희 주인께서 당신을 초대하셨습니다.' 그가 종에게 대답하였다. '나는 집을 한 채 샀고 또 하루 동안 멀리 다녀왔소. 시간 낼 여유가 없을 것 같소.' 종은 또 다른 사람을 찾아가 말했다. '저희 주인께서 당신을 초대하십니다.' 그러자 그가 종에게 말했다. '내 친구가 결혼을 하는데 내가 잔치를 준비하게 되었소. 나는 못 갈 것 같소. 잔치에 빠지는 것을 용서하시오.' 종은 다른 사람을 찾아가 말했다. '저희 주인께서 당신을 초대하십니다.' 그 사람이 종에게 대답했다. '내가 땅을 샀는데, 소작료를 받으러 가는 길이오. 나는 갈 수가 없군요. 용서하시오.' 종은 돌아와서 주인에게 말했다. '주인님께서 잔치에 초청한 사람들은 못 오겠다고 하더이다.' 그러자 주인이 종에게 말하길 '거리로 나가서 누구든지 보거든 데리고 와서 잔치에 참여케 하라'고 하였다. 업자와 상인들은 나의 아버지가 계신 곳에 들어가지 못할 것이다."

이것은 도마복음이 비유를 해석하고 있는 보기 드문 사례 중의 하나이다. 이것은 "업자(buyers)와 상인들은 나의 아버지가 계신 곳에 들어가지 못할 것이다"는 말을 주석으로 덧붙이고 있다. 주인이 아니라 예수가 그 심판을 말하고 있다. 지금은 위에서 고딕체로 표시한 본문, 즉 대체된 손님들에 초점을 맞추기 위해 그 주석은 잠시 제쳐두겠다. 대체된 손님들에 관해 누가복음(14:21b-23)과 마태복음(22:9-10)은 각각 예수의 말씀을 어떻게 전하고 있는지 비교해 보라.

(1) "'어서 시내의 거리와 골목으로 나가서 가난한 사람들과 지체에 장애가 있는 사람들과 눈먼 사람들과 다리 저는 사람들을 이리로 데려오너라' 하였다. 그런 뒤에 종이 말하였다. '주인님, 분부대로 하였습니다만, 아직도 자리가 남아 있습니다.' 주인이 종에게 말하였다. '큰길과 울타리 가로 나가서, 사람들을 억지로라도 데려다가 내 집을 채워라.'"

(2) "'그러니 너희는 네거리로 나가서, 아무나, 만나는 대로 잔치에 청해 오너라.' 종들은 큰길로 나가서, 악한 사람이나, 선한 사람이나, 만나는 대로 다 데려왔다. 그래서 혼인 잔치 자리는 손님으로 가득 차게 되었다."

이 두 본문에서는 대체된 손님들이 별개의 해석에 의해 서로 다르게 설명되고 있다. 즉 누가는 버림받은 사람들을 말하며, 마태는 선한 사람과 악한 사람들을 언급하고 있다. 그러나 고딕체로 표시된 구절들은 만나는 사람들은 누구든지 데리고 오라(to bring in whomever you can find)는 보다 원래적인 형태의 무조건적인 명령을 보여준다.

따라서 나는 이 세 본문들의 배후에 놓여 있는 공통된 구조적 줄거리를 찾아내기 위해 그것들 주위나 속으로 삽입된 개별적인 해석들은 제쳐놓겠다. 그 줄거리는 아마도 예고 없이 잔치를 베풀고는 종을 보내어 친구들을 초청했지만, 그 날 늦게서야 그들 모두가 매우 합당한 이유를 대면서 예의 바르게 사의를 표한 것을 알게 된 어떤 사람에 관한 것이다. 결과는 잔치 준비가 다 되었는데 자리가 텅 빈 것이다. 주인은 오지 않은 손님들의 자리를 거리의 뒷골목에서 아무나(anyone off the street) 불러다 채운다. 그런데 만일 실제로 뒷골목에서 아무나 데려왔다면, 그 자리는 모든 신분과 성과 계층이 온통 뒤섞여 있는 그런 상황이 되었을 것이다. 모든 사람이 아무하고나 어깨를 나란히 앉게 되는 상황, 즉 여자가 남자와 나란히, 자유인이 노예와, 사회적 신분이 높은 사람이 하층민과, 종교의례적으로 정결한 사람이 불결한 사람과 나란히 앉게 되는 일이 발생했을 것이다. 그런데 잠시 음식과 식사에 관한 교차문화적 인류학을 통해서 살펴보면 그 같은 일이 얼마나 끔찍한 사회적 악몽이 되었을 것인지가 분명해진다.

여기서 잠시, 거지들이 당신의 집을 찾아왔는데, 그들에게 먹을 것을 주어 가게 하는 것과, 그들을 당신의 주방으로 불러들여 먹을 것을 주는 것과, 당신네 식구들의 저녁식사 자리에 함께 먹을 수 있도록 하는 것, 또는 토요일 저녁에 열리는 당신 친구들과의 만찬자리에 오라고 초청하는 것의 차이에 대해 생각해 보라. 또 만일 당신이 큰 기업체의 최고 경영자라면, 직원 전체를 위해 사무실에서 베푸는 칵테일 파티와 중간 관리자들을 위해 식당에서 갖는 오찬과 혹은 당신의 집에서 베푸는 회사의 부사장들을 위한 디너 파티의 차이점을 생각해 보라. 이런 일은 단순히 함께 먹는 일, 즉 식탁에서의 친목과 관련된 일일뿐 아니라 나아가 인류학자들이 공동식사(Commensality)--"식탁"에 해당하는 라틴어 *mensa*로부터 온 말--라고 부르는 것과 관련된 것이기도 하다. 즉 식탁에서 먹고 처신하는 일에 관한 규칙들은 사람들 사이의 교제와 사회화의 규칙들에 대해 축소판 모델이 된다는 말이다. 이것은 식탁 교제가 경제적인 차별, 사회적 계급체계, 그리고 정치적 차별을 가늠케 해주는 지도가 된다는 말이다. 아래의 글은 피터 파브와 죠지 아멜라고스가 식사의 인류학에 관하여 쓴 그들의 책 서두와 마지막에서 공동식사가 어떤 것인지를 요약해서 보여주는 글이다.

> 단순하든 복잡하든 모든 사회에서 식사는 인간 관계를 시작하고 유지하는 기본적인 방법이다. … 일단 인류학자가 사람들이 언제 어디에서 누구와 함께 음식을 먹는가를 발견하기만 하면, 그 사회의 구성원들 간의 관계와 관련된 그 밖의 것은 모두 추론해 낼 수가 있다. … 언제 어디에서 어떤 사람들과 함께 무엇을 어떻게 먹느냐를 아는 것은 곧 그들 사회의 성격을 아는 것이다.[1]

클로진스키는 음식과 식사에 관한 교차문화적 인류학과 사회학의 분야에서 중요한 이 문헌을 논평하면서 다음과 같이 유사한 결론을 내린다.

---

1) Peter Farb and George Armelagos, *Consuming Passions: The Anthropology of Eating* (Boston: Houghton Mifflin, 1980), 4, 211.

음식을 함께 나눈다는 것은 상호 관계와 이익으로 연결된 복합체를 시작하는 하나의 거래로서, 이 거래에는 상대방에 대한 일련의 의무 사항들이 수반된다. 또한 이런 관계들을 상징화해서 보여줄 수 있는 음식의 능력은 집단의 경계선을 한정할 수 있는 능력과 함께 음식이 지니는 독특한 속성들 중의 하나임이 분명해졌다. … 음식을 주고받는 것은 인간의 상호작용에서 기본적인 것이다. 이 일 속에는 주고받고 다시 갚아야 하는 일련의 책임들이 내재되어 있다. 이런 거래는 사회적 상호작용과 상호관계와 책임으로 이루어지는 조직 속에 개인들을 참여시킨다. 또 음식 교환은 인간의 상호작용의 상징으로 작용할 수가 있다. 식사는 감정과 관계들을 상징화하고, 사회적 신분과 권력을 매개하고, 집단 정체성의 경계선을 나타내 보여주는 행위이다.2)

그러므로 예수의 비유가 주장하는 것은 아무에게나 열려 있는 공동식사(open commensality), 즉 사회의 수직적인 차별과 수평적인 분열의 축소판 지도가 되는 식탁을 초월해서 함께 나누는 식사이다. 이 같은 동등한 혹은 평등주의적인 공동식사가 사회를 향해 던지는 도전이 바로 이 비유가 가지는 가장 근본적인 위험이며 가장 급진적인 위협이다. 물론 이것은 하나의 이야기에 불과하다. 그러나 이것은 사회의 축소판 거울, 즉 사람들이 먹기 위해 만나는 자리인 식탁에다 그것의 평등주의적인 도전을 집중하는 이야기이다. 게다가 예수는 자기가 말한 비유대로 살았기 때문에 그런 열린 공동식사에 따를 것으로 예측되는 적대적인 비난, 즉 예수는 먹기를 탐하는 자요, 포도주를 즐기는 자요, 세리와 죄인의 친구라는 비난은 즉각적으로 가해졌을 것이다. 다른 말로 표현하면, 그는 어떤 적절한 구분과 차

---

2) Lee Edward Klosinski, *The Meals in Mark* (Ann Arbor, MI: University Microfilms, 1988), 56-58.

별도 인정하지 않았다. 그리고 여인들, 특히 미혼의 여성들도 거기 있었기 때문에, 비난의 내용은 예수가 매춘부들--남성의 적당한 통제밖에 있는 모든 여성에 대해 일반적으로 붙여진 모욕적인 호칭--과 어울려 먹는다는 것이었을 것이다. 여기서 세리와 죄인, 매춘부 같은 용어들은 전부 경멸적인 호칭들인데, 이런 호칭을 부르는 사람들의 입장에서 보면 결코 자유롭고 개방적인 교제를 나누어서는 안 되는 사람들에게 붙여진 경멸적인 용어들이다.

아무나 참석할 수 있는 열린 공동식사의 과정으로서의 하나님 나라(the Kingdom of God as a process of open commensality), 즉 차별 없는 사회를 축소해서 그려내는 차별 없는 식사의 과정인 하나님 나라는 고대 지중해 지역의 문화와 사회에서 기본적인 가치가 되는 명예와 수치와 근본적으로 충돌한다. 20세기 미국 사회의 대부분의 사람들은 명예와 수치가 사회적 구속력으로 작동하는 집단주의보다는 죄와 무죄가 사회적 구속력으로 작동하는 개인주의에 익숙해 있다. 이제 1965년에 나온 한 교차문화적 인류학에서 지중해 지역의 명예와 수치에 대해 설명하고 있는 것을 살펴보자. 피에르 부르디외는 50년대 후반에 알제리 카빌리아의 베르베르 종족을 대상으로 한 그의 현장조사를 기초로 해서 다음과 같이 말하고 있다.

> 명예는 내가 나 자신에 대해 갖고 있는 이미지와 다른 사람들이 내게 제시하는 이미지가 확실히 구별되지 않기 때문에, 언제나 타인의 눈을 통해 자신을 보고 또 자신의 존재를 위해 다른 사람을 필요로 하는 사람의 도덕률에서 기초가 된다. … 수치와는 정반대 되는 체통은, 자신의 정체성을 확인하기 위해 다른 사람들을 필요로 하며 또 타인들이 내면화된 것을 자신의 양심으로 삼는 사람이 가지는 특징이다. 왜냐하면 그에게는 이 사람들이 증인과 재판관의 역할을 수행하기 때문이다. … 자신의 명예를 잃

어버린 사람은 더 이상 살아 있는 사람이 아니다. 그는 다른 사람들에게도 더 이상 존재하지 않으며, 또 자기 자신에 대해서도 더 이상 존재하지 않게 된다.3)

여기서 실마리가 되는 구절은 "타인의 눈을 통해"인데, 우리가 이 과정을 이해하면 할수록 예수의 하나님 나라는 더욱 더 급진적인 도전으로 부각된다. 우리는 (안전할 만큼 적당한 거리로 물러나서) 예수의 메시지와 프로그램이 기이할 정도로 상식에서 벗어난 것이라고 또는 멋드러지게 인습을 타파하는 것이라고 생각할 수도 있을 것이다. 그러나 자기와 동등한 동료들의 눈을 통해 자신의 정체성을 확인하는 사람들에게는 차별과 구분, 구별과 계급이 없이 함께 먹고 함께 산다는 개념은 불합리와 부조리에 가까운 것이다. 그리고 그런 것을 주장하거나 행하는 사람은 변절자와 성격 이상자에 가까운 것이다. 그는 명예를 모른다. 그는 수치도 모른다.

철저한 평등주의

아무에게나 열려 있는 공동식사는 철저한 평등주의, 즉 구성원들 사이의 어떠한 차별도 용인하지 않으며 그들 중에는 어떠한 계급 조직도 필요 없다고 보는 절대적인 인간 평등사상의 구현이며 상징이다. 이런 생각 자체에 대해 제기되는 명백한 반론이 있다. 즉 나는 지금 현대의 민주주의에 대해 말하고 있는 것이요, 시대착오적으로 시간을 거슬러 올라가 그것을 예수의 입에다 집어넣고 있다는 반론이다. 이에 대해 답하고 또 내 의견을 옹호하기 위해, 나는 일반적인 인류학에 대해 살펴보고, 나아가 구체적으

---

3) Pierre Bourdieu, "The Sentiment of Honour in Kabyle Society," in *Honour and Shame: The Values of Mediterranean Society*, ed. John G. Peristiany (Chicago: Univ. of Chicago Press, 1966; Midway Reprints, 1974), 211-212.

로는 1세기의 역사에 대해 살펴보겠다.

농민들처럼 목에 족쇄가 채워진 채 살아가는 사람들은 쉽사리 두 가지 서로 다른 꿈을 꾸게 된다. 즉 하나는 신속한 복수로서, 그들이 이번에는 다른 사람들의 목에다 그들의 족쇄를 채울 수 있게 되는 세상이다. 다른 하나는 상호간의 정의로서, 다시는 그 누구의 목에도 족쇄가 채워지지 않는 세상이다. 예를 들어 유럽에서 동남아시아로 나갔던 인류학자 제임스 스콧트는 기독교, 불교, 이슬람교 같은 다양한 엘리트 전통들에 대해 민중적 전통이 보이고 있는 공통적인 반발에 주목하면서, 농민 문화와 종교는 사실상 하나의 반문화(anticulture)로서 그들을 억압하는 종교적인 엘리트와 정치적인 엘리트에 대해 똑같이 비판적이라고 매우 설득력 있게 주장했다. 이것은 사실 농민들이 일반적으로 당하고 있던 바로 그 착취를 역전시켜 저들에게 되돌리는 것이다.

내가 말하는 이 급진적인 비전은 농민 문화들에서 그 변종들이 무수히 나타나고 있고, 또 그것들이 속해 있는 전통들이 다양하고 거대함에도 불구하고 놀라울 정도로 그 형태가 동일하다. …지나치게 일반화시키는 위험이 있기는 하지만, 이런 반사적인 상징주의가 갖고 있는 일반적인 특성 몇 가지를 설명할 수 있다. 이것은 거의 언제나 부자도 가난한 자도 없고 계급과 신분의 차이도 없는 (신자와 불신자간의 차이는 예외로 한다) 형제됨의 사회를 의미한다. 종교적인 제도들이 불평등을 정당화하는 곳에서는 평등한 신자들의 공동체를 지키기 위해 계급과 신분을 폐지하는 일에 종교적 계급제도의 제거까지도 포함될 수 있을 것이다. 재산은, 늘 그런 것은 아니지만 대체적으로 공동으로 소유하고 나누어진다. 세금과 소작료와 공물에 대한 부당한 모든 요구는 폐지된다. 이 상상 속의 유토피아에는 탐욕과 질투, 증오가 사라진 철저하게 변화된 인간 본성뿐만이 아니라 스스로 곡식을 맺어 풍요로운 자연도 포함될 것이다. 따라서 이 지상적 유토피아가 미래의 일에 대한 기대이긴 하지만, 그것은 종종 인간이 떨어져 나온 신화적인 에덴으로 되돌아가기도 한다.4)

이것은 고대의 농민들이 가졌던 철저한 평등주의에 대한 꿈이다. 이것은 다른 꿈, 즉 잔혹한 복수의 꿈을 부정하지 않으며, 이 후자도 역시 전자가 갖고 있는 상호호혜와 평등, 정의에 대한 영원한 소망을 부정하지 않는다.

1세기, 제1차 로마-유대전쟁 기간 중에 성전이 그 불운한 최후를 맞고 있을 때 일어난 한 사건은 이 두 꿈이 하나로 합쳐지는 것을 보여준다. 67년 가을과 68년 겨울, 베스파시아누스 황제의 군대가 곧바로 남쪽으로 내려와 예루살렘 주위를 포위하고 있을 때, 의적 두목들의 지휘 아래 일단의 농민 반란군들이 피난처를 찾아 계속해서 예루살렘으로 떠밀려 들어왔다. 그들은 총괄해서든 아니면 연합해서든 열심당원들(Zealots)로 알려지게 되었는데, 그들이 우선적으로 했던 일 중의 하나가 새로운 대제사장을 임명하는 것이었다. 고대 전승에 따르면, 대제사장은 최소한 솔로몬의 시대 이래로 그랬던 것처럼 사독 가문에서 선택되어 왔다. 그러나 기원전 2세기, 유대의 하스몬 왕조가 시리아로부터 자신들의 국가의 통치권을 획득했을 때 그들은 멋대로 자기 가문의 사람들을 대제사장으로 임명했다. 그리고 그 이후 헤롯 대왕 때로부터 로마에 대항한 반란이 일어날 때까지 대제사장들은 네 개 가문에서 선출되었는데, 이들 또한 적법한 사독 가문이 아니었다. 열심당원들이 한 일은 적법한 대제사장의 계보로 돌아간 것이었다. 그러나 그들은 그 계보 중에서 선택한 것이 아니라 제비뽑기를 통해 임명

---

4) James C. Scott, "Protest and Profanation: Agrarian Revolt and the Little Tradition," *Theory and Society* 4 (1977): 225-226.

했다. 요세푸스는 『유대 고사』(4.147-207)에서 그 일에 대해 말하고 있는데, 귀족 계급의 제사장이었던 그는 그 일이 사악한 가짜라고 생각했기에 분노로 인해 거의 말문이 막혀 버렸다. 아래 인용한 글(155-156)에서 그 핵심 부분을 보게 된다.

> 따라서 그들은 대제사장 가문들 중의 하나인 에니아킨이라는 가문을 소집했고, 대제사장을 뽑는 제비를 뽑았다. 우연히도 그들의 타락한 실상의 본보기가 될 만한 사람이 제비로 뽑혔다. 그는 파니라는 사람으로 아프티아 마을 출신이요 사무엘의 아들인데, 대제사장의 자손이 아닐 뿐 아니라 대제사장 직분이 무엇인지조차 알지 못하는 시골뜨기였다. 하여튼 그들은 마지못해 하는 그 희생양을 시골로부터 끌어와 무대에 올라가 맡을 역할을 위해 치장하고 성스러운 제의복을 입혔고, 어떻게 하면 상황에 맞게 연기할 수 있는가를 가르쳤다.

제비뽑기는 평등주의가 실천되고 있는 것처럼 보이게 만든다. 만일 어떤 집단의 구성원들 전부가 직책에 적격자라면 인간이 공정한 결정을 내릴 수 있는 유일한 방법은 그 선택을 하나님에게 맡긴 채 제비뽑기를 하는 것이다. 사무엘상(10:21)에 의하면 바로 이것이 첫 번째 왕 사울이 "이스라엘의 모든 지파" 중에서 선택된 방식이었다. 그리고 사도행전(1:21-26)에 따르면 초대 기독교인들이 배신자인 사도 유다를 대신할 자를, 처음부터 "우리와 함께 다니던 사람들" 가운데서 뽑았던 방식도 바로 이것이었다. 물론 전자의 경우에는 남성만이 뽑힐 수 있다는 것이 전제되어 있고 후자의 경우에도 그런 사실이 매우 노골적으로 드러나 있는 것처럼, 제비뽑기에서조차 차별이 존재할 수가 있다. 어떤 한 가문으로부터만 대제사장을 뽑는 것에도 역시 그런 차별은 존재한다. 그러나 어쨌든 제비뽑기는 주어진 상황 안에서 적합하다고 인정된 모든 후보자들을 공평하게 다루려는 방식이다. 요세푸스가 그렇게 편향적으로 기술하고 있음에도 불구하고, 열심당원들이 행했던 일은 매우 분명하고 철저한 것이었다. 그들은 제비뽑기에 의한 선출을 통하여 고대의 사독 계열을 복원했는데, 이런 방식은 그 이후에도 계속 사용된 선출 방식이었다고 생각할 수 있다. 더욱이 그들이 회복한 것은 단순히 새로운 혹은 적법한 대제사장 이상의 것이었다. 최소한 열심당원들에게 그것은 이 도시와 나라의 새롭고 적법한 정부였다. 농민들에게 이런 평등주의 이념은, 비록 가장 극단적인 형태는 아닐지라도, 매우 이해할 만하고 실제적인 것이었다.

급진적 평등주의는 현대의 민주주의와 같은 것이 아니다. 예를 들어 미국의 경우, 자격을 갖춘 모든 사람은 대통령을 선출하는 투표권을 가진다. 비록 자격이 있는 사람은 누구나 또한 대통령이 될 수 있는 합법적 권리를 가진다고는 해도 아직 우리는 대통령 선거 대신에 국가적인 제비뽑기를 할 준비는 되어 있지 않다. 예수가 주장한 하나님 나라의 철저한 평등주의와 아무에게나 열린 공동식사는 우리가 지금껏 생각해 온 것보다 훨씬 더 놀라운 것이며, 비록 우리가 그것을 받아들일 수 없다 해도 그것을 다른 어떤 것으로 설명해 버려서는 안 된다. 따라서 나는 예수의 비전과 프로그램을 그것이 솟아 나온 모체 속으로, 즉 정의롭고 평등한 세상이라는 고대 농민들의 꿈, 그리고 나아가 전 세계 농민들의 꿈 속으로 되돌려 놓음으로써 결론을 내리고자 한다. 아래의 글은 시실리섬, 팔레르모 지방의 피아나 데 그레치 출신의 어떤 시골 여인이 1893년에 일어난 농민봉기 기간 중에 북 이탈리아의 한 기자에게 말한 것이다.

우리는 우리가 일하듯이 모든 사람이 일을 할 수 있기를 원합니다. 더 이상 부자도 가난한 사람도 없어야 합니다. 모든 사람이 자신과 자기네 자식들에게 필요한 빵을 가져야 합니다. 우리는 모두가 평등해야 합니다. 나는 어린 자녀가 다섯인데 방은 작은 것 하나뿐입니다. 거기서 우리는 먹고 자고 또 모든 일을 합니다. 그런데도 많은 귀족들은 방이 열 개나 열두 개가 되는 대저택을 갖고 있습니다. …모든 일을 공동으로 하고 생산된 것을 공평하게 나누는 것으로 충분할 것입니다.5)

---

5) Cited in Eric J. Hobsbawm, *Primitive Rebels: Studies in Archaic Forms of Social Movement in the 19th and 20th Centuries* (New York: Norton, 1965), 183.

◇ **4장** ◇

태초에 몸이 있었다

사람들은 불안, 질병, 열등감, 슬픔, 죽음의 공포, 사회질서에 대한 염려 등과 같이 여러 모양으로 이해된 악으로부터 구원을 얻고자 애쓴다. 그들이 얻고자 하는 것은 치유일 수도 있으며, 악한 세력의 제거, 권력에의 성취감, 신분의 상승, 부의 축적, 내세의 삶에 대한 보장이나 환생, 또는 죽음으로부터의 부활이나 자손들의 보호, 사회적 질서의 변혁(실제로 있었던 것이든 가상적인 것이든 과거의 사회질서를 회복하는 것을 포함하여)일 수도 있다. …이렇게 이해된 특수한 악의 문제들을 제거해 줄 것을 적절하게 약속하고 또 그렇게 하는 데 적합한 행동들을 지시하는 다양한 유형의 신정론(神正論) 중에서 두 개의 유형이 미개한 사람들 사이에서 광범위하게 발견된다. 그것은 마술론[마법이나 기적을 행하는]과 혁명론이다. …세상에 대한 종교적인 응답의 모든 형태들 중에서 그 자신의 관점에서 보아 어떠한 성공적인 결과도 얻지 못하는 것은 [혁명론 혹은 천년왕국운동]뿐이다. …오직 천년왕국운동(millennialism)만이, 어떤 외부로부터 개입해 들어오는 인물의 행위에서 비롯되고 또 급작스럽고 신속하게 변혁적으로 발생하는 것으로 예언된 외적인 사건에 모든 것을 건다. 마술적인(thaumaturgical) 믿음은 원초적인 종교적 경향일 뿐만 아니라 천년왕국운동보다 훨씬 더 영속적인 것이기도 하다. 신자들에게는 마술이 범한 그

작고 많은 실패들이 천년왕국(the millennium)의 하나의 크고 획기적인 실패보다는 덜 혼란스러우며 더 납득하기 쉬웠다.

- Bryan R. Wilson, *Magic and the Millennium: A Sociological Study of Religious Movements of Protest Among Tribal and Third-World Peoples*
(New York: Harper & Row, 1973)

정치적인 몸

하나님 나라에 대한 예수의 메시지는 아무 행동도 없는 말만의 것이었는가, 아니면 말에 합당한 행위를 수반했는가? 그런데 만일 그것이 말뿐이었다면, 제아무리 놀랍거나 기이한 말일지라도, 농민들이 그것에 귀 기울인 이유는 무엇인가? 바로 앞장에서의 논의는 그것이 단순한 말 이상의 것이었음을 분명하게 해주었다. 탐식, 술취함, 세리나 죄인과 함께 (말하자면, 50년대의 미국의 공산당원들과 함께) 먹는다는 것 같은 저열한 비난을 불러일으킨 것은 잔치의 비유 속에 등장하는 열린 공동식사가 아니라 예수의 실제적인 실천에 나타난 열린 공동식사였다. 우리는 식탁이 사회에 대한 축소판 모델이었으며 지금도 그러하다는 것을 살펴보았다. 그러나 이제 귀신축출자와 치유자로서의 예수, 또 하나님 나라를 설교만 한 것이 아니라 실천한 사람으로서의 예수에 관해 논하기 전에 나는 다시 한번 교차문화적 인류학, 그 중에서도 특히 의술 인류학(medical anthropology)을 잠시 살펴보고자 한다.

사회의 지도(地圖)가 되는 식탁, 그리고 사회화의 작도법(作圖法)이 되는 공동식사는 그 가장 기본적인 수준에서 볼 때 정치적 사회라는 대우주(macrocosm)에 대해 소우주(microcosm)가 되는 인간의 몸으로부터 유래된다. 우리는 사회를 통치체제(the body politic)라고 부르는 데 매우 익숙해져 있다. 그러나 그 과정을 뒤집어서 정치적인 몸(the politic body)에 관해 말하는 것도 똑같이 중요하다. 이것은 단지 사회가 크게 확대된 몸이며, 몸은 축소된 사회라는 것이 아니다. 청소년들은 누구나 어떻게 머리를 자르고 물들이며 얼굴을 장식하고 꾸미는 것이, 또 어떻게 몸을 치장하고 옷을 입는 것이, 특별히 전통적인 상황에서 내부의 가정으로부터 밖의 사회 전반에 이르기까지, 집단에 대한 근본적인 도전이 되는지를 잘 알고 있다. 인류학자 메어리 더글러스만큼 이 몸-사회의 상호작용을 누구이 강조하거나 풍부하게 생각했던 사람은 없다.

> 몸은 경계선으로 둘러진 모든 체제를 뜻할 수 있는 모델이다. 몸의 경계선들은 위협을 당하거나 위험한 모든 경계선들을 나타낼 수 있다. 몸은 하나의 복합적인 조직체다. 몸의 각 부분들이 담당하는 기능과 또 각 부분들 사이의 관계는 다른 복합적인 조직체들을 상징하는 원천을 제공해 준다. 만일 우리가 몸 속에서 사회의 상징을 볼 수 있고 또한 사회적 권력과 위험이 고스란히 인간의 몸에 그 영향을 끼치고 있다는 사실을 볼 준비가 되어 있지 않는 한, 배설물이나 젖, 땀 등과 같은 것에 관한 종교의례들을 해석해 낼 수가 없다.[1]

> 인간의 몸은 우리 모두에게 공통적이다. 우리의 사회적인 조건만이 차이가 있다. 인간의 몸에 기초한 상징들은 다양한 사회적 경험들을 표현하기 위해 사용된다.[2]

---

1) Mary Douglas, *Purity and Danger: An Analysis of Concepts of Pollution and Taboo* (London: Routledge & Kegan Paul, 1966), 115.
2) Mary Dauglas, *Natural Symbols: Explorations in Cosmology* (New York: Random House, Pantheon Books, 1970), xiv.

매우 유용한 이 가설은 앞장에서 살펴본 식사와 이번 장에서 살펴보는 치유가 왜 개인들 사이에서 일어나는 사적인 작용일 뿐만 아니라, 나아가 한 문화의 행동 규범이나 사회의 관습적인 규칙을 긍정하거나 부정하고, 지원하거나 도전할 수 있는 사회적인 축소 모형(miniature)이 되는가를 설명해 준다. 참으로, 몸과 사회의 관계는 소우주와 대우주의 관계(body to society as microcosm to macrocosm)라는 것은 이 책에서뿐만 아니라 역사적 예수에 대한 나의 전체적인 이해를 뒷받침한다. 통치체제(body politic)와 마찬가지로 정치적인 몸(politic body)도 언제나 영원하다. 다음에 나오는 두 항에서, 예수가 병을 치유하거나 귀신을 쫓을 때 일어나는 몸과 사회의 상호작용을 주목해 보라.

나병 환자를 만지다

마가복음에 나오는 나병환자의 치유 이야기(1:40-44)는 1세기 지중해 지역의 유대인들의 환경 속에서 예수의 기적이 가졌던 의미를 밝혀 주는 동시에, 한 전승이 예수의 생애 속의 그 원래적인 상황으로부터 초대 기독교 공동체들 내에서의 구두 전달을 통해 정경적 복음서들 속에서 최종적인 기록 형태로 변화된 과정을 보여준다.

나병 환자 한 사람이 예수께로 와서, 그 앞에 무릎을 꿇고 "선생님께서 하고자 하시면, 나를 깨끗하게 해주실 수 있습니다" 하고 간청하였다. 예수께서 그를 불쌍히 여기시고[어떤 사본에는 "노하셔서"로 되어 있다], 손을 내밀어 그에게 대시고 "그렇게 해주마. 깨끗하게 되어라" 하고 말씀하시니, 곧 나병이 그에게서 떠나고, 그는 깨끗하게 되었다. 예수께서 단단히 이르시고, 곧 그를 보내셨다 [문자적인 의미는 '그를 내어쫓다' 이다].

예수께서 그에게 말씀하셨다. "아무에게도 아무 말도 하지 말아라. 가서, 제사장에게 네 몸을 보이고, 네가 깨끗하게 된 것에 대하여 모세가 명령한 것을 바쳐서, 사람들에게 [문자적인 의미는, '그들(아마 성전 제사장들)에게 또는 그들에 반대하는'] 증거로 삼도록 하여라."

이 장면에 대한 나의 해석은 존 필치(John J. Pilch)의 일련의 논문들에 크게 의존하고 있다(그 논문들은 1980년대에 발행된 *Biblical Theology Bulletin*에 실려 있다). 그것들은 의술 인류학이 예수의 치유 기적을 이해하는 데 얼마나 중요한가를 가장 분명하게 보여주고 있다.

Lepra와 나병

무엇보다도 먼저, 히브리어 '사라아트'(ṣāra'at)나 그리스어 '레프라'(*lepra*)를 현대 용어인 "나병"으로 번역하는 것은 매우 잘못됐음이 분명하다. 우리가 나병이라 부르는 것은 1868년, 노르웨이 의사 한센이 발견한 간상균(bacillus, *Mycobacterium leprae*)이 원인이 된다. 사실 이 질병은 신약성서 시대에 알려졌으나, 그때는 상피병(*elephas* 또는 *elephantiasis*)이라고 불렀다. 한편 고대의 '사라아트'나 '레프라'는 여러 가지 질병, 예를 들어 건선, 습진, 또는 진균에 의해 피부가 감염된 모든 질환을 포함하는 것으로서, 그것들은 모두 피부가 비늘처럼 벗겨지거나 떨어져 나가는 약간 혐오스러운 상태를 보여준다. 이제부터 내가 인용 부호 없이 나병이라는 단어를 사용할 때는 고대의 상피병이나 현대의 나병이 아니라 이런 질병들을 뜻하는 것이다. 그러나 어떤 경우이든 그 질병이 무엇이었는지 누가 신경을 쓰겠는가? 중요한 것은 치유이지 않은가? 그렇기도 하고 아니기도 하다. 아닌 경우에는 이것이 우리를 정치적인 몸(the politic body), 즉 전체 사회의 소우주로서의 개인적인 몸으로 되돌아가게 한다.

보다 강력한 문화에 의해 흡수될지도 모르는 위험에 대해 지도자들이 신경을 곤두세우고 있는 사회에서는 사회적 경계선을 보호하는 것에 대한 강조가 몸의 경계선을 보호하는 것에 대한 강조로 잘 상징화될 수 있을 것이다. 예를 들어 고대에, 정치적이고 군사적인 차원에서 끊임없이 제국의 합병을 당해 왔고 문화적이고 종교적인 차원에서는 계속해서 제국의 합병에 저항해 온 약소국 이스라엘은 몸의 경계선들에 관한 방대한 종교 의례적 법규들을 그 유대교 경전 속에 갖고 있다. 메어리 더글라스의 글을 한 번 더 인용한다.

> 종교적 제의들이 몸의 구멍들에 관해 걱정을 표현할 때, 이 걱정의 사회학적인 의미는 소수 집단의 정치적 문화적 통일성을 보호하고자 하는 염려이다. 이스라엘 민족은 그들의 역사에서 언제나 궁지에 몰린 소수자였다. …그들의 통치체제의 위협 당하는 경계선들은 신체적인 몸의 완전성과 통일성, 순수성에 대한 그들의 관심 속에 잘 반영되어 있다.3)

이것은 구멍들에 대한 각별한 관심, 즉 몸의 정상적인 구멍들로 무엇이 들어가고 나와야 하는지, 또는 들어가거나 나와서는 안 되는지에 대한 진지한 관심을 뜻한다. 따라서 레위기 11장은 몸 속으로 들어가는 음식에 관하여 법을 정하고 있고, 레위기 12장은 몸으로부터 나오는 아기들에 관한 법을 정하고 있다. 그러나 나병을 다루는 레위기 13-14장은 훨씬 더 위험한 경계선의 문제를 제기하고 있다. 즉 정상적인 몸의 구멍들은 분명하게 규정될 수가 있으며, 그것들로 들어오고 나가는 것들은 청결하거나 불결한 것으로 분류된다. 이렇게 분류하는 이유는 그래야만 경계선을 확정하는 일이 분명해지기 때문이다. 그러나 만일 어떤 구멍도 있어서는 안 되는

---

3) Douglas, *Purity and Danger*, 113.

곳에 구멍 같은 것들이 나타나기 시작하고, 나아가 표면과 구멍들을 분간할 수 없게 되거나 모든 경계들이 무수한 구멍들을 내게 된다면, 전체적인 체제가 붕괴된다. 바로 이 때문에 성서의 나병은 피부에만 적용되는 것(레위기 13:1-45과 14: 1-32)이 아니라, 의복(13:46-59)과 집의 벽(14:33-53)에도 적용되고, 또 그것들의 표면을 제의적으로 불결한 것으로, 사회적으로는 부적당한 것으로 만든다. 나병에 걸린 사람이 사회적인 위협이 되는 것은 우리가 생각하고 있듯이 의학적인 전염, 즉 감염되거나 확산될 위험이 있기 때문이 아니라 상징적인 오염, 즉 소우주 안에서 사회 일반의 정체성, 완전성, 안전 자체를 위협하는 것이기 때문이다. 그래서 레위기에서는 다음과 같이 말하고 있다(13:45-46).

> 악성 피부병에 걸린 사람은 입은 옷을 찢고 머리를 풀어야 한다. 또한 그는 자기 코밑 수염을 가리고 "부정하다, 부정하다" 하고 외쳐야 한다. 병에 걸려 있는 한, 부정한 상태에 머물러 있게 되므로, 그는 부정하다. 그는 진(陣) 바깥에서 혼자 따로 살아야 한다.

이 환자들은 그들의 잃어버린 삶 때문에 슬픔에 젖어 있다. 우리가 앞에서 보았듯이 한 사람의 존재가 다른 사람의 눈에 달려 있는, 명예와 수치의 사회 속에서 그들은 이제 완전히 죽은 것이기 때문이다. 정결(clean)과 불결(unclean)--물론 임상적이거나 의학적인 것이 아니라 사회적이거나 상징적인 범주에서--을 엄격하게 구분하는 이런 사회에서는 건선(乾癬)에 대해 탄식하는 것이 결코 웃을 일만은 아니다. 그것은 비극이었다. 그런데 만일 이런 관습들이 당신에게 케케묵은 것이요 형편없는 것이라는 생각을 들게 한다면, 당신은 당신 스스로에게 당신이나 당신이 속한 집단이 지금까지 군사적으로 패배를 당하거나 사회적으로 외곽으로 밀려나거나 또는 문화적으로 흡수를 당한 적이 있었는가를 물어 보아야 한다. 좋게 보더라도 우리 사회의 경계선들은 크게 뚫려 있는 것이요, 또 나쁘게 보면 우리 몸의 경계선들도 역시 그러할 것이다.

고통과 질병

그런데 만일 나병환자가 고침 받았을 때 우리가 그 자리에 있었다면 우리는 무엇을 보았을 것인가? 방금 설명한 몸-사회 간의 상호작용을 인정한다면 실제로 발생한 일은 무엇일까? 다시 한번 교차문화적 인류학을 통해 간단히 생각해 보면, 우리로 하여금 현대 미국이 갖고 있는 몇몇 전제들을 고대 지중해 지역의 세계로 투영하는 것을 막아 준다.

의술 인류학 또는 비교 민속의학(comparative ethnomedicine)은 질병을 치료하는 것(curing a disease)과 고통을 치유하는 것(healing a illness)의 근본적인 차이를 제시했다. 그 기본적인 차이점을 밝힌 두 글을 아래에서 살펴본다. 첫 번째는 레온 아이젠버그의 글이다.

> 환자들은 "고통"(illness)을 당하고, 의사들은 "질병"(disease)을 진단하고 치료한다. …고통이란 존재의 상태와 사회적 기능 면에서 가치를 박탈당하는 변화에 대한 경험이며, 질병은 현대 의학의 과학적인 패러다임에서 볼 때 신체 기관과 조직의 구조와 기능에서 일어나는 이상 현상이다. …토착적 치료사들은 그들이 안고 있는 기술상의 제약으로 말미암아 고통의 생물학적인 원인 이외의 문제에 더 많은 관심을 갖게 되었다. 왜냐하면 그들이 자신 있게 다룰 수 있는 것은 주로 이런 측면들이었기 때문이다. 그러므로 어떤 질병의 문제를 다루는 중에 우리가 거둔 성공은 결과적으로 하나의 기술적인 해결이 모든 것에 대한 잠재적인 해답이 된다는 관념적인 오류를 낳는다. 우리가 샤머니즘을 존중하여 서양 의학의 힘을 버려야 한

다고 제안하는 것은 어리석은 일일 것이다. 심리학적인 사건으로서의 고통에 대한 이해를 통합하기 위해 우리의 지평을 어떻게 확장할 수가 있는가를 탐구하는 것은 본질적인 것이다. 실로 제한되고 불완전한 질병 모델들에 대한 우리의 숭배는 그 자체가 일종의 제의적인 혹은 마술적인 관행으로 간주될 수 있다.[4]

간단히 말해, 질병은 나와 나의 의사, 그리고 병균 사이의 문제다. 나의 몸에 무엇인가가 잘못됐고, 그래서 나는 그것을 고치기 위해 의사에게 간다. 이 그림에서 빠져 있는 것은 무엇인가? 그것은 이 현상의 심리학적인 전체 차원뿐만 아니라 훨씬 더 중요한 것으로 사회적 전체 차원이다. 나는 나의 몸, 현대 의술, 그리고 의사에 대해 어떻게 생각하도록 훈련받아 왔는가? 나의 기능장애가 나의 가족과 나의 직업에, 또 경우에 따라 사회의 보다 넓은 차원들에 미치는 영향은 무엇인가? 질병은 최소의 차원에서 비현실적으로 이 문제를 보고, 고통은 보다 폭넓은 차원에서 현실적으로 이 문제를 본다. 예를 들어, 에이즈라고 알려진 병을 질병의 차원에서 치료하는 것과 고통의 차원에서 치유하는 것의 차이점을 생각해 보라. 이 병에 대한 치료는 절대적인 요구 사항이지만 그것은 불가능하다. 그렇지만 우리는 그 병에 걸린 사람들을 추방하는 것을 거부함으로써, 또 그들이 당하는 고통에 공감하고 사랑과 관심으로 그들의 어려움을 감싸줌으로써 그 고통을 치유할 수가 있다.

이 같은 구분을 공식화하고 있는 두 번째 글은 아써 클라인만의 글이다.

의술 인류학의 핵심적인 원리는 병이 두 측면을 갖는 것으로, 즉 질병과

---

4) Leon Eisenberg, "Disease and Illness: Distinction Between Professional and Popular Ideas of Sickness," *Culture, Medicine and Psychiatry* 1 (1977): 11.

고통으로 보는 이분법이다. 질병은 생물학적인 또는/그리고 심리학적인 과정에서 발생한 기능 이상을 말한다. 이에 반해 고통이라는 용어는 질병에 대해 갖게 되는 심리사회적인 경험과 의미를 가리킨다. 고통은 개인의 생리학적 혹은 심리학적 상태에서 (또는 이 둘 모두에서) 발생하는 일차적인 기능 이상(질병)에 대해 보이는 인격적이고 사회적인 이차적 반응을 포함한다. …이런 관점에서 볼 때, 고통은 질병이 행동과 경험 속에서 구체화되어지는 것이다. 고통은 병에 대한 인격적이고 사회적, 문화적인 반응에 의해 생겨나는 것이다.[5]

이상의 관점들에서 본다면, 예수를 만난 나병환자는 질병(건선과 같은)과 고통, 즉 불결, 고립, 거부라는 인격적이고 사회적인 낙인을 모두 갖고 있었다. 그리고 이 병이 지속되거나 더 악화되는 만큼 고통 역시 지속되고 더 악화될 것이었다. 일반적으로, 질병이 사라지면 고통도 그와 함께 사라진다. 그러나 질병은 치료될 수 없지만 고통은 어떻게든 치유될 수가 있다면 어떨까?

바로 이것이 예수가 행한 치유기적의 핵심 문제다. 그는 물리적인 세계에 개입해서 질병을 치료했던 것인가, 아니면 사회적인 세계에 간섭해서 고통을 치유한 것이었나? 그 병뿐만 아니라 다른 어떤 병도 치료하지 않았고 또 치료할 수도 없었던 예수는 그 질병에 따르는 종교의례적인 불결과 사회적인 배척을 인정하지 않음으로써 그 가련한 사람의 고통을 치유했다는 것이 나의 생각이다(I presume that Jesus, who did not and could not cure that disease or any other one, healed the poor man's illness by refusing to accept

---

5) Arthur Kleinman, *Patients and Healers in the Context of Culture: An Exploration of the Borderland Between Anthropology, Medicine, and Psychiatry*, in the series *Comparative Studies of Health Systems and Medical Care* (Berkeley: Univ. of California Press, 1980), 72.

the disease's ritual uncleanness and social ostracization). 이렇게 함으로써 예수는 다른 사람들에게 자기를 그들의 공동체에서 내어쫓든지 아니면 그 나병환자도 그 안으로 받아들이든지 하라고 강요했다. 그러나 우리는 지금 정치적인 몸을 다루고 있기 때문에, 그런 행위는 사회의 경계선을 지키고 통제하는 사람들의 권위와 특권을 매우 의도적으로 공격하는 것이 된다. 질병을 치료하지 않은 채 고통을 치유함으로써, 예수는 그의 사회의 기존 절차에 대해 파괴적인 방법으로, 대안적 경계선을 지키는 자로서(as an alternative boundary keeper) 행동했다. 이와 같은 해석은 기적을 파괴하는 것 같아 보인다. 그러나 기적은 물리적인 세계에서 이루어지는 변화라기보다는 사회적인 세계에서 이루어지는 변화이며, 또 어쨌든 그 물리적 세계를 우리가 어떻게 보고 사용하고 설명해야 하는가를 규정하는 것은 사회이다. 물론 물리적 세계를 바꿀 수 있는 기적을 일으킬 수 있다면 멋진 일일 것이다. 그러나 사회적 세계 속에서 변화를 일으키는 것이 훨씬 더 바람직한 일이 될 것인데, 이 일은 우리가 할 수 있는 일이다. 이미 우리는 물리적 세계를 사람이 살기에 완전히 부적합한 곳으로 만들 능력을 갖고 있다. 문제는 우리가 사회적 세계를 인간답게 살 수 있는 곳으로 만들 수 있겠는가 하는 것이다.

사건과 전승

그러므로 원래의 상황(the original situation)에서 보면, 예수는 자신의 행위로 말미암아 성전의 제사장들과 정면충돌하게 된다. 나병환자를 만진 그가 돌아서서 그 나병환자에게 자신이 방금 깨뜨린 정결법을 지키라고는 도저히 말할 수 없는 것이다. 그런데 이것은 하나님의 법 대 인간의 법, 동정심 대 율법주의, 복음 대 율법의 문제가 아니며, 기독교 대 유대교의 문제는 더군다나 아니다. 이것은 갈릴리의 농민 대 예루살렘의 제사장들이라는 유대교 내부의 문제로 보는 것이 더 합당하다. 그러나 전달의 단계에서(the transmissional level) 우리에게 드러나는 것은, 예수를 전통적인 성서적 율법적 관행과 일치시키려는 시도, 즉 예수를 정결법의 관점에서 규칙을 잘 준수하는 유대인으로 보이고자 하는 강력한 변증론을 발견하게 된다. 이것이 마가복음에 나오는 "노하셔서 … 단단히 … 그를 내어쫓으셨다"(1:41과 43)와 같은 감정적인 표현들과, 특별히 "가서, 제사장에게 네 몸을 보이고, 네가 깨끗하게 된 것에 대하여 모세가 명령한 것을 바쳐서"(1:44)라는 마지막 명령의 의미를 밝혀 준다. 다른 말로 해서, 이차적 차원 혹은 전달의 차원에서 이 이야기는 예수를 율법을 준수하는 사람으로 만들기 위해 개작되었으며, 그 결과 이 이야기 자체 내에서 해석의 논쟁을 불러일으키는 것이 되었다. 마지막으로, 세 번째 혹은 편집적인 단계(redactional level)에서, 마가가 이 이야기를 자기의 복음서에 기록할 때 그는 매우 중요한 마지막 변경을 가했다. 즉 마가 자신은 이 이야기의 원래의 단계에서 발견되는 율법에 순종하지 않는 예수에게 훨씬 더 공감하고 있으며, 그래서 성전으로 가라는 명령 뒤에다가 위에서 "사람들에게 증거로"(as a testimony to them)라고 번역된 구절을 덧붙이고 있다. 이 구절은 "그들에 반대하는 증거로"(as a witness against them)라고, 또는 다른 말로 "누가 실력자인지를 그들에게 보여주어라"(to show them who's boss)로 번역하는 것이 더 나을 것이다. 그러나 어떻게 번역하든, 마가에 의하면, 예수가 그 나병환자로 하여금 성전을 방문하도록 요구한 것은 율법을 준수하도록 하기 위해서가 아니라, 제사장들에 맞서 대립적인 증거를 보이도록 하기 위한 것이다.

이들 세 단계, 즉 원래의 단계, 전달의 단계, 편집적인 단계는 우리의 복음서들 속에 항상 엷은 조각으로 쌓여 있다. 그러나 이 이야기는 하나의 단일 본문 속에 그 세 단계 모두가 매우 명백하게 나타나 있는 전형적인 사례이다. 그럼에도 불구하고, 두 번째 단계에서 나타난 신학적인 변증론이나 세 번째 단계에서 나타난 그 변증론의 취소조차도 첫 번째 단계, 즉 예수가 그 나병환자에 대한 전통적이고 공식적인 제재를 인정하기를 거부함으로써 치유를 행하고 있는 첫 번째의 혹은 원래의 차원을 결코 무시할 수 없다. 다른 말로 해서, 예수는 권리를 박탈당하고 사회 외곽으로 몰려난 사람들의 공동체 속으로, 사실은 하나님 나라 속으로 그를 받아들임으로써 그를 치유하고 있다. 만일 누군가가 예수와 나병환자에 관한 이야기를 예수가 처음부터 순종적인 유대인으로 그려지고 있는 이야기로 만들기를 원한다면 그것이 어떻게 될 것인가를 아래의 누가복음(17:11-19)에서 보게 된다.

> 예수께서 예루살렘으로 가시는 길에, 사마리아와 갈릴리 사이를 지나가시게 되었다. 예수께서 어떤 마을에 들어가시다가, 나병 환자 열 사람을 만나셨다. 그들은 멀찍이 멈추어 서서, 소리를 질러 말하기를 "예수 선생님, 우리를 불쌍히 여겨 주십시오" 하였다. 예수께서는 보시고, 그들에게 말씀하셨다. "가서, 제사장들에게 너희 몸을 보여라." 그들이 가는 동안에 몸이 깨끗해졌다. 그런데 그들 가운데 하나는 자기의 병이 나은 것을 보고, 큰소리로 하나님께 영광을 돌리면서 되돌아와서, 예수의 발 앞에 엎드려 감사를 드렸다. 그는 사마리아 사람이었다. 그래서 예수께서 말씀하셨다. "열 사람이 깨끗해지지 않았느냐? 그런데 아홉은 어디에 있느냐? 하나님께 영광을 돌리러 되돌아온 사람은, 이 이방 사람 한 명밖에 없느냐?" 그런 다음에 그에게 말씀하셨다. "일어나서 가거라. 네 믿음이 너를 구원하였다."

이 이야기는 누가복음에서만 발견된다. 그리고 이것이 전적으로 그에 의해 창작되었든지 아니든지 간에, 이 이야기는 나병환자와 율법을 준수하는 예수가 어떻게 행동해야 하는지를 보여주고 있다. 첫째, 나병환자들은 예수에게서 거리를 두고 결코 그에게 가까이 다가가지 않는다. 둘째, 예수는 그들을 보지만 그들에게 손을 댈 수 있을 만큼 가까이 다가가지 않는다. 셋째, 예수는 그들에게 즉시 성전으로 가라고 말한다. 마지막으로, 그들은 길을 가는 도중에 병 고침을 받으며 그래서 율법 준수와 예수의 능력 두 가지가 대립하기보다는 결합되고 있다. 물론 예수가 순종적인 유대인이라는 것이 이 이야기의 기본 전제이긴 하지만 결코 요점은 아니다. 그러나 이와는 달리 예수가 나병환자를 만지는 것으로 시작하는 이야기는, 이제 예수나 나병환자 양쪽 다 공식적이고 전통적인 율법주의 속으로 안전하게 되돌아가는 것은 불가능하게 되었음을 분명하게 드러내 보여준다.

귀신을 추방하기

질병과 고통이나 치료와 치유에 관해 말하는 것, 심지어는 그 둘 사이의 근본적인 차이점을 제시하거나, 나아가 물질에 대한 정신의 우위만이 아니라 사회에 대한 정신의 우위를 강조하는 것조차도 여전히 비교적 이해하기 쉬운 세상 속에서 말하는 것이다. 그러나 이제 우리는 선하고 악한 영들, 또는 접신(接神)과 귀신들림이라는 주제로 넘어가게 되는데, 이것은 전혀 다른 세상 같아 보인다. 예를 들어, 나는 외부로부터 우리의 몸 안으로 뚫고 들어와서는, 좋든 나쁘든 우리 자신의 인격과 장소를 놓고 다투거나 우리의 인격을 대체하는 인격적이고 초자연적 영들(spirits)이 존재한다는 것을 믿지 않는다. 그러나 참으로 많은 세상 사람들이 항상 그렇게 믿어 왔으며, 최근에 실시한 한 교차문화적 조사에 의하면, 대략 75%의 사람들이 여전히 그렇게 믿고 있다. 그래서 나는 그들의 설명(說明)을 받아들이지는 않지만, 그들로 하여금 그런 진단에 이르게 하는 현상(現象)을 논하는 일에는 매우 조심스럽게 참여하고자 한다. 그들이 보고 있는 것은 무엇이며, 또 왜 그들은 그것을 그런 식으로 보는가? 나는 전혀 다른 어떤 것을 보고 있는가? 아니면 단지 같은 것을 다른 눈을 통해 보고 있는 것인가? 어떤 경우이든, "나는 악마를 믿지 않는다"고 말하고는 이것이 모든 것을 설명해 준다고 생각하는 것은 결코 바람직한 일이 아니라고 나는 확신한다. 즉 어떤 진단에 동의하지 않는 것과 현상을 부인하는 것은 동일한 일이 아니며, 어떤 해석에 대해 논박하는 것과 그 현상을 부정하는 것은 같은 것이 아니다. 그렇지만, 관련자들에 의해 귀신들림으로 이해된 사건들 이면에는 결코 위조되거나 흉내낸 것이 아닌 진실된 어떤 것이 존재한다는 점을 우리가 인정한다 할지라도, 그런 현상에 대한 해석들도 역시 매우 중요한 것일 수가 있다.

내가 왜 단순히 이것들이 동일한 사건에 붙여진 다양한 이름에 불과하다고 말할 수 없는지, 또 예를 들어 말하면, 우리가 귀신들림에 관해 말하든지 다중인격 장애라는 특별한 상태에 관해 말하든지 간에 어쨌든 그것은 동일한 사건일 뿐이라고 말할 수 없는지 설명하고자 한다. 두 개의 실례를 드는 것으로 족할 것이다. 만셀 패티슨은 워싱턴 중부지역의 야키마 인디언 보호구역에 사는 열세 살 먹은 소녀 마리아에 관한 이야기를 들려준다.[6] 그 지역의 의사는 그 아이의 히리테리성 증상을 편집성 정신분열증이라고 진단하고는 정신병 치료제인 클로르프로마진을 처방했다. 그 아이는 운이 좋았는데, 패티슨은 정신과 의사로서 교차문화적인 민감성을 갖고 있었고, 또 무당인 그 아이의 할아버지가 죽어가면서 자기의 능력이 그 아이에게 전수될 것이라고 예언했다는 것뿐만 아니라 그 아이 자신은

---

[6] E. Mansell Pattison, "Psychosocial Interpretations of Exorcism," *Journal of Operational Psychiatry* 8, no 2 (1977): 11-15.

미국사회 주류 문화에 적응하길 원했다는 것을 알게 되었다. 그는 해로운 샤만의 영들을 몰아내는 푸닥거리를 권했다. 그 후로 그 소녀는 완전히 회복되었다.

이 일과 펠리시타스 굳맨이 설명하고 있는 저 끔찍한 일을 비교해 보라. 그 일은 1968년과 1976년 사이에 시골 바바리아 지방에서, 클링겐버그 출신의 젊은 여대생에게 발생했다.[7] 그 학생은 정신과 의사와 사제들에게 동시에 치료를 받게 되었는데, 정신과 의사들은 다일랜틴과 테그레톨 같은 경련 억제제를 처방했고 사제들은 되풀이해서 귀신축출 의식을 거행했다. 가족과 친구들뿐만 아니라 환자 스스로도 자신이 귀신들렸다고 믿었기 때문에 사제들이 훨씬 더 효과적으로 성공할 기회를 갖게 되었다. 그러나 귀신축출 의식들이 효과를 보기 위해서는 그녀가 접신(接神) 상태로 들어가야 했는데 그 약들이 그 가능성을 방해했다. 이 두 개의 시스템이 그녀의 뒤틀린 몸 안에서 서로 대항하여 싸웠다. 예를 들어, 테이프로 녹음된 귀신축출 의식 중의 한 섬뜩한 순간에 사제들이 이름을 밝히라고 압박을 가하자 악마들이 말하기를 자기들 중에는 자기들조차 그 이름을 알지 못하는 다른 새 악마들이 있노라고 토로하고 있다. 악마적인 것이 화학적인 것과 마주쳤고, 그 결과 화학적인 것이 승리했다. 안넬리제는 1976년 여름에 죽었다.

몇 년 전에 미국 텔레비전 방송의 황금 시간대에 방송된 귀신축출 의식을 생각해 보라. 참석자 전원이 그 어린 소녀가 귀신들렸다고 믿었고, 사제가 그 절규하고 저주하는 환자와의 대결에서 물러났을 때 그는 자기가 악의 얼굴을 분명히 보았노라고 말했다. 여기에는 두 가지 문제가 있다. 하나는 악을 지나치게 평범화시키는 것인데, 이것은 오늘날 어떤 풍조보

---

[7] Felicitas D. Goodman, *The Exorcism of Anneliese Michel* (Garden City, NY: Doubleday, 1981).

다도 훨씬 더 무시무시하고 은밀한 형태로 우리의 세상을 휩쓸고 있다. 다른 하나는, 만일 어떤 특수한 형태의 다중인격 장애가 그 진단된 귀신들림의 배후와 근저에 감추어져 있었다면, 예를 들어 그 악의 얼굴은 사실 그 소녀를 유년기 때에 성적으로 추행하여 아직 성숙되지 못한 아이의 인격을 방어적인 조각들로 파괴한 어떤 연상의 남성의 모습으로 옆방에 앉아 있을지도 모른다는 가능성이다. 귀신들림이라는 개념에는 환자가 분명 그 사건의 원인이 되는 어떤 짓을 저질렀거나 최소한 그것을 방지할 수 있는 일을 게을리 했다는 환자에 대한 비난이 포함되어 있다. 다중인격 장애라는 진단은 그 희생자에게 더 이상의 희생을 가져오지는 않으며, 악은 그것이 실제로 있었거나 있는 그 자리에서 찾게된다. (귀신들림인지 아니면 다중인격 장애인지) 이름이 문제가 된다. 진단은 다르며, 그 차이점들은 중요하다. 그러므로 이제부터 우리는 살피는 자세로 조심스럽게 말해야 한다. 이제 우리는 의술 인류학에서 심리학적인 것과 신체적인 것 사이의 까다로운 경계면을 향해 나가기 때문이다.

접신(接神)과 귀신들림

에리카 부르귀뇽은 오하이오 주립대학의 국립 정신건강 연구소의 후원을 받아 인격분열(dissociation) 상태에 관한 교차문화적 연구를 5년 동안 이끌었다. 그녀는 그 연구 결과를 60년대 후반부터 70년대 초반까지 여러 권의 책으로 펴냈다. 이제부터 나의 글은 그녀의 연구와 또 앞에서 언급한 바 있는 펠리시타스 굳맨처럼 그녀의 박사 과정생들의 연구에 많은 것을 의존하고 있다. 만일 우리가 부르귀뇽의 저작 중에서 짧은 하나의 표본을 읽어야 한다면, 1979년에 그녀가 펴낸 교과서에 실린 "변형된 의식의 상태들"(Altered States of Consciousness)이 대표적인 것이 될 것이다.8) 다음에

---

8) Erika Bourguignon, *Psychological Anthropology: An Introduction to Human Nature*

서 나는 그녀의 결론을 채용하지만 또한 나 자신의 목적에 맞추어 그것들을 개작할 것이다.

즉 신체적 활동이나 정신적 활동에는, 그리고 그 둘 사이를 조정하고 그 둘 사이의 차이점을 흐리게 하는 두뇌의 화학작용에는 정상적인 영역이 존재하는 것으로 보인다. 그 정상적인 영역의 위 또는 밑에 위험하게 있는 어떤 것이 접신상태(trance)를 만들어 내는데, 나는 이 말을 무아경(ecstasy)이나 인격분열, 변형된 의식의 상태라고 불려지는 다양한 상태들을 포괄하는 용어로 사용할 것이다. 그러므로 접신은 감각의 외적인 자극이나 정신의 내적인 집중, 또 두뇌의 신경생물학의 화학적인 합성 속에서 일어나는 어떤 위험한 변화--증가이든 감소이든--에 의해서 야기될 수가 있다. 그러므로 이것은 인간에게 보편적인 것으로서, 신경생물학적인 진화의 또 다른 선물, 즉 언어처럼 모든 인간 각자에게 주어진 가능성으로 인정되어야 한다. 그러나 또한 언어와 마찬가지로 접신의 실현도 심리사회적인 패턴 형성에 의해, 즉 문화적인 훈련과 통제, 기대에 의해 구체화되어진다. 포르투갈에서 자라난 어린아이들은 언어에서는 지역적인 어투를 가진 포르투갈어를 쓸 것이고, 접신상태에서는 푸르고 흰색의 옷을 입은 처녀 마리아를 볼 것이다. 그들이 크리슈나 신이나 마호메트 예언자를 보지는 않을 것이다. 그들은 자신들이 가장 바라는 소망이나 가장 깊은 두려움을 통해 이미 알고 있는 것이 아닌 것은 배우려 하지 않을 것이다. 그러나 그런 체험을 한 후에는 그것에 대해 다른 어떤 방식으로도 도달할 수 없는 확신을 갖게 되는 것은 당연하다. 그러므로 이론적인 주장에서만 본다면, 좋은 소식과 나쁜 소식이 있다. 좋은 소식은 접신상태라는 형태, 즉 접신상태라는 현상(that)은 교차문화적으로 또 시간을 초월하여 절대 보편적이라는 사실이다. 나쁜 소식은 접신상태의 내용(what)은 완전히 심리사회적으로 조

---

and Cultural Differences (New York: Holt, Rinehart & Winston, 1979), 233-269.

건 지워지고 또 심리문화적으로 결정된다는 것이다. 그러나 물론 접신상태는 그 특정한 사회나 문화에 대해 찬성하는 것일 수도 있고 반대하는 것일 수도 있다. 그리고 그 반대가 좋은 것인지 나쁜 것인지는 운명이 결정하고 역사가 기록하는 데 달려 있다.

 접신은 자연적 방식이나 초자연적 방식으로 설명할 수 있지만, 그 두 가지 설명 중 어느 하나를 위해 다른 설명을 버리는 것이 아니라, 서로에게 덧붙여, 그 두 설명이 동일한 정신신체적(psychosomatic) 현상에 대한 서로 다른 해석들이라는 가정 위에, 그 두 가지 설명들이 서로 상호 작용하도록 할 수도 있다. 예를 들어, 두 설명은 다 나름대로 좋은 상태와 나쁜 상태를 분명하게 구분하고 있는데, 이런 구분을 배후에서 결정짓는 것은 그것이 어떤 일이든 통제가 가능한가 그렇지 못한가 하는 문제다. 다시 말해서, 그 접신현상이 심리사회적으로 통제가 가능한 것인가 그렇지 못한 것인가 하는 문제다. 접신상태에 빠져 방언(方言)으로 말하는 현상을 생각해 보자. 오순절 교회들에서는 이런 방언 현상이 설교를 방해하는 일은 없으며, 또 사람들이 예배에 참석하러 가거나 예배가 끝난 후에 발생하는 일도 없다. 그것은 오직 예배 중의 어느 정해진 시간에만 일어난다. 다른 말로 해서, 그것은 종교의례적인 통제 아래에 있는 것이다. 그러므로 접신상태는 전적으로 인간의 자연적인 경험이며, 또 그것을 통제하는 것은 전적으로 인간의 자연적인 필요성에 의한 것이다. 이런 절차를 갖고 있는 사회들은 자기 자신에 대해 해명할 필요가 없다. 그러나 이런 과정을 갖지 못한 사회들은 자기들 내부에서 불건전한 접신상태로 나타나는 박탈감이 있는지, 혹은 접신상태로 대신 나타나고 있는 병적(病的)인 요인들이 있는 것은 아닌지 살펴보아야만 할 것이다. 접신상태가 존재하는 것보다는 없는 것이 오히려 더 병적일 수 있다.

군대와 돼지

통제 불능의 접신상태가 특정 문화들 속에서는 달갑지 않은 상태로 여겨져 백안시되고 또한 귀신들림으로 해석될 수도 있다는 것을 생각할 때, 1세기의 유대 땅에 그것이 그렇게 많았던 이유는 무엇일까? 예수는 모든 곳에서 귀신들린 사람들을 만난 것 같다. 쉽사리 귀신들림으로 해석될 수 있었던 여러 형태의 정신적인 질환들과 식민지 억압 사이에 어떤 연관이 있었던 것은 아닐까?

아이오안 루이스는 귀신들림과 억압 사이에 밀접한 관계(the close connection between possession and oppression)가 있음을 강하게 주장했는데, 이 억압에는 남성들이 여성들에게 성적이고 가정적인 면에서 가하는 억압과, 한 민족이 다른 민족에게 인종적이고 제국주의적인 면에서 가하는 억압이 포함된다. 첫 번째 경우에는 "여성의 귀신들림에 대한 종교 의식들은 … 지배적인 성(性)을 겨냥한 저항운동들을 그 이면에 감추고 있다. … 따라서 그 일차적인 사회적 기능 면에서 보면, 주변부에서 발생하는 귀신들림은 간접적인 공격전략인 것으로 드러난다." 두 번째 경우는, "귀신들림에 대한 종교 의식들이 그 중심부에 계속 존속하는 사회들은 대체로 지나칠 정도로 가혹한 자연적인 상황에 처한 작고 유동적인 사회 단위들로 이루어져 있거나, 아니면 이민족의 압제로 인해 고통 당하고 있는 피정복민 공동체들이다." 루이스는 이런 귀신들림들을 가리켜 "저항 제의들"(protest cults) 혹은 "종교의례적 반란"(ritual rebellion)이라 부르며, 또 그것들은 "간접적인 교정전략"(oblique redressive strategies)을 사용하는 것이라고 설명한다.9) 그러나 그가 말하는 상황들이, 개인적으로는 치유하는 역할과 사회적으로는 체제전복적인 역할을 동시에 가지는 제의들 속으로, 그 귀신들

---

9) Ioan M. Lewis, *Ecstatic Religion: An Anthropological Study of Spirit Possession and Shamanism*, Penguin Anthropology Library (Baltimore: Penguin Books, 1971), 31, 32, 35, 88, and 127.

린 사람들이 편성되는 상황이라는 점을 주목해 보라. 말하자면, 점령된 나라는 다중인격 장애를 갖고 있는 것이다. 그 나라의 일부는 억압자를 증오하고 경멸하지만, 나머지 부분에서는 억압자의 강력한 힘을 부러워하고 동경함에 틀림없다. 그런데 다시 한번 사회에 대한 몸의 관계가 대우주에 대해 소우주의 관계 같은 것임을 생각한다면, 어떤 개인들은 분명히 자기 자신들 속에서도 그와 동일한 분열을 경험할 것이다.

그러면 마가복음(5:1-17)에 나오는 거라사의 귀신 들린 사람의 경우를 예로 들어보자. 이 일은 오직 마가복음에서만 독립적으로 증언되고 있으며, 이 이야기는 예수가 죽은 지 한참 후에, 심지어는 66년에서 73년 사이의 제1차 로마-유대전쟁이라는 정황 속에서 만들어졌음이 거의 확실하다. 나는 두 가지 이유로 이 이야기를 여기서 사용한다. 첫째는, 복음서들 속에는 귀신축출에 관한 언급들이 많이 나오지만 독립적으로 증언되고 있는 귀신축출에 관한 이야기들은 그 사례를 찾아볼 수 없기 때문이다. 이렇게 된 이유는 그런 귀신축출이 역사적 예수의 생애 중에 발생하지 않았다는 데 있는 것이 아니라, 그것들이 구전 기억으로 남기에는 너무 흔해빠진 것이어서 가장 일반적인 기술들 외에는 그 어디에도 기록되지 못했다는 데 있을 것이다. 내가 마가의 기사를 사용하는 또 다른 이유는 1세기의 정신 속에서는 귀신들림과 식민지 억압이 연관되어 있었다는 점을 보이기 위해서다.

그들은 바다 건너편 거라사 사람들의 지역으로 갔다. 예수께서 배에서 내리시니, 곧 악한 귀신 들린 사람 하나가 무덤 사이에서 나와서, 예수와 만났다. 그는 무덤 사이에서 사는데, 이제는 아무도 그를 쇠사슬로도 묶어 둘 수 없었다. 여러 번 쇠고랑과 쇠사슬로 묶어 두었으나, 그는 쇠사슬도 끊고 쇠고랑도 부수었다. 아무도 그를 휘어잡을 수 없었다. 그는 밤낮 무덤 사이나 산 속에서 살면서, 소리를 질러 대고, 돌로 제 몸에 상처를 내곤 하였다. 그가 멀리서 예수를 보고, 달려와 엎드려서 큰소리로 "가장 높으신 하나님의 아들 예수님, 나와 무슨 상관이 있습니까? 제발 나를 괴롭히지 마십시오" 하고 외쳤다. 그것은 예수께서 이미 그에게 "악한 귀신아, 그 사람에게서 나가거라" 하고 명하셨기 때문이다. 예수께서 그에게 "네 이름이 무엇이냐?" 하고 물으시니, 그는 "군대입니다. 우리의 수가 많기 때문에 붙은 이름입니다" 하였다. 그리고는, 자기들을 그 지역에서 쫓아내지 말아 달라고 예수께 간청하였다. 마침 그 곳 산기슭에 놓아기르는 큰 돼지 떼가 있었다. 귀신들이 예수께 "우리를 돼지들에게로 보내셔서, 그것들 속으로 들어가게 해주십시오" 하고 간청하였다. 예수께서 허락하시니, 악한 귀신들이 나와서, 돼지들 속으로 들어갔다. 거의 이천 마리나 되는 돼지 떼가 바다 쪽으로 비탈을 내리달아, 바다에 빠져 죽었다. 돼지를 치던 사람들이 달음질하여 읍내와 촌에 가서 이 사실을 알렸다. 사람들은 무슨 일이 일어났는가 보러 왔다. 그들은 예수께로 와서, 귀신 들린 사람, 곧 군대 귀신에 사로잡혔던 사람이, 옷을 입고 제정신이 들어 앉아 있는 것을 보고 두려워하였다. 처음부터 이 일을 본 사람들은, 귀신 들렸던 사람에게 일어난 일과 돼지 떼에게 일어난 일을 그들에게 이야기하였다. 그러자 그들은 예수께, 자기네 지역을 떠나 달라고 간청하였다.

물론 치유되는 것은 한 개인이지만 여기서 상징적인 의미도 또한 놓치거나 간과될 수 없을 정도로 분명하다. 즉 귀신은 하나이며 동시에 다수로서, 군대(Legion, 6,000명의 병력으로 이루어진 로마의 군단을 가리킨다 - 역자주)라는 이름으로 불려지는 바 이것은 로마의 권력에 대한 사실이며 상징으로서, 유대교의 불결한 동물 중에서도 가장 불결한 돼지 떼에게 그 귀신이 넘겨지며, 유대의 모든 저항자들이 꿈에 그리는 대로 바다에 빠져 죽는다.

그리고 귀신축출자에게 떠나 달라고 요청한 것이 그 귀신들렸던 사람이 돼지 떼만한 가치가 없기 때문인지, 아니면 사람들이 그 행동에 담긴 정치적인 의미를 매우 분명하게 보았기 때문인지는 미해결인 채로 남겨진다. 이미 말한 바와 같이, 나는 이 일이 예수의 생애 중에 일어난 실제적인 장면이라고는 생각하지 않는다. 그러나 이것은 노골적으로 로마 제국주의를 귀신들림이라고 규정하고 있으며, 또 식민지 지배와 귀신들림을 연결짓는 일이 우리가 단순히 현대의 감정들을 1세기의 정신 속으로 투영하고 있는 것은 아니라는 사실을 보여준다. 우리는 이에 상당하는 현대의 사건을 전에 북 로디지아였던 곳에 있는 바로체의 룬다 루발레(Lunda-Luvale) 종족 가운데서 보게 된다. 배리 레이놀즈에 의하면, 그들은 오랜 세월 마함바(mahamba)라 불리는 전통적인 질병을 갖고 있었는데, 그것은 조상 귀신들에 사로잡혀서 생기는 것이었다.10) 그러나 그 후 그들은 이 전통적인 질병의 현대판인, 루발레 말로 "유럽인"을 뜻하는 빈델레(bindele)라고 불리는 특이한 병을 가지게 되었는데, 이것을 치유하기 위해 귀신을 내쫓는 특수한 교회가 필요했고, 그 치유 기간도 길었다. 빈델레가 유럽의 식민지인 로디지아에 관련되었던 식으로 군대(Legion)는 로마의 식민지 팔레스타인에 관련되며, 두 경우 모두에서 식민지 착취가 개인적인 차원에서 귀신들림으로 구체화된 것이라는 게 나의 생각이다.

그러므로 예수의 귀신축출들을 논하는 일에는 두 가지 요인을 분명하게 명심하여야 한다. 첫째는 식민지 백성들의 거의 분열된 인격 상태이다. 그들이 만일 식민 정책에 순순히 복종한다면 그들은 자기 자신을 파괴하는 일에 협력하는 것이 된다. 그리고 그 식민 정책을 증오하고 경멸한다면 그것은 자기들보다 훨씬 더 강하고 따라서 어느 정도는 탐이 나기도 하는

---

10) Barrie Reynolds, *Magic, Divination and Witchcraft Among the Barotse of Northern Rhodesia*, Robins Series 3 (Berkeley: Univ. of California Press, 1963), 133-138.

것을 증오스럽고 비열한 것이라고 인정하는 것이다. 이런 현실이 그들에게 어떤 영향을 미치는가? 두 번째는 식민지에서의 귀신축출은 혁명 이상이기도 하고 동시에 혁명 이하이기도 하다는 점이다. 사실상 그런 귀신축출은 개인화된 상징적 혁명(individuated symbolic revolution)이다.

예수와 바알세불

이제 마지막 논점을 살펴본다. 예수는 병을 치료하며 동시에 귀신들을 내쫓았으며, 또 고통과 귀신들림은 흔히 동시에 발생하는 상태인 것으로 여겨진다. 이에 대한 한 사례를 Q 복음(누가 11:14-15)의 다음 사건에서 볼 수 있다. 여기서 사탄은 고대 가나안 신의 이름인 바알세불이라 불린다.

> 예수께서 벙어리 귀신 하나를 내쫓으셨다. 귀신이 나가니, 벙어리가 말을 하게 되었으므로, 무리는 놀랐다. 그들 가운데서 더러는 말하기를 "그가 귀신의 두목인 바알세불의 힘을 빌어서, 귀신을 내쫓는다" 하였다.

여기서 나는 이 고발에 초점을 맞추겠다. 그런데 이 고발이 마가복음에서는 어떤 특정한 치유와 관련되지 않는 것으로 나타나고 있으며(3:22) 따라서 매우 신중하게 다루어져야 한다. 사람들이 예수에 대해 그런 비난을 하게 된 것은 무엇 때문일까? 그것은 통상적인 중상 모략, 즉 우리가 정치선전에서 흔히 보게 되는 수사학적 살인에 속하는 유형이라고 말하는 것으로 충분할 것이다. 즉, 그것은 예수를 단순히 정신이상자라고 깎아내려 무시하고자 하는 것이라는 점이다. 그러나 다시 한번, 앞에서 살펴본 탐식가, 술취함, 세리나 죄인과 함께 먹는다는 비난들을 볼 때, 일반적으로 중상모략은 적어도 그렇게 부르는 것을 믿게끔 만드는 어떤 근거를 갖고 있다. 그렇다면 이번 공격의 배후에도 그 비슷한 것이 있는가?

이 특수한 비난을 설명할 수 있는 매우 잠정적인 설명을 해보겠다. 이것을 잠정적이라고 하는 것은 그 대답이 뜻밖의 것이라는 이유 때문이 아니라 단지 그것에 대한 다른 증거가 매우 적다는 것 때문이다. 예수는 언제나 혹은 종종 그 자신이 접신상태에서 치유를 베풀었는가?

아놀드 루드비히는 접신상태와 귀신들림을 다룬 한 논문집에서 변형된 의식의 상태들의 비적응적인(maladaptive) 표현들과 적응적인(adaptive) 표현들에 대해 논했는데, 이 후자의 범주 중에서 첫 번째 것으로 치유를 제시했다.

> 역사적으로, ASC[altered state of consciousness, 변형된 의식의 상태]로 만드는 것은 다양한 치유 기술과 실천들 속에서 중요한 역할을 담당해 왔다. ASC로 유도하는 것은 심리 치료의 거의 모든 측면에서 이용되어 왔다. 그러므로 무당들은 자기네 환자가 앓고 있는 질병의 원인을 알아내기 위하여, 또는 특정한 치료법이나 치유 기술을 발견하기 위하여 접신상태나 귀신들림의 상태로 빠져들어 갔을 것이다. 게다가 무당, 훈간(hungan, 부두교의 사제나 영적 지도자를 가리키는 아이티 말 - 역자주), 주술사, 성직자, 설교자, 의사 또는 정신과 의사들은 환자가 ASC로 되는 것을 치유에 대한 절대적인 필요조건으로, 또 치료에의 필수적인 예비 행위로 여기고 있다. 고조된 암시감응성(suggestibility), 증가된 의미를 개념들에서 기인하는 것으로 돌리는 경향, 감정적인 카타르시스를 향한 성향, 그리고 ASC와 연계된 원기회복의 느낌들과 같은 장점을 이용하기 위하여 고안된 치유 방법의 사례들은 무수히 많다. 초기 이집트와 그리스에서 실행된 잠자는 사원에서 "드러눕기", 루르드(Lourdes) 지방과 그밖에 종교적 성소에서 이루어진 신앙 요법들, 기도와 명상을 통한 치유, "안찰"에 의한 치료, 안수, 신성한 유물과의 접촉, 영적인 치유, 신접술 치료, 축사술, 최면술이나 자석을 이용한

치료, 그리고 오늘날의 최면요법에 이르기까지 이 모든 것들은 ASC가 치료에서 차지하는 역할에 대한 명백한 사례들이다.[11]

나는 예수가 전염성 있는 접신상태를 치료 기술로 이용한 접신상태에 빠진 치유자(entranced healer)라는 데 대한 증거가 많지 않다는 것을 분명히 알고 있다. 그러나 또한 종교의 말이 많고 설교하고 강변하는 측면이, 흔히 만지고 느끼고 괴상하게 보이는 측면을 지나치게 무시해 왔다는 것도 알고 있다. 따라서 이런 측면이 원래부터 존재해 왔음에도 불구하고 종교 전통이 그것을 무시했을 가능성도 있다. 어쨌든, 접신상태는 시간과 문화를 초월하여 보편적이기 때문에, 그리고 예수에 대해 귀신들렸다는 신랄한 비난이 있기 때문에, 나는 이 문제의 해결을 미래에 맡긴 채 남겨 두고자 한다.

예수는 단지 관념의 역사에 속하는 부분, 곧 지적인 차원의 교사나 설교자가 아니었다는 사실을 나는 할 수 있는 한 강하게 강조한다. 그는 하나님의 나라에 관해 논하기만 했던 것이 아니다. 그는 그것을 실천했으며, 다른 사람들도 그렇게 할 수 있도록 전했다. 만일 그가 행한 것이 전부 하나님 나라에 관한 '말'뿐이었다면, 남부 갈릴리 지역에서 그가 받았을 인사는 아마도 크게 벌어진 농부들의 입에서 터져 나오는 하품뿐이었을 것이다. 그러나 우리는 치유와 귀신축출의 행위들을 무시할 수 없다. 특히 그것들이 사회적으로 체제전복적인 기능을 가진다는 점에서 볼 때 더욱 그렇다. 또 우리는 하나님 나라라는 용어 자체에 담겨 있는 명백하게 정치적인 색채를 무시할 수가 없다. 유감스럽게도 예수를 단지 말의 차원으로 격하시키고, 그가 온몸으로 살아낸 생생한 인생을 단지 그가 선포한 설교나

---

[11] Arnold M. Ludwig, "Trance and Possession States," in *Proceedings of the Second Annual Conference of the R. M. Bucke Memorial Society, 4-6 March 1968*, ed Raymond Prince (Montreal: R. M. Bucke Memorial Society, 1968), 87.

흥미 있는 관념으로 바꾸려는 것이 목사와 학자들이 겪게 되는 끈질긴 유혹 중 하나다. 그러나 예수의 행동에서 과격할 정도로 체제전복적인 것과 사회적 차원의 혁명적인 것과 정치적으로 위험한 것을 제거하는 것은 그의 삶을 무의미하게 만드는 것이며 그의 죽음을 이해할 수 없는 것으로 만든다.

죽음에서 생명으로

만일 예수의 치유와 귀신축출 행위들의 일부가 교차문화적 인류학, 곧 몸과 사회의 상호작용(메어리 더글러스)에서부터 의학과 정신의학의 경계면(에리카 부르귀뇽)으로 이어지는 교차문화적 인류학을 기본적인 배경으로 하여 이해될 수 있고 또 이해되어야 한다면, 죽은 자를 살린 것과 폭풍을 잔잔케 한 것과 같은 다른 일들은 어떻게 이해해야 하는가? 흔히 자연 기적(nature miracles)이라고 불리는 모든 행위들, 곧 예수가 사람이 아니라 사물들과 관계를 맺는 사건들은 당분간 옆으로 제쳐놓는다. 그것에 대해서는 이 책의 마지막 장에서 자세히 살펴볼 것이다. 그러면 예를 들어 나사로에 관해서는 어떻게 이해해야 하는가? 나는 나의 책, 『역사적 예수』의 표지 삽화(원서)로 기독교 초기에 나왔고 널리 알려져 있는, 나사로를 일으키는 장면을 다룬 부조를 선택했다. 내가 그것을 선택한 이유는, 그 사건이 발생했다거나 발생할 수 있는 것이라고는 생각하지 않지만, 그것이 절대적으로 참된 것이라고 생각하기 때문이다. 이것에 대해 설명하고자 한다.

우리는 사회라는 통치체제(the body politic)의 소우주가 되는 개인의 정치적인 몸(the politic body)에로 되돌아간다. 실은 우리가 이 문제에서 떠난 적이 없다. 이 상호작용의 몸쪽 측면 또는 소우주를 사건(event)이라고 부르기로 하자. 이것은 고통당하던 특정 개인이 어떤 순간에 실제로 역사적으로 치유되는 것을 말한다. 그리고 이 상호작용의 사회쪽 측면 또는 대우주를 과정(process)이라고 부르자. 이것은 그런 개인적인 일들이 상징하는 보다 폭넓은 사회종교적 현상을 말한다. 그러나 사건이 과정을 발생시킬 수 있는 것과 마찬가지로, 과정도 사건을 일으킬 수 있다. 갈릴리 나병환자의 경우는 한 개인의 몸에 베푼 행동이 어떻게 사회 전반에 걸친 행동이 되는 데까지 이르는가를 보여준다. 그리고 그것은 예수의 의지에 의해 일어날 수도 있고 그것과 상관 없이도 일어날 수도 있다. 몸/사회 상징체계는 영원히 주어진 것이기 때문이다. 그 이야기에 대한 신학적 변증들이 한결같이 강조하고 있듯이, 예수는 사회의 경계선을 누가 통제하는지, 문화적 규범을 누가 결정하는지, 종교적 권위를 누가 정하는지, 그리고 정치적 권력을 누가 결정하는지에 관해 주장하고 있다. 그 사건의 경우에, 사건은 과정이 된다. 그러나 거라사의 귀신들린 자의 경우는 정반대의 현상을 보여준다. 나는 이런 사건이 실제로 있었다고는 생각하지 않는다. 물론 그런 일 (happening)이 있었다는 것은 가능하다. 그러나 그 사건은 모든 유대 혁명가들의 꿈의 구현으로서 너무나도 완벽한 것이다. 이 경우에는 필시 과정이 사건이 된다. 예를 들어, 다음과 같이 가상해 보자. 미국의 링컨고등학교라는 학교 앞에 바로 링컨 대통령의 동상이 서 있는데, 그 형상은 도끼를 높이 들어올려 어떤 노예의 발에 묶여 있는 쇠사슬을 내려찍으려고 하는 것이라면, 이것은 사실인가 거짓인가? 우리는 그것이 사건으로서는 사실이 아니지만 과정으로서는 매우 정확한 것이라고 답해야만 하지 않을까?

이상의 모든 것에서 진정 놀랄 만한 것은 아무것도 없다. 메어리 더글라스의 몸/사회 병행론(parallelism)에서 제시되고 있는 기본적이고 상징적인 상호작용이 의미하는 것은 신체적 기적 속에는 언제나 사회적 상징이 내포되어 있다는 것과, 또한 신체적인 기적은 언제나 사회적인 의미를 가진다는 것이다. 두 방향으로 움직이는 것, 즉 몸으로부터 사회로 혹은 사건으로부터 과정으로 움직이는 것과, 사회로부터 몸으로 혹은 과정으로부터 사건으로 움직이는 것은 매우 쉬우며 또 진정 불가피한 일이기도 하다. 그런데 어느 방향으로 움직이느냐를 확인하는 것은 종종 전혀 불가능할 때가 있다.

그러므로 나는 나사로 이야기를 과정이 사건의 옷을 입은 것이지, 그 반대는 아니라고 이해한다. 나는 어떤 누구를 막론하고, 어떤 곳에서든, 어떤 때든 간에, 죽은 사람을 다시 살릴 수 있다고는 생각하지 않는다. 그러나 요한복음을 읽어보면, 저자 요한에게 그 과정이 무엇이었던가를 매우 분명하게 알 수 있다(11:21-27).

> 마르다가 예수께 말하였다. "주님, 주님이 여기에 계셨더라면, 내 오라버니가 죽지 않았을 것입니다. 그러나 나는 지금이라도 주께서 하나님께 구하시면, 하나님께서 무엇이나 다 이루어 주실 줄 압니다." 예수께서 마르다에게 말씀하셨다. "네 오라버니가 살아날 것이다." 마르다가 말하였다. "마지막 날 부활 때에 그가 다시 살아나리라는 것은, 내가 압니다." 예수께서 마르다에게 말씀하셨다. "나는 부활이요 생명이니, 나를 믿는 사람은 죽어도 살고, 살아서 나를 믿는 사람은 영원히 죽지 않을 것이다. 네가 이것을 믿느냐?" 마르다가 예수께 말하였다. "예, 주님! 주님은 세상에 오실 그리스도이시며 하나님의 아들이신 줄을, 내가 믿습니다."

요한복음에서는, 일반적인 부활이라는 과정이 나사로의 소생이라는 사건 속에 구체화되고 있다. 이것은 과정으로부터 사건으로 나가는 움직임에 속하는 것이다. 그러나 나는 여기서 농부들, 곧 예수는 죽음에서 생명을 일으켰다고 한결같이 힘주어 말하면서, 하늘에서의 미래가 아니라 이 땅에서의 현재를 생각하고 있었을 남부 갈릴리 지역의 농부들을 그려볼 수가 있다. 죽음에서 생명으로라는 말은 그들이 하나님 나라를 어떻게 이해하고 있었는지를 보여준다. 즉 이 하나님 나라 안에서 그들은 그들 자신의 몸과 희망과 운명에 대한 주도권을 되찾기 시작한 것이었다.

후견인이 되지 않는 법

마지막으로 나는 예수의 활동 중의 특별한 한 측면인 순회(巡廻) 활동, 곧 떠돌아다니는 생활방식에 대해 살펴보는데, 이것을 그리스-로마 세계의 후견인과 의뢰인 체제(patronage and clientage)를 배경으로 살펴보겠다. 독자들은 내가 앞의 논의에서 예수의 열린 공동식사를 말하는 중에 명예와 수치가 지중해 지역의 문화에서 중추적인 가치 단위가 된다고 말했던 것을 기억할 것이다. 또 하나의 중추적인 단위가 되는 것이 후견인과 의뢰인 체제다. 아무나 참석하는 예수의 공동식사 프로그램이 명예와 수치의 구분을 노골적으로 부정한 것이라면, 이제 그의 치유 프로그램은 후견인과 의뢰인 체제의 과정들을 노골적으로 부인하는 것이다.

후견인과 의뢰인

1장에서 고대사회에는 오직 두 계급, 즉 소수의 상류계급과 절대 다수의 하층계급만이 있었다고 논한 것을 상기해 보라. 가운데 중간 계급을 갖고 있지 않은 그런 사회를 완전히 분열되는 파괴로부터 지켜 준 것은 무엇일까? 그 사회를 하나로 묶어준 것이 후견인과 의뢰인 체제라는 여러 겹으로 이루어진 끈이었다. 힘이 없는 사람들은 그들 위에 있는 후견인에게 의뢰인이 될 수 있었으며, 이들 후견인들 자신도 역시 훨씬 더 힘이 센 또 다른 사람들에게 의뢰인이었을 것이다. 브로커들(brokers)은 자신들 위에 있는 사람들에게는 의뢰인이었으며 자신들 밑에 있는 사람들에게는 후견인이었다. 고대 로마처럼 후견체제 사회에서는 현대의 미국사회와는 달리 영향력이 하나의 도덕적인 의무였다. 즉, 황제들은 그것을 필요로 했고 도덕가들은 그것을 칭송했으며, 수없이 많은 비문들이 공식적으로 그것을 공표했다. 후견인과 의뢰인 체제는 최선의 경우에는 하층민들에게 어떤 희망과 기회를 제공했지만, 최악의 경우에는 의존 상태를 고착시키고 계층체제를 확립하고 억압을 지속시키며 지배를 영구적인 것으로 만들었다. 다음의 글은 후견체제 사회에 대한 토마스 카니의 설명이다.

> 이 사회는 계급 구조가 아니라 후견인 체제에 근거한 사회였다. 힘의 작은 피라미드들이 매우 많은…
>
> 따라서 그 사회는 산업사회 출신인 우리들에게 익숙한 상, 중, 하의 세 계급으로 이루어진 삼층적 결합체가 아니라, 각각 중요한 가문에 의해 주도되는, 영향력의 작은 피라미드들이 모여 이룬 거대한 집합체와 같거나, 또는 전제군주에 의해 주도되는 하나의 거대한 피라미드 같았다.
>
> 따라서 권력자의 수하에 있는 의뢰인들은 힘있는 자가 되고, 다음으로 그 자신도 다른 의뢰인들을 끌어들인다[즉, 그는 브로커가 되는 것이다]. 심지어는 권력의 변두리에 붙어 있는 사람들도 자기보다 더 못한 사람들을 자신의 의뢰인으로 끌어들인다. 이렇게 해서 후견인, 그 다음에 1순위 의뢰인, 계속해서 2순위와 3순위의 의뢰인으로 이어지는 차별화된 권력의 피라미드들이 생겨나게 되고, 후견체제 사회를 이루게 된다. 이것은 계급 사회의 삼층적 구조와는 전혀 다른 것이다.[12]

---

12) Thomas F. Carney, *The Shape of the Past: Models and Antiquity* (Lawrence, KS: Coronado Press, 1975), 63, 80, 171.

수평적으로 대등한 사람들 사이에서 서로 번갈아 가며 후견인이나 의뢰인 역할을 담당하는 것으로 이루어지는 후견체제 사회의 사례를 제시하는 것은 매우 쉬운 일이다. 로마인들은 이것을 '아미시티아'(amicitia) 또는 '친분관계'라고 불렀지만 우리의 입장에서 보면 그것은 학연이나 지연 관계에 의한 연고주의 같은 것이다. 이런 후견적인 친분관계의 사례는 저명한 혹은 귀족에 속하는 로마인들이 보낸 청탁 편지들 속에서 쉽게 찾아 볼 수 있다. 물론 후견체제의 수직적인 과정을 보는 것, 특히 하층계급의 의뢰인들의 관점에서 보는 것은 훨씬 더 어려운 일이다. 비록 우리가 그와 같은 편지들, 예를 들어 이집트의 뒷골목 대서방에서 문맹자들을 위해 대신 쓴 편지들을 갖고 있다고 해도 그것들은 조심스럽게 분별되고 진지하게 다루어져야만 할 것이다. 그러나 그와 같이 의존적인 사람이 어떤 처지였는가를 흘낏 볼 수 있는 곳이 한 군데 있는데, 그것은 유베날리스(Juvenal)의 『다섯 번째 풍자』(Fifth Satire)이다. 이것을 나는 허버트 크릭모어(Hubert Creekmore)의 번역본에서 인용한다. 그러나 이것은 조심스럽게 읽어야 하는데, 그것이 맹렬한 풍자이기 때문이기도 하지만 또한 기원후 60년에서 127년경까지 살았던 유베날리스는 도미티아누스 황제에 의해 로마에서 추방되었으며, 후에 가난하게 되고 의존적이 되고 두려움에 사로잡혀서 로마로 돌아왔는데, 무엇보다도 우리가 다음 장에서 논하게 될 에픽테투스(Epictetus)와는 달리, 자신이 그렇게도 간절히 참여하기를 원했던 부유한 세상을 매섭게 비난하게 되었다.

그는 부자 주인 비로(Virro)가 가난한 의뢰인 몇 사람을 저녁식사에 초대하고는 고의적으로 자기와 자기 친구들에게는 좋은 빵과 음식과 포도주와 친절을 베풀고, 그들에게는 나쁜 것들을 주어서 그들을 모욕하는 것에 대해 쓰고 있다. 우리는 다시 한번 공동식사라는 주제로 돌아가지만, 여기서는 의도적인 모욕과 고의적인 창피를 주기 위해 차려진 공동식사다. 유베날리스는, 그 식객들 가운데 주인에게서 멀리 떨어져 앉아서 자기들에게 제공된 나쁜 음식 대신에 주인의 남은 음식을 탐내는 트레비우스에 대해 다음과 같이 말하고 있다.

> 그대는 그대 자신이
> 자유로운 사람이요, 귀족의 손님인 것처럼 행동하지만,
> 분명히 말하건대, 그는 그대를
> 자기 주방에서 피어오르는 냄새나 좇는 노예라 생각한다.
> 만일 그가 어린 사람으로서 자유인의 황금 문장을 달았거나
> 심지어는 가난한 사람들이나 다는 기장인 가죽 장식을 달았다면,
> 이 후견인을 곱절로 견뎌내야 할만큼 빈곤한 사람은 어떻겠는가?
> 잘 먹을 것이라는 희망은 그대를 속인다:
> "봐라, 반쯤 남은 저 토끼고기를
> 그가 이제 우리에게 줄 것이다,
> 아니면 멧돼지 다리를 좀 잘라 줄 것이다.
> 이제 우리는 곧 닭고기 남은 것을 얻게 될 것이다."
> 그래서 그대들 모두는 조용히 앉아
> 빵을 입에 대지도 않고 꼭 쥐고는 준비하고 기다린다.
> 당신을 그렇게 다루는 사람은 현명한 사람이다.
> 만일 당신이 이 모든 일을 참아낸다면
> 그것들은 당신 몫이 될 것이다.
> 언젠가 당신은 빡빡 민 머리를 들이밀고는
> [어릿광대에게 하는 것처럼] 찰싹 찰싹 때려 달라고 하겠고,
> [노예가 그런 것처럼] 채찍으로 얻어맞는 것도
> 두려워 않고 덤빌 것이요,

그래서 마침내는 그 잔치 자리에 그런 식으로
친구가 되어 들어가게 될 것이다.

만일 당신이 노예로 출생하지 않았다면, 어떻게 그런 능욕을 견뎌 낼 수가 있겠는지 유베날리스에게 물어 보라. 아마도 그는 당신이 결국에는 노예가 되고야 말 것이라고 단정할 것이다. 그의 펄펄 끓는 분노에도 불구하고, 우리는 하층계급의 의뢰인들이 실제로 자신들을 무엇과 같다고 생각했는지를 엿보게 된다. 그러나 이것은 대도시의 경우이다. 후견 사회의 시골에서 하류층 사람들이 어떻게 살았는지를 그려보는 것은 훨씬 더 어렵다. 붐비는 도시에서는 가장 가난한 의뢰인들이라 할지라도 그의 후견인이 아침에 그의 집을 나설 때 그에게 인사를 하거나 또는 낮에 정치적이거나 사회적인 방문을 할 때 그를 수행하는 일로 유용하게 여겨진다. 그들이 있느냐와 그 수가 얼마냐가 그 후견인의 중요성을 보여주는 것이다. 그러나 유베날리스가 언급한 바와 같이 의뢰인의 신분은 노예에 매우 가까운 것일 수 있었으며, 때로는 훨씬 더 나쁜 것일 수도 있었다. 비록 노예제 사회와 후견체제 사회들이 모두 도덕적인 조직이라고 정당화되어 오긴 했을지라도, 그런 사회들이 인간의 무대로부터 사라져 가는 것을 슬퍼하지 않는 것이 차라리 더 나을 것이다.

야고보와 베드로

여기서는 예수의 순회가 어떤 의미를 가졌는가를 주제로 다루게 된다. 예수는 왜 어떤 한 장소에 머물러서 무리들로 하여금 그를 찾아오도록 하는 대신에 항상 어딘가를 돌아다니고 있었는가? 1세기에는 많은 사람들이 가르침과 사업, 행정 또는 군사적 업무를 목적으로 끊임없이 여행하고 있었다. 이런 경우들에서 순회는 그 사람의 임무에 단순히 부수적인 필요일

뿐이었다. 그러면 예수의 순회는 그것 이상의 것이었는가? 그의 순회 또는 방랑조차도 그의 급진적인 메시지의 의도적인 일부였는가? 만일 그렇다면, 나는 이것을 단순한 기능상의 순회라기보다는 철저한 순회(radical itinerancy)라고 이름짓는다. 기능상의 순회란 예를 들어 바울이나 그 외의 사람들이 선교라는 전적으로 실제적인 동기 때문에 여행을 했던 것과 연관된 형태이다. 앞장의 마지막 부분에서 나는 예수에게 하나님 나라가 어떤 의미를 가졌는가를 요약하면서 철저한 평등주의라는 용어를 사용했다. 이제 나는 철저한 순회는 그 철저한 평등주의의 필수적인 방식이며, 그것의 지리적인 방법이며 또 그것의 상징적인 시위였다고 주장한다.

예수와 관련하여 우리가 다루는 것이 기능적 순회가 아니라 계획된 순회(programmatic itinerancy)라는 것을 확증해 주는 두 개의 사례를 살펴본다. 이것들은 각각 지중해 지역에 존재했던 한 쌍의 집단, 즉 가정이라는 집단과 정치적인 집단, 친족과 연합체와 연관된다.

우리는 예수 자신의 가족이 예수를 믿지 않았다는 것(마가 6:4)을 알고 있는데, 갈라디아서(1:18-19)에 따르면, 바울이 대략 38년경에 예루살렘에 도착했을 때 그는 예수의 형제인 야고보가 이미 거기에 베드로와 함께 있는 것을 보게 된다. 그 두 본문 사이에 무슨 일이 발생한 것인가? 어떻게 야고보가 불신앙에서 신앙으로, 나사렛에서 예루살렘으로 나가게 되었을까? 나의 주장은 예수의 가족이 예수의 능력과 중요성, 메시지, 사명에 대해서는 매우 철저하게 믿었지만, 그가 그것을 수행하는 방식에 대해서는 결코 믿지 않았다는 것이다. 즉 지중해 지역의 모든 가정들이 생각하고 있듯이 예수가 해야만 했던 일은 나사렛의 자기 집에 정착하는 것이요 거기에 치유종파(a healing cult)를 세우는 것이었다. 그는 그 종파의 후견인이 되고 그의 가족은 그 브로커가 되는 것이었다. 그리고 그의 명성이 농민들의 입과 귀를 통해 퍼져 나가면, 병자들이 고침 받기를 원하여 찾아와 의뢰인

이 되는 것이었다. 이렇게 하는 것이 모든 사람에게 옳게 여겨졌을 것이고 또 모든 사람, 즉 예수와 그의 가족 그리고 작은 나사렛 자체를 위해서도 좋은 일이었을 것이다. 그러나 예수는 그렇게 하는 대신 길을 떠났고 필요한 사람들을 찾아가서 치유를 베풀었는데, 말하자면 이런 식으로 매일 새로운 길을 떠났다. 그러나 그것은 특히 지중해 지역의 가치관에서 보면, 결코 치유목회를 행하는 방식이 아니었고 또 그 자신의 가족을 돌보는 방식도 아니었다. 물론 그의 가족은 그를 믿었지만, 그가 행동했던 방식을 믿었다기보다는 그가 행동해야 하는 방식을 믿었던 것이다. 그러므로 일단 예수가 죽자, 야고보가 예루살렘에 확고하게 정착하고 분명하게 자리를 잡은 것은 놀라운 일이 아니다. 그리고 그는 적어도 그의 권위를 인정하는 사람들에게는 책임자의 위치에 있었다.

내가 제시하는 두 번째 사례는 훨씬 더 명백한 것이고, 또 앞에서 설명한 예수의 가족 안에서 일어난 불신앙에서 신앙에로의 변화를 확증해 주는 것이다. 이것은 마가복음(1:16-38)에서 발견된다. 그러나 이것은 매우 조심스럽게 이용해야 하는데, 그 이유는 이것이 가버나움에서의 예수의 공적인 생애 첫날에 관한 독립적인 자료로는 유일한 것이기 때문이다. 나는 이것이 역사적인 예수의 생애에 실제로 있었던 어느 날을 기록하고 있는지에 대해서는 매우 의심한다. 그러나 앞에서 살펴본 거라사의 귀신들린 사람 이야기(마가 5:1-20)와 같이, 이것은 예수의 공동체 속에서 사람들은 이런 식으로 생각했다는 것을 보여주며, 또 내가 단순히 20세기의 선입관을 그것들에다 거꾸로 투영하고 있는 것이 아니라는 사실을 보여준다.

예수는 우선 베드로와 또 다른 사람들을 그의 제자로 부른다(1:16-20). 다음으로 그는 회당에서 가르치는 권위와 귀신을 내어쫓는 권위를 갖고 그들을 감동시킨다(1:21-28). 그 다음으로 예수는 베드로의 집으로 들어가 그의 장모의 병을 고친다(1:29-31). 마지막으로 안식일이 끝나자마자 마을 전체와 그 모든 병든 사람들이 베드로의 집 문 앞에 모여들었다. 지중해 지역의 사람이라면 누구든지 무슨 일이 일어날 것인지, 또는 이미 일어나고 있는 일이 무엇인지 알고 있었을 것이다. 즉 베드로의 집은 예수의 치유를 위한 중개소가 되고 있었던 것이며, 베드로는 예수와 도움을 찾고 있는 사람들 사이에서 브로커가 될 것이다. 그러나 그 다음에 무슨 일이 벌어졌는가?(1:35-38).

> 아주 이른 새벽에, 예수께서 일어나서 외딴 곳으로 나가셔서, 거기에서 기도하고 계셨다. 그 때에 시몬과 그의 일행이 예수를 찾아 나섰다. 그들은 예수를 만나자 "모두 선생님을 찾고 있습니다" 하고 말하였다. 예수께서 그들에게 말씀하셨다. "가까운 여러 고을로 가자. 거기에서도 내가 말씀을 선포해야 하겠다. 나는 이 일을 하러 나왔다(for that is why I came out)."

마태는 이 사건에서 아무것도 베끼지 않는다. 반면에 누가의 경우는 이 사건을 베끼지만, 마가의 마지막 구절을 "나는 이 일을 하라고 보내심을 받았기 때문이다"(누가 4:43)라고 고침으로써 완전히 못쓰게 만들어버렸다. 그러나 예수는 왜 그가 "나왔는지"(came out)를, 다시 말해 그가 왜 베드로의 집을 떠나야 했는지를 설명하고 있다. 그러나 만일 마가가 베드로에게 대답할 기회를 허락했더라면, 그는 아마도 예수가 가버나움에 그대로 머물러 있으면서 농부들의 귀와 입을 통해 소문이 퍼져 나가게 하고, 그래서 사람들이 그의 집으로 몰려오기를 기다리는 것이 훨씬 더 합당할 것이라고 말했을 것이다. 또 이것이 치유의 심리사회학에서 볼 때도 훨씬 이치에 맞을 것이다. 그러나 예수가 한 말이라곤 그가 베드로의 집에서 "나왔다"는 것뿐이다. 이 날 전체의 이야기는 예수로 하여금 베드로에 대해 반대하게 하는 만드는 마가의 창작이요, 마가의 관점에서 보아 두 사람의 선교에 대한 시각이 서로 모순된다는 것을 말해 주는 것이다. 나는 이 이야기에서 단지 순회(巡廻)와 브로커 노릇의 대립을 보여주고, 또 순회에서 무엇이 철저한가를 보여주는 것만을 선별하여 살펴보았다.

  영적인 은사와 물질적인 은사, 기적과 식탁의 공평한 분배는 어떤 한 장소에만 국한될 수 없는 것이다. 왜냐하면 장소가 가지는 바로 그 계층구조, 즉 그곳보다 이곳을, 다른 장소보다는 이 장소를 높이는 계층구조는 그 공평한 분배가 나타내는 철저한 평등주의를 상징적으로 파괴하기 때문이다. 철저한 평등주의는 후견과 중개, 의뢰의 과정들을 부인하며, 철저한 평등주의를 프로그램화한 상징으로서 순회를 필요로 한다. 예수나 그를 따르는 무리들이 어떤 한 장소에 정착해서 그곳에 중개소를 세우는 일은 있을 수 없는 것이다. 그런데 우리들은 그들이 치유자들로서 한 곳에 머물고, 그 주위에 추종자의 집단을 형성하고, 나아가 사람들이 그들에게 몰려오기를 바랄 것이다. 이와는 달리 그들은 사람들을 향해 나가며, 또 말하자면 매일 아침마다 새롭게 출발해야만 한다. 예수에게 하나님 나라는 철저한 또는 중개되지 않는 평등의 공동체(the Kingdom of God is a community of radical or unbrokered equality)이다. 그 공동체 안에서 개인들은 어떤 기성의 브로커나 고정된 장소에 의해 중개됨이 없이 서로간에, 그리고 하나님과 직접적으로 대면하게 된다.

◇ **5장** ◇

지팡이도 신도 배낭도 없이

역사 전반에 걸쳐 대부분의 하층계급은 노골적이고 조직적인 정치적 행동의 사치를 누릴 여유가 없었다. 좀더 낫게 말해, 그런 행동은 죽음을 자초하는 것은 아닐지라도 위험한 것이었다. …농민봉기의 중요성에도 불구하고, 혁명은 말할 것도 없고 농민봉기조차 극히 드물다. 거의 대다수는 무자비하게 궤멸된다. …이런 이유 때문에 농민 저항의 일상적 형태, 즉 농민계급과 이들로부터 노동, 식량, 세금, 소작료, 이익을 뽑아 내려는 사람들 사이에 발생하는 평범하지만 끊임없이 계속되는 투쟁을 이해하는 것이 더 중요하다고 본다. 이런 형태의 투쟁들은 대부분 노골적인 집단적 도전에 이르지 못하고 멈추어 버린다. 따라서 상대적으로 힘이 없는 집단들이 가지는 평범한 무기를 생각하게 된다. 즉 고의로 지체하기, 시치미떼기, 작업장 이탈, 거짓된 순종, 좀도둑질, 무지한 척하기, 중상, 방화, 사보타지 등이 그것이다. 이런 계급투쟁의 형태들은…계획이나 조정이 거의 혹은 전혀 필요 없다. 그것은 암묵적인 협조와 비공식적 연락망을 이용한다. 그것은 종종 개인의 자립이라는 형태로 나타난다. 그것은 일반적으로 권력과의 정면적이고 상징적인 모든 대결을 피한다. …이런 전략들을 포기하고 보다 도발적인 행동을 선택할 때 그것은 일반적으로 엄청난 절망을 보여주는 징조이다.

- James C. Scott, *Weapons of the Weak: Everyday Forms of Peasant Resistance*
(New Haven, CT: Yale Univ. Press, 1985)

저항의 기술

예수는 지중해 지역의 유대인 농부였다. 나는 이 설명을 교차문화적 인류학을 통해 세 가지 측면에서 살펴보고자 한다. 그 과정은 하나의 복합적인 모델을 수반하는데, 앞으로 나가기 전에 그 모델의 요소들을 여기서 요약하고자 한다.

지중해 지역은 경제와 소유에 기초한 개인주의보다는 혈통과 성에 기초한 집단주의를 강조했으며, 그 지역의 중추적인 도덕 가치들은 후견인과 의뢰인 체제뿐만이 아니라 명예와 수치에 근거한 것이었다. 나는 이미 먹는 일과 열린 공동식사에 관한 예수의 이론과 실천이 어떻게 명예와 수치에 근본적인 도전이 되었는가를 논했다. 또한 치유에 대한 그의 이론과 실천이 어떻게 후견인과 의뢰인 체제에 대해 마찬가지로 근본적인 도전이 되었는가를 살펴보았다. 이 둘은 별개의 것으로, 또한 특히 함께 결합하여 지중해 지역의 계급구조와 구분과 차별에 도전했다.

예수가 유대인이라는 것은 몸/사회의 상호작용, 즉 정치적인 몸(the politic-body)과 통치체제(the body-politic)의 관계라는 측면에서 특히 중요하다. 그런데 여기서 전자는 언제나 후자의 소우주이다. 이 상호작용은 인간의 모든 문화와 사회 속에 존재하지만, 특별히 경계가 위협받고 있는 문화나 사회들 속에서 중요하다. 이런 처지의 사회와 문화들은 집단의 정체성을 지키기 위해 최선을 다해 법률을 제정하며, 따라서 신체의 온전함에 관해서도 철저한 법률을 제정하게 된다. 정결법규들을 도덕적인 죄나 의학적인 전염병들과 연관짓지 말고, 몸/집단 상호관계의 관점에서 생각해 보라. 예를 들어 우리 시대의 군대를 생각해 보자. 즉 머리를 길게 기르고 귀고리를 단 해병대원은 전통적인 의미에서 말 그대로 불결하고 불순한 자로서, 당국자의 관점에서 보면 몸/사회적으로 부적당한 사람이요 또 용납할 수 없는 일인 것이다. 말하자면 그는 상징적으로 전염시키는 자이다.

예수는 지중해 지역에 살았고, 유대인이었으며 또 농부였다. 이제 나는 예수의 농부로서의 뿌리들을 이해하기 위해 이 장의 머릿글에 실은 인용문을 포함해서 교차문화적인 농민 모델의 중요한 세 층을 제시하겠다.

게하르트 렌스키는 『권력과 특권』에서 사회의 계층조직을 구성하는 계급들을 우리에게 설명하고 있는데, 그 계급구조 안에서 농민의 위치를 가장 분명하게 밝히고 있다. 그는 으레 그렇듯 날카롭고 냉정하게 "거의 대부분의 정치적 엘리트들이 농민의 노동력을 최대한도로 뽑아 쓰려고 하는데 그러면서도 그들에게서 기본적인 생필품 이외의 모든 것들을 착취해 간다"고 말하고 있다.[1]

브라이언 윌슨의 『주술과 천년기』는 부족민들과 제3세계 민중들 사이에서 일어난 농민 저항운동의 유형론을 싣고 있다.[2] 그가 제시하는 다양한 유형들 가운데서 그가 책제목에서 언급한 그 두 가지가 가장 강조되고 있다. 나에게 이 둘은 각각 예수와 세례요한이 선택했던 것을 뜻한다. 예수는 주술(magic) 또는 당신이 완곡한 표현을 좋아한다면 마술(thaumaturgy)을 행했다. 그러나 주술과 종교를 구분짓는 객관적인 차이점은 우리가 종교를 가지는 데 반해 그들은 주술을 가진다는 사실뿐이다. 주술이란 특히

---

1) Gerhard Lenski, *Power and Privilege: A Theory of Social Stratification* (New York: McGraw-Hill, 1966).
2) Bryan R. Wilson, *Magic and the Millennium: A Sociological Study of Religious Movement of Protest Among Tribal and Third-World Peoples* (New York: Harper & Row, 1973).

상류계급의 종교가 하층계급의 종교를 헐뜯기 위해 사용하는 용어이다.

마지막으로, 앞에서 농민들이 갖고 있는 철저한 평등주의에 대한 꿈을 논할 때 인용한 바 있는 제임스 스코트의 작품이 있다. 그의 책 중의 한 권에서 뽑은 이 장의 서두 인용문과 그의 다른 책인 『지배와 저항의 기술』에서 선택한 이 항의 제목은 이 종합적인 모델을 구성하는 매우 중요한 요소들이 된다.3) 통상적으로 압제자들이 최초로 문제의식을 갖게 되는 것은 반란이 시작될 때이지만, 억압당하는 민중들의 저항이 항상 반란으로 시작되는 것은 아니다. 농민의 저항을 커다란 빙산과 같은 것으로 생각해 보라. 그것의 대부분은 표면 아래에 보이지 않게 숨겨져 있으며, 그 저항이 신중하게 겨냥하고 있는 엘리트들의 눈에는 결코 보이지 않는다. 스코트는 은폐된 저항을 몇 가지로 분류하는데, 아둔한 척하거나 고의적인 나태와 같은 실질적인(material) 것과, 복수의 이야기나 공격성을 드러내는 종교의례들처럼 형식적인 (formal) 것, 천년왕국 종교들과 영웅적인 의적들의 신화들, 또는 세계가 완전히 뒤집히는 이미지들과 같은 관념적인 (ideological) 것으로 구분하여 말하고 있다.

1980년대에 이루어진 리차드 호슬리(Richard A. Horsley)의 강력한 연구들 덕분에 우리는 1세기의 유대 땅에서 비무장 저항가들이나 무장한 의적들(이에 대해서는 다음 장에서 좀더 살펴보게 될 것이다), 또는 묵시론적이거나 천년왕국적인 예언자들, 왕 또는 메시아를 자처하는 자들의 공공연한 저항운동이 공개적인 차원에서 이루어지고 있었음을 알게 되었다. 뒤의 두 집단에 대해서는 이미 살펴보았다. 이와 같은 공개적인 반항들은 그것들이 공공연하고 두드러진다는 이유 때문에 엘리트 관찰자들, 예를 들어 귀족 출신의 요세푸스와 같은 이들에 의해 기록으로 남겨진다. 그러

---

3) James C. Scott, *Domination and the Arts of Resistance: Hidden Transcripts* (New Haven, CT: Yale Univ. Press, 1990).

나 공개적인 저항은 언제나 앞에서 말한 빙산의 일각에 불과한 것으로서 그 이면에 수많은 은밀한 저항을 숨기고 있는데, 이런 은밀한 저항들이 없다면 억압당하는 개인이나 민중들은 인간적인 존엄성을 갖지 못하게 되고, 역사에 모두 기록으로 남게 된 공개적인 형태의 저항으로 나가거나 폭발하게 되는 동기를 전혀 가질 수가 없게 된다. 예를 들어, 수세기 전에 토착의 아일랜드 귀족계급이 추방당하고 영국의 세력이 대신 자리잡은 아일랜드에는 다음과 같은 전설적인 이야기가 전해져 온다. 19세기 말, 일행에서 떨어져 길을 잃은 영국인 사냥꾼이 아일랜드 농부인 도니갈에게 물었다. "여보게, 귀족들이 이 길로 지나가는 것을 보았는가?" "예, 그들이 지나갔지요, 나으리." "얼마나 되었는가?" "아마도 3백 년은 족히 되었습지요, 나으리." 이것도 역시 하나의 저항인데, 매우 작고 비교적 안전한 형태지만 언제까지나 계속해서 되풀이할 수 있는 것이다.

예수가 행했던 것은 은폐된 저항과 공개적인 저항을 나누는 경계선 바로 위에 위치한다. 물론 그의 행동은 저항가들이나 예언자, 의적, 또는 메시아들의 행위만큼 공개적인 것은 아니었다. 그러나 벙어리 흉내를 내며, 복수를 상상하고, 또는 단순히 모세나 다윗의 이상을 회상하는 것보다는 훨씬 더 노골적인 것이었다. 그의 식사와 치유는 이론과 실천 양면에서, 개인적인 저항과 공적인 저항, 은폐된 저항과 공개적인 저항, 비밀스런 저항과 노골적인 저항을 가르는 바로 그 경계선이었다. 그러나 예수의 저항은 이것들 전부와 비교해도 결코 뒤지지 않는 저항이었다. 한 가지 문제가 더 있다. 그것은 예수가 어떤 형태로든 다른 사람들이 인정하고 따를 수 있는 조직화된 사회적 프로그램을 갖고 있었느냐 하는 것이다. 그는 여기 이 땅 위에서의 하나님 나라에 대한 장엄한 비전을 갖고 있었으며, 또 자기가 설교한 것을 스스로의 행동을 통해 실천했다는 것을 우리는 이미 알고 있다. 그러면 다른 사람들은 단지 그런 비전과 프로그램을 받는 입장에 있었는가, 아니면 수동적으로 받기만 하는 자가 아니라 적극적인 주인공으로서 그것에 어떤 식으로든 동참할 자격을 부여받았던 것인가? 이렇게 질문은 했지만 내가 예상하는 대답은 긍정적인 것인데, 그것은 다음과 같은 중요한 이유 때문이다. 혈연 공동체와 정치 공동체들에 대한 예수의 공격이 그의 청중들에게 이치에 맞는 것으로 받아들여졌다면, 지중해 지역의 집단주의는 필연적으로 예수의 주위에 어떤 집단을 형성했을 것이다. 그런 공동체들에 대한 대안으로 제시된 것은 무엇일까? 예를 들어, 우리는 세례요한이 묵시종말적 하나님이 올 것을 기대하는, 흩어져 있으나 하나로 연결된 세례받은 자의 공동체를 온 유대 땅에 걸쳐 조직하고 있었던 것을 보았다. 전혀 다른 하나님으로부터 전혀 다른 메시지를 받은 예수가 집단적 차원에서 행하고 있던 것은 무엇일까?

네가 어떤 집으로 들어가든지

여기서 살펴보아야 할 세 개의 중요한 본문이 있다. 그런데 이 세 본문들은 서로 독립된 별개의 것이라는 점과 세 본문 중에 둘은 우리가 갖고 있는 가장 오래된 본문에 속한다는 것, 그리고 세 본문 모두가 식사와 치유의 밀접한 결합을 말하고 있다는 점이 특히 이 논의에서 중요하다. 나는 이 세 본문을 함께 제시하는데, 그 이유는 이 장의 나머지 부분에 걸쳐서 이 본문들의 다른 측면들을 계속해서 언급할 것이기 때문이다.

(1) **도마복음 6:1과 14장**
그를 따르는 무리들이 그에게 물어 가로되 "[a] 당신은 우리가 금식하길 원하십니까? [b] 우리는 어떻게 기도해야 합니까? [c] 우리는 자비를 베풀어야 합니까? [d] 우리가 따라야 할 음식 규정은 무엇입니까?...

예수께서 그들에게 말했다. "[a] 너희들이 금식을 한다면 너희 스스로 죄를 자초할 것이다. 또 [b] 너희들이 기도한다면 책망받게 될 것이다. 그리고 [c] 너희들이 자비를 베푼다면 너희 마음에 상처를 받게 될 것이다. [d] 어떤 지역을 지나갈 때면 그 시골 한가운데로 통과해 가며, 사람들이 너희를 영접하면 그들이 주는 것을 먹고 그들 가운에 병든 이들을 고쳐 주어라. 입으로 들어가는 것은 너희를 더럽게 하지 못하며, 오히려 너희 입에서 나오는 것이 너희를 더럽히기 때문이다."

(2) **Q 복음**(마태 9:37-38; 10:7, 10b, 12-14, 16a; 누가 10:2-11, 아래는 누가에서 인용)
그 때에 그들에게 말씀하셨다. "추수할 것은 많으나, 일꾼이 적다. 그러므로 추수하는 주인에게 추수할 일꾼을 보내 달라고 청하여라. 가거라. 내가 너희를 보내는 것이 어린양을 이리 가운데로 보내는 것과 같다. 전대도 자루도 신도 [지팡이도] 갖고 가지 말고, 길에서 아무에게도 인사하지 말아라.
어느 집에 들어가든지, 먼저 '이 집에 평화가 있기를 빕니다!' 하고 말하여라. 거기에 평화를 바라는 사람이 있으면, 너희가 비는 평화가 그 사람에게 내릴 것이요, 그렇지 않으면, 그 평화가 너희에게 되돌아올 것이다. 너희는 한 집에 머물러 있으면서, 거기에서 주는 것을 먹고 마셔라. 일꾼이 자기 삯 [이것은 누가의 경우인데 마태에서는 음식으로 되어 있음]을 받는 것은 마땅하다. 이 집 저 집 옮겨 다니지 말아라.
어느 성읍에 들어가든지, 사람들이 너희를 영접하거든, 너희에게 차려 주는 음식을 먹어라. 그리고 거기에 있는 병자들을 고쳐 주며 '하나님의 나라가 너희에게 가까이 왔다' 하고 그들에게 말하여라. 그러나 어느 성읍에 들어가든지, 사람들이 너희를 영접하지 않거든, 그 성읍 거리로 나가서 말하기를 '우리 발에 묻은 너희 성읍의 먼지를 너희에게 떨어버린다. 그러나 하나님의 나라가 가까이 왔다는 것을 알아라' 하여라."

(3) **마가복음 6:7-13**

그리고 열두 제자를 가까이 부르셔서 그들을 둘씩 둘씩 보내기 시작하셨는데, 그들에게 악한 귀신을 제어하는 권능을 주셨다. 그리고 그들에게 명하시기를 길을 떠날 때에는, 지팡이 하나밖에는 아무것도 갖고 가지 말고, 빵이나 자루도 지니지 말고, 전대에 동전도 넣어 가지 말고, 다만 신발은 신되, 두 벌 옷을 가지지 말라고 하셨다.

또 그들에게 말씀하셨다. "어디서 어느 집에 들어가든지, 그 곳을 떠날 때까지 거기에 머물러 있어라. 어느 곳에서든지, 너희를 영접하지 않거나, 너희의 말을 듣지 않거든, 그 곳을 떠날 때에, 너희의 발에 묻은 먼지를 떨어서, 그들에게 증거로 삼아라." 그들은 나가서, 회개하라고 선포하였다. 그들은 많은 귀신을 내쫓으며, 수많은 병자에게 기름을 발라서 병을 고쳐 주었다.

지금부터 논하는 것에는 우리가 앞에서 식사와 치유에 관한 예수의 이론과 실천에 대해 이미 살펴본 것이 전제되어 있다. 그러나 여기서 우리는 어떻게 그것이 도전과 능력부여로서 다른 사람들에게로 퍼져 나갔는가를 살펴볼 것이다. 바로 여기에 본래의 예수 운동, 즉 영적인(치유하는) 자원과 물질적인(먹는) 자원을 함께 나누는 평등주의의 핵심이 존재한다. 나는 이것이 굉장히 중요한 것임을 거듭 강조하며 또 이것의 물질적 특성과 영적인 특성, 그것의 사실성(facticity)과 상징성(symbolism)은 분리될 수 없다는 것을 주장한다. 우리가 지금 이야기하는 이 선교는 바울의 경우처럼 주요 교역로를 따라 수백 마일 떨어진 도시의 중심들로 나가는 극적인 돌진이 아니다. 그렇지만 또한 이 선교는 그리스-로마 세계, 나아가 온 세계

속에서 이루어지는 가장 긴 여행, 즉 낯선 농부의 집 문지방을 넘어서는 발걸음과 관계된다.

사람들과 장소

우리가 다루는 것은 어떤 종류의 선교이며, 그것을 수행하는 사람은 누구이며 또 그것은 어디를 향한 것인가? 나는 이 선교(mission)라는 용어를 매우 의도적으로 사용한다. 우리가 논하는 선교란 단순한 생활방식을 넘어서는 것인데, 비록 그 생활방식이 어떤 메시지를 따르거나 간직하고 있다고 해도, 우리가 다루는 선교는 그런 생활방식 이상의 것이다. 그러나 또한 우리는 선교를 후대 기독교의 복음전도라는 의미에서나 심지어는 바울 식의 선교라는 관점에서 해석하지 않도록 매우 조심해야 한다.

이 선교에 보내지는 사람은 정확히 누구인가? 앞에서 인용한 도마복음은 그 물음(6:1)에 대한 대답(14장)에서 간단하게 예수의 추종자들 혹은 제자들이라고 말하고 있다. Q 복음은 현재 주어진 상태로는 더 도움이 되지 못한다. 누가복음 10:1이 원래의 Q 복음에서는 어떤 모습이었는지 모르지만 누가의 판본에서는 완전히 개작되었다.

> 이 일이 있은 뒤에 주께서는 달리 일흔 두 사람을 세우셔서, 친히 가려고 하시는 각 성읍과 각 고장으로 둘씩 둘씩 앞서 보내셨다.

이것은 순전히 누가의 창작이다. 그러므로 우리는 Q 복음에서 이 선교 명령이 어떤 사람들에게 주어진 것인지를 더 이상 밝힐 수가 없다. 이에 반해 마가복음(6:7)의 경우는 선교사들이 분명히 열두 사도들로 언급된다. 그러나 이것은 오직 마가복음에서만 발견된다. 그렇다면 마가도 비슷한 창작 행위에 관여하고 있는 것이요 역사적 예수 시대에 활동한 선교사들을 특별히 열두 사도와 동일시하고 있는 것인가?

열둘의 요점은 예수의 공동체가 축소된 형태의 새로운 이스라엘을 이룬다는 것, 즉 구약성서의 야곱의 열두 아들을 대체하는 새로운 열두 족장을 가진 새로운 하나님의 백성을 이룬다는 것이다. 그러나 문제는 그런 제도가 역사적 예수의 시대에 나왔는가, 아니면 예수가 죽은 후 어떤 기독교 초기 집단들 중에서 창작된 것인가 하는 것이다. 나는 두 가지 이유 때문에 이 두 번째 안을 받아들인다. 첫째 이유는 1세기의 남부 갈릴리의 작은 마을들을 13명이나 되는 사람들이 함께 어울려 돌아다녔다는 것은 생각조차 불가능한 일이었다는 사실을 알았기 때문이다. 남자들은 전부 일하러 밭으로 나갔고 여인들과 작은 아이들만이 남아 있는 작은 마을에, 그것도 특히 성의 구분에 따라 나누어진 명예와 수치의 문화를 가진 마을에 그 무리들이 나타났다고 생각해 보라. 도적 떼가 아니고 무엇이었겠는가! 열두 명의 제자들에게 둘러싸인 예수는 일종의 철학학파로서 도시에서는 잘 어울릴 것이다. 그러나 그런 집단이 갈릴리 시골의 아주 작은 촌락들 사이를 누빈다는 것은 도저히 생각할 수 없는 일이다. 그러나 이것은 아주 일반적인 반론일 뿐이다.

두 번째의 보다 직접적인 이유는 초대교회 당시의 어떤 집단도 이처럼 극히 중요하고 상징적인 제도에 대해 전혀 들어본 적이 없었던 것 같다는 사실 때문이다. 즉 바울은 고린도전서 15:5에서 "열두 제자"에 대한 전승을 언급하고 있지만, 15:7에서는 그들을 "모든 사도들"과 구분하고 있으며 또 그의 서신들에서도 그들은 결코 어떤 권위 있는 당국자나 집단으로도 등장하고 있지 않다. 도마복음이나 Q 복음도 그들에 관해 전혀 언급하고 있지 않다. 교리문답과 제의, 훈련에 관한 소책자인 『디다케』(*Didache*) 혹은 『교훈』(*Teaching*)은 그 중 가장 이른 부분들이 기원후 50년에서 70년 사이에 기록된 것으로 추정되는데, 이 책은 "사도들"이라는 말을 다른 지역에 새로운 공동체들을 세우기 위해 지나가면서 일시적인 접대를 제공받는 순회 선교사들이라는 의미에서만 사용하고 있다. 유일하게 이 소책자의 완전한 본문을 간직하고 있는 11세기에 나온 한 필사본은 그 제목이 처음에는 『열두 사도들의 가르침』으로, 그 다음에는 『열두 사도들을 통해 이교도들에 주는 주님의 가르침』으로 붙여졌다. 겉으로 나타난 이런 제목들은 그 어느 것도 그 글이 "사도들"에 대해 내적으로 어떻게 이해했는가를 알려주지 않으며, 따라서 후기에 첨가된 것으로 간주되어야 한다. 열두 사도들은 96년이나 97년경에 로마 교회가 고린도 교회에 보낸 편지인 『클레멘트 제1서』(*First Clement*)에서도 등장하지 않는다. 마지막으로, 그들은 안디옥의 이그나티우스가 110년에서 117년 사이에 호위병의 감시를 받으며 로마에서의 순교를 향해 가는 중에 그의 여행 경로에 있는 여러 기독교 공동체들에게 쓴 편지들 속에서도 언급되지 않는다. 만일 그토록 깊고 상징적인 의미를 갖는 열두 사도라는 제도가 예수에 의해 그의 생전에 설립된 것이었다면, 그것은 훨씬 더 광범위하게 알려지고 기록되었을 것이다. 그러므로 나는 마가복음(6:7)에 나오는 예수의 선교사들과 열두 사도들의 결합은 역사적 예수에게서 기인하는 것이 아니라 마가 자신에 의한 것이라고 결론짓는다.

선교사들이란 특정한 시기에 특수한 선교를 위해 파송된 특별하고 폐쇄된 어떤 집단이 아니었다. 그들은 주로 치유받은 치유자들(healed healers)이었는데, 그들 중에서 계속해서 치유하게 된 것은 그들도 다른 사람들을 치유할 수 있도록 그들이 능력을 부여해 주는 것이었다. 다른 말로 해서, 내가 세례요한과 연결된 묵시종말적인 소망의 네트워크가 있었음을 주장했던 것처럼, 여기서는 예수와 연결된 치유의 네트워크가 있었다고 주장한다. 그런데 그 네트워크들이 서로간에 어떻게 얽혀졌는지는 진지하게 고찰되어야 한다.

이제 선교사로 보냄 받은 사람들에 관한 마지막 요점을 살펴본다. 마가복음에서는 "열두 제자"(6:7)가, 누가복음에서는 "일흔 사람"이 "둘씩 짝지어" 보냄을 받는다(10:1). 왜 그랬을까? 우리는 랍비들이 흔히 둘이 한 조(組)가 되어 공식적인 업무를 위해 여행했다는 사실을 알고 있지만, 그것은 기원후 70년 예루살렘 성전이 파괴되고 나서 한참 후의 일이었다. 예수 시대에 그런 절차가 있었다는 증거는 찾아볼 수 없다. 어떤 일이 발생했는가를 명료하게 해줄 수 있는 또 다른 본문이 두 개 있다. 하나는 매우 상징적인 이야기로서, 우리는 이것을 이 책의 마지막 장에서 매우 상세하게 살펴볼 것이다. 이 이야기에서는 예수를 따르는 두 제자가 부활의 일요일 아침에 예루살렘에서 엠마오로 가고 있다. 두 사람 중 하나는 남자 글로바(Cleopas)로 확인되고 다른 사람은 누구인지 밝혀지지 않는다. 이와 같이 이름이 밝혀진 사람과 밝혀지지 않은 사람으로 이루어진 한 쌍의 짝맞춤의 경우는 특히 지중해 지역의 사회에서 볼 때 두 번째 사람은 여자라는 것이 나의 가정이다. 그렇지만 그 여자가 글로바의 아내라고 불려지고 있지도 않다. 한편 또 다른 본문은 바울이 자신의 선교 활동에 대해 논하는 정황에서 나오는 고린도전서(9:5)의 본문으로 다음과 같다.

> 우리에게는 다른 사도들이나 주님의 형제들이나 게바처럼 믿는 아내 [adelphēn gynaika]를 데리고 다닐 권리가 없습니까?[역자의 사역]

이 번역은 그 문제를 선교사와 역시 기독교인인 그 아내 모두에 대한 지원이라는 단순한 문제로 만들어 버린다. 문자적으로 "자매 아내"(sister wife)를 뜻하는 그리스어가 영어에서는 "믿는 아내"라고 번역되었다. 그런데 바울이 정말 결혼한, 기독교인 아내들에 관해 말하고 있는 것일까? 만일 그렇다면 우리는 그런 경우에 그들의 아이들에게 어떤 일이 일어났을

지 상상할 수 있을까? 그리고 좀더 엄격하게 보아 어떻게 결혼하지 않은 바울이 자기의 아내를 데리고 다닐 수 있었을까? 나의 제안은 "자매 아내"가 의미하는 것은 바로 그 말 그대로, 남자 선교사와 함께 여행을 하는데 일반 세상 사람들에게는 그의 아내처럼 보이는 여자 선교사라는 것이다. 이런 전략을 사용한 목적은 분명히 남성의 힘과 폭력으로 가득한 세상을 여행하는 여성 선교사에게 최선의 사회적 보호를 제공하는 것이었으리라. 바로 이것이, 즉 여성 선교사들의 가능성을 인정하고 나아가 안전하게 구체화시켜 주는 것이 "둘씩 짝지어" 보내는 관행의 본래적인 출발점이요 목적이었을까? 나는 이 주장이 얼마나 잠정적인 것에 불과한지를 분명히 알고 있다. 그러나 두 가지 이유로 해서 이 주장을 확신을 갖고 주장한다. 첫 번째 이유는, "자매 아내"라는 바울의 표현은 "믿는 아내"라는 말보다는 훨씬 더 적합한 말로 번역되어야 한다는 것이다. 둘째는, 앞에서 주장한 것처럼 만일 예수가 아무나 참석할 수 있는 열린 공동식사를 창시했다면 그것에는 남자와 여자가 모두 포함되었으리라는 점이다. 그런데 만일 선교사들 속에 여자들이 포함되었다면 갈릴리라는 농촌사회의 환경 속에서 그들이 활동하는 것이 어떻게 가능하겠는가? 나는 여자 선교사들이 홀로 여러 집들을 찾아갈 수 있었을 것이라고는 생각지 않으며, 따라서 "자매 아내"라는 관계가 이 여자들의 일을 달성하는 데 최선의 방법일 뿐 아니라 유일한 방법이었을 것이라고 생각한다. 만일 사회가 이런 관행을 눈치챘다면, 사회는 그런 여성들에게 "매춘부"라는 별명을 붙여 주었을 것이다. 그런데 이것은 사회의 정상적인 관습이나 남성의 표준적인 통제밖에 있는 모든 여성에 대해 붙여진 일반적인 호칭이다. 그렇다면 예수도 당연히 "매춘부들"과 사귀는 것이 된다.

이제 사람들에게서 장소로 넘어간다. 다시 말해 예수를 따르는 자들이 보내진 바로 그곳은 어디인가? 위에서 인용한 세 개의 핵심 본문들에서,

복음전도자들의 정확한 목적지가 본문들에 따라, 또는 같은 본문 내에서조차 어떻게 바뀌고 있는가를 주목해 보라. 여기서 내가 눈여겨보는 것은 들판 가까이에 작은 촌락을 이루고 모여 있는 집들(houses)을 방문하는 것으로부터, 어느 정도 시장(市場)이 형성되어 있는 성읍들(towns)을 방문하는 것으로, 또 나아가 공공건물과 아마도 성벽을 갖고 있는 도시들(cities)을 방문하는 것으로 바뀌는 변화이다. 미리 말하건대, 예수 당시 가버나움의 인구에 대한 학문적 추정치가 2만5천 명에서 1천7백 명 사이에서 다양하게 나타나고 있다는 사실을 밝혀두는 것이 유익할 것이다.

도마복음(14:2)은 "어떤 지역"에 대해 언급하지만 그 다음에 그것을 도시보다는 "시골"이라고 구체적으로 설명하고 있다. 마가는 특별히 "집"(6:10)과 "곳"(6:11)이라고 말하고 있지만 우리는 그가 동일한 장소에 대해 말하는 것이라고 생각한다. 그러나 Q 복음은 세 판본들 중에서 가장 두드러진다. 즉 전반부(누가 10:5-7)에서는 "집"이라는 목적지가 네 번 언급되고 있지만, 후반부(누가 10:8-11)에서는 "성읍"(문자적으로는 *polis*-도시)이 두 번 언급되고 있다.

Q 복음에 관한 최근의 연구, 그 중에서도 특히 존 클로펜보그(John S. Kloppenborg)의 연구는 이 복음서의 작성 과정에 두 개의 중요한 층이 있음을 주장했다. 시간적으로 앞서서 작성된 층은 반대와 심지어는 박해가 예견됨에도 불구하고 놀라울 정도로 개방적이고 희망에 찬 생활방식과 선교 활동을 주로 강조하고 있다. 나중에 작성된 두 번째 층은 훨씬 더 어둡고 방어적이며, 선교사의 활동을 받아들이길 거부한 것으로 인해 "이 세대"에 대해 무시무시한 묵시종말적인 복수가 있을 것이라고 위협하고 있다. 무엇이 Q 공동체의 시각을 이렇게 변화시켰는가는 누가 10:5-7에서 10:8-11에로, 즉 "집들"에서 "성읍"에로 바뀐 바로 그 변화 속에서 찾아질 수 있을 것이다. 즉 Q 공동체들에게 발생한 일은 아마도 마을과 시골의 작은

집들을 향해서는 상대적으로 성공적이었던 선교가, 이제 그 선교사들이 고라신과 벳세다, 가버나움 같은 성읍들로 나가면서는, 예전과 비교해서 명백한 실패로 바뀌었다는 사실일 것이다. 그러나 예수의 초기의 제자들은 도시의 중심지들이 아니라 시골의 집들로 보내졌다.

공동식사와 삯

가정선교(house mission)로부터 성읍선교(town mission)로의 변화는 위에 인용한 세 핵심 본문들의 역사 속에 나타난 발전의 한 형태다. 또 다른 형태의 발전은 공동식사(commensality)로부터 삯(payment)으로의 변화인데, 이것은 함께 먹는 것으로서의 음식과 물품으로 지급된 임금으로서의 음식 사이의 모호성 때문에 촉진되었다. 이런 변화는 Q 복음의 두 판본으로서 한 쌍을 이루는 마태복음 10:10(먹을 것)과 누가복음 10:7(삯) 속에 이미 분명하게 나타나 있는데, 이것은 위에서 인용하고 또 아래에서 다시 인용한 본문에서 고딕체로 강조하여 제시했다. 이제 이 두 본문들을 다시 인용하면서 이에 덧붙여 같은 주제에 관한 네 개의 다른 본문인 고린도전서 9:4, 9절과 14절(음식), 디모데전서 5:17-18(삯), 구세주의 대화(*Dialogue of the Savior*) 53b(음식), 그리고 디다케 11:4-6과 13:1-2(음식)을 함께 인용한다.

(1b) …일꾼이 자기 먹을 것(food)을 받는 것은 마땅하다.
(1a) …일꾼이 자기 삯(wages)을 받는 것은 마땅하다.
(2) 우리에게 먹고(food) 마실 권리가 없습니까? …모세의 율법에 기록하기를 "타작 일을 하는 소에게 망을 씌우지 말아라" 하였습니다. …이와 같이 주께서도, 복음을 전하는 이들에게는, 복음을 전하는 일로 살아가라고 지시하셨습니다.

(3) 잘 다스리는 장로들은 두 배로 존경을 받아야 합니다. 특히 말씀을 전파하는 일과 가르치는 일에 수고하는 장로들은 더욱 그렇게 하여야 합니다. 성경에 이르기를 "타작 마당에서 낟알을 밟아 떠는 소의 입에 망을 씌우지 말아라" 하였고, "일꾼이 자기 삯(wages)을 받는 것은 마땅하다" 하였습니다.

(4) 마리아가 [예수의 말을 인용하여] 말하기를 "일꾼이 자기 먹을 것(food)을 받는 것은 마땅하다" 하였다.

(5) 당신들에게 찾아오는 모든 사도들[즉 순회자들]을 주님을 영접하듯 영접하시오. 그러나 그들을 하루 이상 머물게 하지는 마시오. 혹 필요한 경우 이틀은 가능합니다. 그러나 만일 그가 3일을 머문다면 그는 거짓 예언자입니다. …그리고 사도가 떠날 때는 그가 밤에 묵을 곳에 도착하기까지 필요한 만큼만 빵을 주도록 하시오. 만일 그가 돈을 요구한다면 그는 거짓 예언자입니다. 그러나 당신들에게 와서 묵기를 원하는 참된 예언자는 누구나 자기 먹을 것(food)을 받는 것은 마땅합니다. 이와 같이 참된 교사도 일꾼과 마찬가지로 자기 먹을 것(food)을 받아 마땅합니다.

이들 여섯 개의 본문 중에 둘은 삯(wages)을 말하고 있고 넷은 먹을 것(food)을 말한다. 따라서 삯으로부터 음식으로 발전된 것이 아니라, 그 반대로 음식으로부터 삯으로 발전되었다고 보는 것이 마땅할 것이다. 그러나 내가 관심을 갖는 사항은 음식과 삯의 차이에 관한 것이 아니다. 왜냐하면 삯은 음식 같은 물품으로 줄 수도 있는 것이요 그럼에도 삯으로 인정되기 때문이다. 문제가 되는 것은 바로 그와 같은 음식과 품삯 사이의 모호성 때문에 자연스럽게 촉진된, 공동식사로부터 삯으로의 변화다. 그러나 위의 마지막 본문에 나오는 명령들이 순회하는 사도들과 그냥 찾아오는 거지를 구분하는 데 분명한 문제점이 있기는 하지만, 열린 공동식사가 받아 마땅한 보수로 발전함에 따라 중요한 무엇인가를 잃어버리게 되었다. 어쩌면 선교는 더 효과적이게 되었고, 보다 조직화되었으며, 시골의 현실보다는 도시의 실정에 더 적합하게 되었을지도 모른다. 그러나 그 과정에서 선교는 전혀 다른 것이 되어 가고 있었다. 즉 예수에게 공동식사는 단순히 선교를 지원해 주는 하나의 전략에 불과한 것이 아니었다. 단순히 선교를 지원하는 일은 자선금, 품삯, 부담금, 또는 사례금과 같은 것들에 의존할 수 있었다. 단순한 구걸(탁발)로도 가능했다. 이와는 달리 공동식사는 명예와 수치, 후견인과 의뢰인의 원리들과는 전혀 다른 원리들에 기초해서 농민 공동체를 건설하거나 재건하고자 하는 전략이었다. 공동식사는 가장 낮은 바닥공동체의 차원에서 영적인 힘과 물질적인 힘을 평등하게 나누는 것을 기초로 해서 이루어졌다. 이 때문에, 음식을 서로 나누는 것으로부터 받아 마땅한 삯으로 바뀐 것은 이 운동의 발전에서 매우 중요한 단계가 되었다.

나의 맨발을 신발 삼아

예수에게 하나님 나라는 전적으로 그의 인격에 의해 좌우되는 하나님의 독점 사업이 아니었다. 그것은 몸의 차원에서 시작했으며 치유와 식사를 함께 나누는 공동체로서, 즉 영적 자원과 물질적 자원을 모든 사람이 차별과 구분 또는 계층구조 없이 이용할 수 있는 공동체로 나타났다. 사람들은 한 생활방식으로서의 하나님 나라에 들어가며(entered the Kingdom as a way of life), 하나님 나라에 사는 사람은 누구든지 그것을 다른 사람들에게 가져다 줄 수 있다. 그것은 말만의 것이거나 행동만의 것이 아니라, 그 둘이 함께 생활방식(life-style)을 이루는 것이었다. 그렇지만 아직까지 나는 위에서 제시한 본문들 속에서 언급되고 있는 의복, 장비, 또는 행동에 관한 규정들에 대해서는 아무것도 말하지 않았다. 그런 규정들은 하나님 나라와 어떤 관계가 있는가? 여기서 기억을 되살리기 위해 다시 그 핵심 구절들을 살펴본다. 그것들은 Q 복음(누가 10:4), 마가복음 6:8-9, 그리고 디다케 11:6a이다.

(1) 전대도 자루도 신도 [지팡이도] 갖고 가지 말고, 길에서 아무에게도 인사하지 말아라.
(2) 그리고 그들에게 명하시기를 길을 떠날 때에는, 지팡이 하나 밖에는 아무것도 갖고 가지 말고, 빵이나 자루도 지니지 말고, 전대에 동전도 넣어 가지 말고, 다만 신발은 신되, 두 벌 옷을 가지지 말라고 하셨다.
(3) 그리고 사도가 떠날 때는 그가 밤에 묵을 곳에 도착하기까지 필요한 만큼만 빵을 주도록 하시오.

다시 한 번, 이 세 본문들을 읽어 내려가면서, 앞에서 살펴본 집으로부터 성읍으로, 공동식사로부터 보수(報酬)로의 변화들과 똑같이 보다 급진적인 규정으로부터 보다 관대한 규정으로 이루어지고 있는 발전을 주목해 보라. 즉 첫째 본문에서 금지되었던 지팡이와 신발이 둘째 본문에서는 허용되고 있으며, 둘째 본문에서 금지된 빵이 셋째 본문에서는 허락되고 있다. 그러므로 첫째 절이 가장 오래된 것이다. 다시 말해 만일 누군가가 앞선 첫째 구절을 통해 신발과 지팡이를 금한 일이 없다면, 둘째 구절에서 그와 같이 평범한 물건들을 허락해 주어야 할 필요는 없었을 것이다. 그러나 이런 변화들을 통해서 우리는 그 명령들이 한때 매우 현실적인 규정들이었지, 단순히 비현실적인 관념이나 이론적인 가능성 또는 가공적인 생각이 아니었다는 사실을 확인하게 된다. 그런데 전대와 자루, 신발, 지팡이, 인사 등을 금하는 것을 기본적이고 원래의 규정으로 본다면, 즉 역사적 예수로부터 온 것으로 본다면, 그가 이런 일련의 금지 조항을 통해 말하고자 했던 것은 무엇일까? 이에 대한 답을 얻기 위해서는 1세기에 활동한 또 다른 종류의 급진적 선교사들을 살펴보는 것이 필요한데, 이들은 일반 대중들에게 설교할 때 그들의 말만이 아니라 그들이 어떻게 사는가를 통해, 그들의 가르침과 함께 옷 입은 모습을 통해 설교했다. 견유학파(犬儒學派, the Cynics)에 대해 살펴보도록 하자.

디오게네스와 다이달로스

견유철학(Cynicism)은 흑해의 남중부 해안에서 태어나 기원전 400년에서 320년 사이에 살았던 시노페의 디오게네스에 의해 세워진 그리스의 철학운동이었다. 이 말은 문자적으로는 "개(犬)주의"(dogism)를 의미하는데, 그리스어로 "개"에 해당하는 '키온'(*kyon*)에서 온 말이며, 아리스토텔레스는 디오게네스에게 마치 잘 알려진 별명을 부르듯이 이 말을 사용하였다. 이 말은 원래 디오게네스가 의도적으로 예절과 체면, 관례와 인습이라는 인간의 기본적인 규정들을 무시하기 위해 취했던 도발적인 파렴치함에 붙여진 경멸적 용어였다. 우리는 오늘날 cynicism을 '냉소주의'라는 뜻으로, 곧 아무것도 믿지 않거나 모든 것에 회의를 품는 것을 뜻하는 말로 사용한다. 그러나 이것이 철학적으로 뜻하는 바는, 일반적인 문화적 가치들과 문명의 전제조건들에 대한 이론적인 불신앙과 실천적인 부정이다. 아래의 글은 견유학파의 행태에 대한 파란트 세이어의 설명이다.

> 견유철학자들은 자유를 통한 행복을 추구했다. 견유철학적 자유 개념은 욕망으로부터의 자유, 불안, 분노, 슬픔과 그 외의 다른 감정들로부터의 자유, 종교적 또는 도덕적인 통제로부터의 자유, 도시나 국가 또는 정부 관리들의 권위로부터의 자유, 여론에 대한 염려로부터의 자유, 그리고 재

산에 대한 걱정으로부터의 자유, 어떤 지방색에 국한되는 것으로부터의 자유, 아내와 자식들을 부양하고 책임지는 것으로부터의 자유…를 포함한다. 견유철학자들은 다른 사람들의 전통과 관습들을 조롱하지만, 그들 자신의 것들을 지키는 데는 엄격하다. 견유철학자는 자기의 **전대나 지팡이**, 그리고 **오른쪽 어깨를 다 드러낼 만큼 해어지고 찢어진 더러운 외투를 걸치지 않고서는** 아무 곳에도 나서지 않는다. 그들은 **신발을 신는 법이 없으며 머리와 수염은 길고 텁수룩하다**.4)

내가 고딕체로 표시한 것들은 견유학파의 의복과 장비 규정을 강조한 것인데, 그렇게 한 것은 그들이 사회의 물질적 가치들을 받아들이기를 거부한다는 것을 분명히 보여주고, 또 그들의 반(反)문화적인(countercultural) 입장을 명료하게 드러내기 위해서이다.

고전적인 견유학파의 이야기는 기원전 336년에 고린도에서 디오게네스와 알렉산더 대왕이 만난 이야기다. 알렉산더 대왕은 막 군사력으로 세상을 정복하는 일을 시작하였고, 디오게네스는 훈련된 무관심을 통해 이미 그 일을 성취한 때였다. 자주 입에 오르는 이 이야기는 이미 키케로에게도 알려져 기원전 45년에 나온 그의 『투스쿨라 논쟁들』(*Tusculan Disputations*)에 실려졌다(5.92).

그러나 분명 디오게네스는 그의 견유철학자적인 특성으로 인해 훨씬 더 거리낌이 없었다. 알렉산더가 그에게 원하는 것은 무엇이든지 말만 하라고 하자 그는 이렇게 말했다. "지금 당장, 해를 가리지 말고 조금만 비켜주시오." 알렉산더는 그가 햇볕에 몸을 녹이는 것을 방해하고 있었던 것이다.

---

4) Farrand Sayre, *The Greek Cynics* (Baltimore: Furst, 1948), 7, 18.

그런데 여기서 우리는 3장의 서두에 실린 버튼 맥(Burton Mack)의 글로 되돌아가게 된다. 디오게네스와 알렉산더에 관한 이 이야기에는 권력과 지배, 통치, 그리고 왕권에 대한 날카로운 문제 제기가 담겨 있다. 즉 누가 진정한 지배자인가? 모든 것을 원하는 자인가, 아니면 아무것도 원치 않는 자인가? 아시아 전부를 원하는 자인가, 아니면 단지 햇볕 약간만을 원하는 자인가? 만일 왕권이 자유라면, 이 두 사람 중에 누가 진정 자유로우며, 누가 진정한 왕인가? 그런데 견유철학은 알렉산더의 정복사업이 끝난 후에 첫 번째 개화기를 가졌던 것처럼, 또한 아우구스투스의 정복사업 이후에 또 다른 개화기를 맞게 되었다. 두 시대는 다 권력에 대한 근본적인 이의 제기가 가능할 정도로 무르익었으며, 견유철학자들은 귀족적인 엘리트들 사이에서 추상적인 이론을 통해서 뿐만 아니라, 평범한 대중들 사이에서 거리 현장 공연을 통해서도 그 일을 수행했다. 그들은 장터와 순례자 센터에서 활동한 대중 설교자들이었으며, 그들의 생활과 의복은 그들의 말과 설교만큼이나 강력한 웅변이 되었다.

그러나 견유학파의 비판은 알렉산더 제국이나 아우구스투스 제국에 그림자처럼 따라오는 그리스 문화의 물질주의만을 겨냥한 것은 아니었다. 그것은 보다 근본적으로 문명 그 자체를 겨냥한 것이며, 나아가 문화가 아니라 자연의 자족성을 본받아 만들어진 자급자족을 옹호하는 것이었다. 기원전 4년에서 기원후 65년 사이에 살았던 로마의 윤리학자 세네카(Seneca the Younger)는 그의 『윤리학』(*Epistulae Morales*)에서 알렉산더와 디오게네스 간의 차이뿐만 아니라 다이달로스와 디오게네스의 차이에 대해, 즉 문명의 기술을 발명한 이와 그것들을 거부하는 이의 차이에 대해 설명하고 있다(90.14-16).

내가 묻는데, 당신은 어떻게 모순됨이 없이 디오게네스와 다이달로스 둘

다를 숭배할 수 있는가? 당신에게는 다음의 둘 중에 누가 현명한 사람 같아 보이는가? 톱을 발명한 사람인가, 아니면 어떤 소년이 손바닥으로 물을 퍼 마시는 것을 보고는 즉시 자기의 주머니에서 컵을 꺼내 깨뜨려 버리고 "내가 얼마나 어리석었던가. 여태껏 쓸데없는 짐을 갖고 다녔으니!"라고 자신을 꾸짖고는, 몸을 꾸부려 통 속으로 들어가 누워서는 잠을 청하는 사람인가? …만일 인간들이 이 현자에게 귀를 기울이려고만 한다면 요리사가 병사만큼이나 쓸데없다는 것을 알 수 있을 것이다. …자연을 따르라, 그리하면 당신은 숙련된 기술자들이 전혀 필요 없을 것이다.

다른 말로 해서 견유철학은 그리스-로마 문명에 가해진 도덕적인 공격으로 끝나는 것이 아니다. 그것은 문명 그 자체에 대한 역설적인 공격인 것이다. 사실 우리는 앞에서 살펴본 바 있는 종말론 혹은 세계부정이라는 폭넓은 현상과 그것의 여러 형태들 중의 하나에 불과한 묵시종말론이라는 보다 협소한 현상의 차이점으로 돌아가고 있는 것이다. 견유철학은 종말론 혹은 세계부정이라는 보편 철학의 그리스-로마적인 형태이며, 인간 정신의 위대하고 근본적인 선택들(option) 중의 하나이다. 문화와 문명이 존재하는 곳은 어디든지 반문화(counter-culture)와 반문명(anticivilization)은 있을 수 있다.

배낭과 지팡이

견유학파의 선교사들과 예수의 선교사들은 신발을 전혀 신지 않았다는 것과 길 위에서 일상적인 인사와 잡담을 나누는 데 시간을 허비하지 않았다는 점에서 일치한다. 그러나 나는 이제 전대와 지팡이에 초점을 맞추는데, 그 이유는 이 점에서 그들은 확실한 차이를 나타내기 때문이다.

예수 시대를 전후한 아우구스투스 시대에 쓰여져 지금까지 남아 있는 것으로, 존경받는 혹은 대표적인 견유철학자들의 이름이 붙여진 일련의 위(僞) 서신들(pseudo-letters), 혹은 가상의 통신문들이 있다. 예를 들어 "나의 맨발을 신발 삼아"라는 구절은 기원전 45년에 이미 키케로가 알고 있었던 문서인 『위 아나카시스』(Pseudo-Anacharsis) 65에서 뽑아 온 것이다. 이 가상의 편지들은 에이브러햄 맬허브(Abraham Malherbe)가 편집한 『견유학파 서신집』(The Cynic Epistles)에서 쉽게 볼 수가 있다. 아래의 인용문들은 기원전 1세기나 그 이전에 나온 것으로 견유학파 창시자의 것으로 돌려진 가상의 편지들인 『위 디오게네스』(Pseudo-Diogenes)에서 뽑은 것들인데, 거기서 지속적으로 외투와 지팡이, 자루나 전대가 강조되고 있는 것을 주목해 보라. 외투는 낮과 밤, 여름과 겨울에 입는 홑겹이나 두 겹으로 된 무거운 옷을 가리키는 것으로 그들이 입은 유일한 겉옷이다. 그러나 지금 여기서 나는 자루와 전대와 지팡이에 대해서만 강조하겠다.

[히케타스에게] 아버지, 사람들이 나를 개라고 부른다고, 또 내가 두 겹으로 된 거친 외투를 입고, 어깨엔 전대를 메고 손에는 지팡이를 들고 지낸다고 화내지 마십시오. …내가 그러는 것은 대중들의 생각을 따라서가 아니라 자연을 따라, 제우스 아래서 자유롭게 사는 것입니다.

[아폴렉시스에게] 나는 내 전대를 무겁게 하는 것들을 대부분 버렸습니다. 왜냐하면 두 손이 컵으로 쓰기에 족한 것처럼 움푹 파낸 빵 덩어리 하나가 접시로서 충분하다는 것을 알았기 때문입니다.

[안티파터에게] 내가 두 겹 짜리 낡은 외투를 입고 전대를 메고 다닌다고 해서 어떤 비범한 일을 하는 것은 아니라고 당신이 말한다는 것을 들었습니다. 사실 이것들은 비범한 것이 아니라는 것을 나도 인정합니다. 그러나

이것들은 의식적인 결단에 의해 수행할 때 유익이 있는 것입니다.

[아낙실라우스에게] 나는 최근에 나 자신이 아가멤논(Agamemnon)이 된다는 사실을 깨닫게 되었습니다. 내가 가진 지팡이는 왕의 홀(笏)이요, 낡은 두 겹 외투는 망토가 되고, 또 생각해 보면 나의 가죽 전대는 내게 방패가 되어 주기 때문입니다.

[아게실라우스에게] 인생은 전대 안에 있는 창고로도 충분하다오.

[크라테스에게] 내가 당신[크라테스]으로 하여금 평생토록 가난한 삶을 살도록 만든 것을 기억하시오. …남루한 외투는 사자의 가죽이 되며, 지팡이는 곤봉이요, 전대는 당신에게 식량을 공급해 주는 땅과 바다가 된다는 것을 아시오. 그렇게 할 때 모든 행운을 다 합한 것보다 훨씬 더 강한 헤라클레스의 정신이 당신 안에서 용솟음치게 될 것이오.

전대(wallet)라는 말은 가장 부적절한 번역인 것 같다. 왜냐하면 우리들에게 전대라는 말은 돈을 암시하기 때문이다. 이 편지들 속에서 사용된 그리스어는 누가복음(10:4)과 마가복음(6:8)에서처럼 언제나 '페라'(pēra)인데, 적절한 번역은 "전대"나 "가방"보다는 "배낭"(knapsack)일 것이다. 이것이 견유학파 사람들에게 뜻했던 것은 그들의 완전한 자급자족(自給自足)이었다. 즉 그들은 자기들의 집을 몸에 지니고 다녔다. 그들에게 필요한 모든 것을 그들의 어깨에 멘 간단한 배낭 속에 갖고 다닐 수 있었다. 지팡이에 대해서도 이와 유사하게 말할 수 있다. 즉 지팡이는 그들의 순회하는 상태를 말해 준다. 그들은 그 어떤 곳에도 고정된 주거지를 갖지 않았으며, 또 언제나 영적으로 그 어딘가를 향해 가는 중이라는 사실을 말해 준다. 이 두 가지 품목은 하나로 묶여져서 그들의 순회하며 자급자족하는 생활을 분명히 보여주었다.

이들과는 대조적으로, 예수의 선교사들은 배낭을 가지지 않았고 손에 지팡이도 들고 다니지 않았다고 말해진다. 왜 이처럼 현저한 차이가 있는가? 치유와 식사로 이루어지는 상호의존 관계가 예수 운동의 핵심이었기 때문에, 예수의 선교사들에게는 지팡이 없이(no-staff), 배낭 없이(no-knapsack)라는 관념이 상징적으로 합당한 것이다. 이들은 번화가의 모퉁이와 장터에서 설교하는 견유학파 사람들처럼 도시에서 활동하지 않았다. 이들은 기층민중들을 일으켜 농민사회를 재건하기 위하여 집들을 방문하면서 농촌을 중심으로 활동했다. 공동식사는 후원을 위한 방편일 뿐만 아니라 또한 자신들이 전하는 메시지에 대한 실연(實演)이기 때문에, 그들은 떠돌아다니면서도 자급자족하는 것을 증거하는 의복을 입을 수도 없었고 또 입어서도 안 되었다. 그와는 반대로 그들은 공동체적 의존(共同體的 依存)을 드러내는 것이어야 했다. 순회 그리고 의존, 즉 치유하고, 머물고, 계속 나아가라.

가난과 왕권

나는 철학자 에픽테투스(Epictetus)로부터 몇 개의 글을 인용함으로써 이 부분을 마무리짓고자 한다. 그 이유는 누가 누구에게 영향을 끼쳤는가를 논하기 위해서가 아니라, 단지 가난과 왕권이 유대교 내의 예수에 의해서뿐만 아니라 그리스-로마의 이교 진영에 속하는 에픽테투스에 의해서도 어떻게 결합될 수 있었는가를 보기 위해서이다. 그는 노예인 어머니에게서 노예로 태어났으며 기원후 55년에서 135년 사이에 살았다. 그는 주인의 허락을 받아 철학을 공부했으며 마침내 자유의 몸이 되었고, 기원후 89년에 도미티아누스 황제에 의해 다른 철학자들과 함께 로마에서 추방되었다. 아래의 글은 그의 유작으로 만들어진 『강연록』(*Discourses*)에 실려 있는 "견유철학자의 소명에 대하여"(On the Calling of a Cynic)에서 인용한 유명한 구절이다(3.22).

> 아무것도 없는 사람, 헐벗고 집도 없으며, 가정도 없고 구차하고 노예도 도시도 없는 사람이 흘러가는 인생을 쉽게 통과할 수 있는 것은 어떻게 가능한가? 보라! 그것이 가능하다는 것을 당신들에게 보여줄 사람을 신께서 당신들에게 보내 주셨다. 나를 보라. 나는 도시도 없고, 집도 없고, 재산도 없고, 노예도 없다. 나는 땅에서 잠을 자며, 아내도 자식도 호위병도 없다. 오직 땅과 하늘, 그리고 다 낡은 외투 한 벌뿐이다. 그러면 내가 원하는 것이 무엇인가? 내게 슬픔이 있는가? 내게 두려움이 있는가? 내가 자유롭지 않은가? 당신들 중에 누가, 내가 나의 바라는 바를 얻지 못하는 것을 본 적이 있는가? 혹은 더 나아가 내가 피하고자 하는 일에 빠지는 것을 본 적이 있는가? 내가 지금까지 신이나 사람을 비난한 적이 있는가? 지금까지 내가 어떤 사람의 죄를 추궁한 적이 있는가? 당신들 중에 누가 내가 슬픈 안색을 하고 있는 것을 본 사람이 있는가? 그러면 당신들이 두려워하고 숭배하는 그 사람들을 나는 어떻게 만나는가? 내가 그들을 노예와 같이 대하지 않던가? 나를 만나면서 자기의 왕이요 주인을 만나고 있다고 생각하지 않을 수 있는 사람이 누구인가?

이 구절의 흐름 속에서, 아무것도 없음에서 시작하여 자유를 거쳐 왕으로 이어지는 순서를, 즉 자유로 이어지고 나아가 왕권으로 이어지는 가난의 논리를 주의해서 살펴 보라. 또한 이 구절의 배후에 깔려 있는 강력한 정치적 음색을 주목해 보라. 만일 에픽테투스가 왕권을 주장한다면 로마의 황제는 도대체 무엇이란 말인가? 그런데 이들 세 용어들은 『강연록』

(*Discourses*) 3.22에서 인용한 다른 구절들에 의해 가장 잘 설명된다.

가장 먼저 나오는 것이 가난이다. 에픽테투스는 견유철학의 외형이 오히려 본질적인 것으로 오해될 수도 있다는 점에 각별한 관심을 가졌다. 견유철학자가 여러 면에서 거지와 같다고 해서 거지가 다 견유철학자가 되는 것은 아니지 않은가? 지팡이와 배낭, 그리고 한 벌의 외투가 자동적으로 사람을 견유철학자로 만드는가? 그러나 이런 위험을 경고하고 있으면서도 그는 결코 그 같은 외적인 특성들을 버리라고는 말하지 않는다. 그는 단지 내적인 가난이 외적인 형상을 낳아야 하며 외적인 요소가 내적인 것을 대신해서는 안 된다고 주장한다.

그러므로 당신들[자칭 견유주의자들]은 또한 그 문제에 대해서도 신중하게 생각해 보아야 한다. 그것은 당신들이 생각하는 것과는 다른 것이다. "나는 보시다시피 누더기 외투를 입고 있으며 또 앞으로도 그렇게 하겠다. 나는 지금도 딱딱한 침대에서 잠을 자며 앞으로도 그렇게 하겠다. 나는 전대와 지팡이를 갖고 다니겠다. 그리고 걸어서 돌아다니기 시작할 것이고 만나는 사람들에게서 구걸을 하고 그들에게 욕을 퍼붓겠다." 만일 이와 같이 되는 것이 본래 업무라고 당신들이 생각한다면 그것에서 멀리 떨어져라. 그것 가까이 다가가지 말라. 그것은 당신들에게 아무런 유익이 없다.
…
보라, 이것들 [앞에서 내가 언급한 바 있는 3.22의 긴 인용문]이 견유학파 사람에게 어울리는 말이다. 이것이 견유학파 사람의 특성이며 그가 살아갈 인생 계획이다. 그러나 당신들이 말하듯이, 초라한 전대, 지팡이, 장황한 설교라든가, 또 당신들이 그에게 주는 것을 게걸스럽게 먹어 치우거나 쓸어 담거나, 또는 그가 만나는 사람들에게 무뚝뚝하게 욕을 해대거나 그의 속 어깨를 드러내 보이거나 하는 것이 결코 견유학파 사람을 만들어

내는 것은 아니다.

여기서 에픽테투스가 말하고 있는 대상은 외적인 모양에서 보면 견유학자들의 가난과 동일하게 일반적인 가난 속에서 사는 빈민계층이었음이 분명하다. 그러나 그는, 중요한 것은 자발적인 가난이지 운명적인 가난이 아니라고 주장하고 있다.

다음으로 오는 것이 자유이다. 가진 것이 아무것도 없고 또 원하는 것이 아무것도 없는 사람은 진정으로 자유하다. 이 자유는 사람으로 하여금 욕망과 상실 앞에서도 흔들리지 않게 해주는 물질적 가난으로부터 뿐만이 아니라, 특히 폭력과 비난에 대해서도 초월하게 만들어 주는 영적인 가난으로부터 온다.

이것도 역시 견유학파 사람의 생활방식을 구성하는 매우 유쾌한 요소이기 때문이다. 견유학파 사람은 당나귀처럼 얻어맞기도 해야 하는데, 그렇게 맞을 때도 그는 마치 자기가 그 때리는 사람들의 아버지나 형제나 되는 것처럼 그들을 사랑해야만 한다. 그러나 이것은 당신들의 길이 아니다. 만일 누가 당신을 때린다면 당신은 달려나가 길 한가운데 서서 "오, 황제시여. 당신의 평화로운 통치 아래서 내가 당한 이 일을 어찌 하리요? 총독에게 갑시다"라고 외친다. 그러나 견유학파 사람에게는 그를 이 세상에 보내신 분이요 따라서 그가 섬겨야 하는 분, 다시 말해 제우스 이외에 황제나 총독이나 그 모든 사람이 무슨 의미가 있겠는가?…
그런데 견유학파 사람은 보통 사람들이 그를 감각이 없는 사람이요 돌과 같다고 생각할 정도로 강인한 인내심을 가져야 한다. 그 누구도 그를 욕하지 못하며, 때리지 못하며, 또 그 누구도 그에게 무례히 행치 못한다. 그러나 그는 자기 몸을 모든 사람에게 그들 마음대로 하도록 내어 준다.

일부 초기의 번역자들이 이 구절을 다룰 때 보여준 기독교적인 소심증을 살펴보는 것은 매우 흥미롭다. 에픽테투스가 지나칠 정도로 예수와 유사한 것처럼 보이는가? 예를 들어, 엘리자베스 카터(Elizabeth Carter)는 1910년에 펴낸 『에픽테투스의 도덕적 담화』(*The Moral Discourses of Epictetus*)에서 다른 뺨을 돌려 대고 겉옷까지 내어 주고 십리를 동행하라고 말하는 마태복음(5:39-44)과 이 구절을 비교하고 있다. 그녀는 "그리스도는 에픽테투스가 말한 것보다 훨씬 더 큰 손해와 도전들을 언급하고 있으며, 또 에픽테투스가 비범한 한두 사람만의 의무라고 설명한 것을 예수는 모든 추종자들에게 요구하고 있다"고 말한다. 정말로 그렇지는 않다!

마지막 주제는 왕권, 진정한 왕권인데, 이것 역시 에픽테투스에게서 온 것이다. 여기서는 하나의 그리스 단어가 왕의 홀(笏)과 견유학파의 지팡이에 똑같이 사용된다는 점이 흥미롭다.

> 당신은 어떤 점에서 내가 견유철학자의 친구라고 생각하는가?… 견유철학자의 친구는 자신의 홀과 왕국을 그와 공유하여야 한다. …
> [만일 우리의 견유철학자가 혼인한다면] 우리가 그를 어떤 곤경으로 빠뜨리고 있는지, 또 어떻게 그에게서 그의 왕국을 빼앗아 버리고 있는지를 생각해 보아라.…
> 그럼에도 견유철학자의 왕권[또는 왕국]을 [독신생활의 대가로] 받아 마땅한 보상이라고 생각해서는 안 되는 것일까?

따라서 가난, 자유, 그리고 왕권이 중요한 이유는 견유학파 사람이 "제우스 신에 의해 한편으로는 메신저로…그리고 다른 한편으로는…척후병으로 사람들에게 보내졌고," 그래서 그는 "제우스 신의 정부에 참여한 사람"으로서 이 세상을 살아가고 있기 때문이다. 나의 요점은 예수와 에픽테투스가 아주 똑같은 것을 말하거나 행했다는 것이 아니다. 유사성만큼이나 차이점이 진지하게 고려되어야 한다. 그러나 예수가 하나님 나라라고 부른 것과 에픽테투스가 "제우스의 나라"라고 칭했을 만한 것은 1세기와 2세기의 사회적인 억압, 문화적인 물질주의, 그리고 제국의 지배에 대항하여 가르쳐지고 행해지고 이론으로 세워지고 실천된 급진적 메시지들이라는 점에서 비교되어야 한다.

마지막으로, 우리는 예수가 견유철학에 관해 무엇을 알고 있었는지, 또는 그가 정말 그것을 알기나 했었는지 확인할 수 있는 방법이 없다. 그러나 이것은 중요한 것이 아니다. 어쩌면 그는 견유학파에 대해서는 들어보지도 못했고, 오직 자신의 힘으로 견유학파의 바퀴를 다시 발명해 내고 있었던 것인지도 모른다. 그러나 예수와 견유학파 설교자들이 서로 아무런 연관이 없다 할지라도 그 둘 사이의 유사점과 함께 차이점을 살펴보는 것은 유익하다. 둘 다 일반 대중들에게 호소했던 민중운동가들(populists)이다. 둘 다 자신들의 생각을 말로만이 아니라 행동으로, 또 이론으로만이 아니라 실천을 통해서도 주장했던, 생활방식(life-style)의 설교자들이다. 둘 다 그들의 메시지를 극적으로 상징화하기 위해 의복과 장비들을 사용했다. 그러나 예수는 시골을 중심으로 활동했던 반면에, 견유학파 설교자들은 도시에서 활동했다. 예수는 공동체 운동을 조직하고 있었던 반면에, 그들은 개인적인 철학을 따르고 있었다. 그리고 견유학파 사람들의 상징주의는 배낭과 지팡이를 필요로 했는데 반하여, 예수의 상징주의는 배낭과 지팡이를 거부하는 것이었다. 어쩌면 예수는 견유철학이 유대인 농민들에게서 나타날 때 어떤 모습이었겠는가를 보여 주는지도 모른다.

◇ **6장** ◇

십자가 밑의 개들

형벌로서의 십자가는 고대에 매우 널리 퍼져 있었다. 그것은 고대세계의 여러 민족에게서, 심지어는 그리스인들에게서조차 다양한 형태로 나타나고 있다. …[그것은] 정치적이고 군사적인 형벌이었으며 또 그런 목적으로 유지되었다. 페르시아와 카르타고인들 사이에서는 그것이 반역자들에게와 마찬가지로 주로 고급 관리들과 군 지휘관들에게 부과되었는데 반하여, 로마인들 사이에서는 무엇보다도 하층계급의 사람들, 즉 노예, 흉폭한 범죄자들, 그리고 반란 지역, 특히 유대의 불순분자들에게 과해졌다. 그것을 사용한 주된 이유는 소위 그것이 갖고 있는 억제력으로서의 탁월한 효과 때문이었다. 물론 그것은 공개적으로 이루어졌다. …일반적으로 십자가형은 적어도 채찍질을 포함하여 다른 형태의 고문들과 결합되었다. …이에 더하여 네거리, 극장 안, 언덕 위, 그의 범죄 현장 등과 같이 눈에 띄는 장소에 벌거벗긴 희생자를 공개적으로 전시함으로써 십자가형은 그의 치욕을 극도로 드러냈다. 그런데 이것이 십자가형에다가 신비적 차원을 부여했다. 신명기 21:23을 배경으로 갖고 있는 유대인들은 특히 이것을 분명히 알고 있었다. …십자가형은 그 희생자들이 흔히 매장되지도 못한다는 사실에 의해 더욱 과중한 것이 되었다. 십자가에 달린 희생자들이 야수들과 새들의 먹이로 제공된다는 것은 일반화된 상황이었다. 이런 식으로 해서 그의 수치는 완전한 것으로 만들어졌다. 고대인들에게 매장되지 못한다는 것이 무엇을 뜻하는지, 그리고 그에 수반되는 불명예가 어떤 것인지를 현대인은 결코 이해할 수 없는 것이다.

- Martin Hengel, *Crucifixion in the Ancient World and the Folly of the Message of the Cross* (Philadelphia: Fortress Press, 1977)

들짐승에게 주어진 시체

이번 장은 가장 어려운 장이다. 두 가지 이유에서 그런데, 하나는 지금 제시하고 다른 하나는 나중에 살펴보겠다. 고대 세계에서 행해진 십자가형의 공포를 자세히 파악하는 일은 오늘날 예수를 믿는 사람들에게 뿐만 아니라 인간성을 믿는 사람들에게도 어려운 일이다. 그리고 우리가 자세히 파고 들어갈 때 거기에는 언제나 음란한 관음증(voyeurism)의 위험, 즉 다른 사람의 공포에 대리적인 흥분을 느끼게 되는 위험이 따른다. 그러나 고대 세계는 수천 번 자행한 일을 우리 시대는 수백만 번에 걸쳐 자행했다는 사실 때문에, 그런 죽음이 수반한 것이 정확히 무엇인지를 냉정하고도 엄숙한 눈으로 살필 필요가 있다. 그럼에도 불구하고, 나는 여기서 매우 조심스럽게 헤쳐 나간다.

1968년 6월에, 지금까지 발견된 것 중에 유일하게 십자가에 달려 죽은 유골이 북동 예루살렘 지역 나불루스 도로 바로 서쪽의 기브앗 하 미브타르에 있는, 기원후 1세기의 것으로 추정되는 한 무덤에서 발견되었다. 그곳에서는 부드러운 석회암 속에 작은 방처럼 파져 있는 도합 네 개의 무덤이 발견되었는데, 각각의 무덤은 입구 쪽의 작은 방과 그 안쪽으로 매장 때 인간의 몸길이를 감당하기에 충분한 깊이의 벽실(niche)들이 있는 묘실들이 있었다. 그런 무덤들은 여러 세대에 걸쳐 계속 되풀이 사용되었다.

벽실 속에서 살이 다 분해되고 남은 뼈들은 바닥을 파서 만든 구덩이에다 함께 묻거나 또는 훨씬 비용이 많이 드는 방법으로서 석회암으로 된 납골함에 함께 넣어졌다. 그런데 그 벽실들은 최근에도 매장을 위해서 다시 사용되었다. 기브아 하 미브타르 단지 전체에서 그 같은 납골함 15개가 발견되었는데, 대부분이 꼭대기까지 채워져 있으며 모두 서른 다섯 명분의 유골--남자가 11명, 여자가 12명, 어린이가 12명--이 담겨져 있었다. 그 서른 다섯 명 중 한 여인은 산파의 도움을 받지 못해서 출산 중에 태아와 함께 죽었다. 6개월에서 8개월 사이의 아이와 세 살에서 네 살 사이의 아이, 그리고 일곱 살에서 여덟 살 사이의 아이, 이렇게 세 아이는 굶주림으로 인해 죽었다. 그리고 다섯 구의 시체는 변사체인데, 불에 타 죽은 사람이 남자 한 명과 여자 한 명, 철퇴 같은 것에 맞아 죽은 사람이 여자 한 명, 화살에 맞아 죽은 세 살에서 네 살 가량의 아이 한 명, 그리고 십자가형으로 죽은 남자 한 명은 그 키가 165cm 되며 스물 네 살에서 스물 여덟 살 사이다. 납골함에 새겨져 있는 이 사람의 당시 이름은 여호하난인데 지금은 I/4A로 불린다. 즉 무덤 I, 납골함 제4번 (그 무덤에 있는 8개 중에서), 유골 A(그 납골함에 들어 있던 세 구의 유골 중에서, 나머지 두 구는 미성년자 한 명과 세 살에서 네 살 가량의 아이인 여호하난의 아들이다)이다.

이스라엘의 고고학자들과 예루살렘 히브리 대학교의 하다사 의과대학 교수들이 감정하고 다시 감정한 결과, 십자가 처형 방법이 분명하게 드러났다. 그의 팔은 못으로 박힌 것이 아니라 십자가의 가로 막대에 묶여졌는데, 아마도 팔꿈치까지 가로 대 위로해서 뒤로 넘겨 팔을 묶은 것으로 보인다. 그의 두 다리는 수직으로 세워진 기둥의 양쪽 측면에 놓여졌는데, 별개의 못으로 각 발뒤꿈치 뼈를 기둥 측면에 박아 고정시켰다. 처형된 사람이 발을 비틀어 못에서 빼내는 일이 없도록 하기 위해 올리브 나무로

된 작은 판이 못의 머리 부분과 발뒤꿈치 뼈 사이에 끼워졌다. 그런데 오른쪽 발뒤꿈치에 박힌 못이 수직으로 세워진 기둥 속에 있는 나무옹이를 치게 되었고 그 끝 부분이 휘어져 버렸다. 그래서 그가 십자가에서 내려졌을 때 못과 올리브 나무 조각과 발뒤꿈치 뼈가 한데 뭉쳐진 채로 남게 되었으며 그대로 매장되었고 또 발견되었다. 마지막으로, 그 사람을 십자가에 매단 후 즉시 기절시켜서 빨리 죽게 하기 위해 그의 다리를 부러뜨렸다는 증거는 찾아볼 수 없었다.

그런데 1세기만 해도 예루살렘 근방에서 수천 명의 사람이 십자가에 달려 죽었는데, 왜 우리는 단 한 구의 유골만을, 그것도 납골함에 보존된 것으로 찾아낼 수밖에 없었을까? 예를 들어 앞에서 나는, 시리아의 총독 푸불리우스 퀸크틸리우스 바루스가 기원전 4년 헤롯 대왕이 죽은 직후, 팔레스타인에서 발생한 세 개의 중요한 메시아적 봉기들을 포함한 반란들을 진압하기 위하여 예비부대 외에도 세 개의 군단을 필요로 했다는 사실을 언급했다. 요세푸스의 『유대 전쟁』(2.75)과 『유대 고사』(17.295)에 나오는 쌍둥이 기사에 의하면, 그가 예루살렘에 도착하여 "2천 명"의 반란군을 십자가에 처형했다. 대량의 십자가 처형은 또한 제1차 로마-유대전쟁의 시작과 끝을 장식했다. 『유대 전쟁』(2.306-308)에 의하면, 기원후 66년 초여름에 당시 팔레스타인의 로마인 총독 플로루스(Florus)는 그의 군대에게 그 도시로 진격해 들어가라고 명령했다.

수많은 얌전한 시민들이 체포되었고 플로루스 앞으로 끌려갔다. 그는 그들을 먼저 채찍질했고 그리고 나서 십자가에 처형했다. 이날의 희생자 총수는 여자와 아이들을 포함하여 대략 3천6백 명에 이르는데, 채 3개월도 되지 않은 유아들도 있었다. 이 재난은 로마인들의 전례가 없던 잔인성에 의해 더욱 악화되었다. 이 날 플로루스는 전에 그 누구도 행한 적이 없는 일을, 즉 기사 계급의 사람들, 적어도 로마의 직위를 부여받은 사람들을 유대인 출신이라는 이유로 그의 재판석 앞에서 채찍질하고 십자가에 못박는 일을 과감하게 행했다.

그로부터 4년이 지나 기원후 70년 초여름에 티투스(Titus)의 군대가 예루살렘을 완전히 포위했으며, 이 포위공격은 그 도성의 끔찍한 종말을 향해 좁혀가고 있었다(『유대 전쟁』, 5.447-451).

[식량을 구하러 포위된 도시에서 나온 사람들의] 대부분은 가난한 계층의 시민들이었다. 그들은 자기 가족들에 대한 …염려 때문에 탈출할 것을 단념한 사람들이었다. 사로잡힌 그들은…처형되기 전에 채찍질을 당하고 온갖 종류의 고문에 처해졌으며, 그 다음에 성벽을 향하여 십자가에 못박혔다. …매일 5백 명이나 종종 그 이상 되는 사람들이 사로잡혔다. …분노와 증오로 가득한 병사들은 포로들을 여러 가지 자세로 못박는 것을 즐겼다. 처형된 수가 참으로 엄청났기에 십자가를 세울 자리도 부족했고 또 사람들을 매달 십자가도 모자랄 지경이었다.

이 장의 머릿글에서 마틴 헹엘(Martin Hengel)이 강조하고 있는 것처럼, 로마의 십자가형이 주로 하층계급 사람들을 위해 정해진 죽음이라고 할지라도 그것이 플로루스의 경우에서처럼 상류계급에 속한 반란자들을 치욕스럽게 만들고 그들의 지위를 격하시키기 위해 사용될 수도 있었다.

도대체 무엇이 십자가형을 그토록 끔찍하게 만들었는가? 로마의 극형(極刑) 세 가지는 십자가와 화형과 야수였다. 이것들을 최악의 것이 되게 한 것은 그 비인간적인 잔인성이나 공개적인 명예 실추 때문만이 아니라, 이런 처형의 마지막에는 아무것도 남지 않아 매장할 것이 없게 된다는 점 때문이기도 하다. 불 속에 던져지거나 야수들에게 던져지는 경우에는 이처럼 아무것도 남지 않게 되는 것이 충분히 납득할 만하다. 그러나 십자가형에 대하여 우리가 흔히 잊어버리는 것은 이미 죽은 자나 죽어 가는 자들의 위에서 울어대고 밑에서 짖어 대는, 썩은 고기를 먹는 까마귀와 개의 존재이다. 다시 한번 마틴 헹엘은 이 끔찍한 사실을 우리에게 상기시켜 준다. 즉 십자가형이라는 주제에 대해 그리스-로마 시대의 저자들이 쓴 글들을 모아 놓은 그의 책에는, 예를 들어, "고약하게도 맹금의 먹이가 되고 냉혹하게도 개들의 소득이 [되도록]…단단히 묶고 [또] 못을 박았다"(9)라고, "십자가 위에 앉은 까마귀들의 먹이가 된다"(58)고, 또 "야수와 맹금들을 위해 산 채로…매달았다"(76)고 인용되어 있다.

나는 이 장의 후반부에서 예수와 관련해서 십자가에 처형된 사람의 매장에 대해 다시 살펴볼 것이다. 그러나 지금은 로마의 십자가형이 국가의 테러 행위였다는 사실을 강조하고 싶다. 즉 십자가의 역할은 저항이나 반란을 막는 것, 특히 하층계급에서 그 일이 일어나는 것을 막는 것이었고, 또 통상적으로 그 몸은 십자가에 달린 채 방치되어서 결국은 야수들에 의해 남김없이 먹혀버렸다는 사실을 강조하고자 한다. 우리가 이 한 세기 동안 예루살렘 근처에서 십자가에 처형된 수천 명의 사람들 중에서 오직 한 구의 유골만 발견했다는 사실은 결코 놀라운 일은 아니다. 저 개들을 기억하라. 만일 당신이 어둠의 핵심을 찾아내고자 한다면, 그 개들을 따라가라.

유월절 축제 전에

마가는 예수가 유월절(Passover) 전야의 만찬을 가진 후, 그 다음날인 유월절 절기의 첫째 날에 십자가에 달렸다고 말하고 있다. 그러나 요한은 예수의 십자가 처형이 바로 유월절 전날 저녁에 이루어졌으며, 따라서 유월절 축하 만찬은 그보다 앞서 행해졌을 것이라고 말한다. 그러나 두 저자는 모두 그의 죽음을 유월절에 연결시키고 있으며, 따라서 나는 비록 이런 연결이 십자가 처형이라는 사실보다 훨씬 확실성이 떨어진다고 할지라도, 그 연결을 어느 정도는 받아들인다.

유월절은 유대인들이 이집트의 속박에서 해방된 것과 약속의 땅을 정복하기 위해 출발한 것을 기념하는 절기였다. 이 절기는 제국의 지배자들에 의해, 말하자면 고대의 이집트인들을 대신하여 로마인들에 의해 다스려지는 식민지 국가에서는 상당히 위험한 축제였음이 분명한데, 특히 그 축제가 매우 제한된 장소 안에 상당히 많은 군중들을 불러모을 경우에는 더욱 그러했다. 예를 들어, 요세푸스의 『유대 전쟁』(2.10-13)과 『유대 고사』(17.213-218)에 나오는 쌍둥이 기사에 따르면, 기원전 4년 4월, 헤롯 대왕이 죽고 나서 그의 아들 아켈라오가 아버지가 다스리던 영토의 남부를 손에 넣기 위해 로마로 떠나기 직전, 유월절 기간 중에 바로 성전 안에서 대학살이 자행되었다.

때가 되어, 유대인들의 축제일이 돌아왔는데, 그 축제 기간에는 누룩을 넣지 않은 빵을 차리는 것이 오랜 관습이었다. 그것은 유월절로 그들이 이집트에서 탈출한 것을 기념하는 것이다. 그들은 이 절기를 크게 기뻐하며 지키는데, 다른 어느 절기 때보다도 많은 희생 제물을 잡는 것이 관례였고, 또 수없이 많은 사람들이 하나님을 예배하기 위해 전국에서 심지어는 외국에서도 몰려왔다.

아켈라오는 결집한 군중들이 그의 군대에 저항하자 그의 전 군사력을 그들을 향해 풀어놓았는데,

자기네 희생 제물을 다루느라 분주한 많은 무리의 사람들을 기습적으로 덮친 군인들은 그 중에서 3천여 명을 살해했고 나머지는 근처에 있는 산들로 쫓아 버렸다.(『유대 전쟁』 2.13)

이 사건은 당시 제국주의적인 억압이 강행되는 한복판에서, 옛날의 억압으로부터 해방된 것을 축하하기 위해 군중들이 성전에 모였던 유월절이 얼마나 폭발하기 쉬운 상황이었겠는가를 우리에게 보여준다. 성전 경내에 있는 유대인 경찰과 북쪽에 있는 안토니아 요새에서 군중들을 감시하고 있는 로마의 예비부대 덕분에 모든 문제들은 시작되기도 전에 저지되었다. 그러나 예수가 한 일이 무엇이기에 그 자신이 십자가에 달리게 되었을까? 그의 말과 행동이 군사적인 혁명까지는 아닐지라도 사회적인 혁명에 영향을 미쳤다는 것은 명백하다. 그러나 그를 십자가형에 처한 사람은 갈릴리의 통치자 안티파스가 아니라 예루살렘의 총독 빌라도였다. 그렇다면 그 때 그 곳에서 어떤 일이 일어났는가? 그가 죽기 직전의 며칠 동안에 발생한 세 개의 독립적인 사건을 살펴보자. 무엇이 발생했는가를 가장 잘 말해주는 것이 어떤 것인지 보도록 하자.

첫째, 승리의 입성(the Triumphal Entrance)이다. 마가복음에는, 오늘날 종려주일이라 불리는 그 날에 예수가 예루살렘으로 들어가는 승리의, 또는 좀더 정확히 말해서 반(反)승리의, 입성 이야기가 나온다(11:1-10).

제자들이 새끼 나귀를 예수께로 끌고 와서, 자기들의 겉옷을 그 등에 걸쳐 놓으니, 예수께서 그 위에 타셨다. 많은 사람이 자기들의 겉옷을 길에다 폈으며, 다른 사람들은 들에서 잎 많은 생나무 가지들을 꺾어다가 길에다 깔았다. 그리고 앞에 서서 가는 사람들과 뒤따르는 사람들이 외쳤다. "호산나!" "복되시다! 주의 이름으로 오시는 분!" "복되어라! 다가오는 우리

조상 다윗의 나라여!" "가장 높은 곳에서, 호산나!"

분명히 이 장면의 배후에는 기원전 4세기나 3세기에 선포된 예언으로서 지금은 스가랴(9:9)에 포함되어 있는 예언, 곧 알렉산더 대왕이 정복한 도시로 입성하는 것과 하나님의 백성을 구원하기 위해 미래에 임할 메시아적 해방자의 입성을 날카롭게 대조하는 예언이 놓여 있다.

네 왕이 네게로 오신다.
그는 공의로우신 왕,
구원을 베푸시는 왕이시다.
그는 온순하셔서,
나귀 곧 나귀 새끼인
어린 나귀를 타고 오신다.

그런데 마가복음에서는 암시적으로 감추어진 것이 마태복음(21:4-5)과 요한복음(12:15)에 나오는 병행본문들에서는 명백하게 언급되고 있다. 즉 이 두 본문은 똑같이 스가랴 9:9을 인용하고 있으며, 그것이 예수의 예루살렘 입성에서 성취되었다고 말하고 있다. 유월절 상황에서 벌어진 그런 입성은 분명히 당국자들의 반발을 불러일으켰을 것이다. 그러나 예수의 예루살렘 입성을 이처럼 그 예언의 성취라고 보는 것은, 비록 그런 일이 일어날 수 있었다는 가능성까지 부정하는 것은 아니지만, 예루살렘 입성을 심히 의심하게 만들고, 그 결과 그것을 역사적인 사건으로 받아들일 수 없게 만든다. 또 이 사건이 모든 유대인들이 일반적으로 잘 알고 있던 다윗 모델이나 모세 모델에 기초한 것이 아니라, 하나의 예언 속에 있는 그 구절에 기초한 것이라는 사실을 주목해 보라. 그의 입성은 백성들이 앞으로 보기를 기대했던 것이라기보다는 서기관들이 뒤돌아보아 찾아낸 것에 더 가까운 것이다. 다른 말로 해서, 나는 그 입성이 나중에 이루어진 상징적인 회고(retrojection)이지 이전에 실제로 발생한 것이라고는 생각지 않는다.

다음으로 최후의 만찬(the Last Supper)은 어떤가? 마가복음에서 예수는 그의 제자들과 함께 유월절 전야의 만찬을 나누는 중에 임박한 그의 죽음에 관해 예언하고 있다(14:22-25).

> 그들이 먹고 있을 때에, 예수께서 빵을 들어서 축복하신 다음에, 떼어서 그들에게 주시고 말씀하셨다. "받아라. 이것은 내 몸이다." 또 잔을 들어서 감사를 드리신 다음에, 그들에게 주시니, 그들은 모두 그 잔을 마셨다. 그리고 예수께서 말씀하셨다. "이것은 많은 사람을 위하여 흘리는 나의 피, 곧 언약의 피다. 내가 진정으로 너희에게 말한다. 이제부터 내가 하나님의 나라에서 새것을 마실 그 날까지, 나는 포도나무 열매로 빚은 것을 다시는 마시지 않을 것이다."

이 사건은 물론 앞의 입성 사건처럼 공공연한 것은 아니다. 그러나 이것은 예수가 그런 죽음을 초래할지도 모를 어떤 일을 자기가 이미 행했거나 또는 행하려고 한다는 사실을 의식하고 있었다는 것을 말해 주는가? 그러나 또다시 역사적 문제가 제일 먼저 제기된다. 즉 예수는 자기가 죽기 전에 빵과 포도주를 나누는 식사를 통해 몸과 피를 나누는 그의 순교를 상징적으로 보여주는 새로운 유월절 만찬(a new Passover meal)을 제정했는가? 한편 고린도전서(11:23-25)를 보면, 바울은 그런 제도에 관해 분명히 알고 있다. 그러나 다른 한편 요한복음(13-17)은 예수와 그의 제자들이 함께한 최후의 만찬에 관해 말하고 있는데, 이 만찬은 유월절 식사도 아니고 또 그의 죽음을 상징적으로 기념하는 제도화된 의식도 아니다. 도마복음이나 Q 복음도 최후의 만찬 전승에 대해 전혀 언급하지 않는다. 마지막으로 『디다케』(9-10)에 나오는 사례는 특별히 중요하다. 이것은 1세기 후반기의 공동체적이고 종교의례적인 공동식사에 관해 말하고 있는데, 거기서는 유월절 식사와 최후의 만찬, 또는 수난 상징이 그 공동식사의 기원이 되었다거나 발전에 영향을 미쳤다는 암시를 전혀 찾아볼 수가 없다. 나는 이 특별한 기독교인들이 그 요소들에 관해 모든 것을 알았음에도 불구하고 고의적으로 그것들을 무시했다고는 믿을 수가 없다. 나는 단지 그 요소들이 처음부터, 즉 예수 자신에 의해 엄숙하고 형식적이고 결정적인 제도로 제정되어 모든 사람에게 알려져 있었던 것이 아니었다는 것만을 가정할 수 있을 뿐이다. 예수가 창시하고 뒤로 물려준 것은 앞에서 자주 살펴본 열린 공동식사의 전통이었으며, 따라서 일의 내막은 예수가 죽은 후에 어떤 기독교 집단들이 그의 생애 중에 나온 공동식사와 그의 죽음의 기념식을 결합한 제의로서 최후의 만찬을 만들어 낸 것이었다. 이것은 아주 느리게 다른 기독교 집단들로 퍼져 나갔다. 이것은 예수 자신의 죽음에 관한 사실들을 설명해 주는 역사적 사건으로는 이용될 수가 없는 것이다.

마지막으로, 성전 정화(the Temple Cleansing)가 있다. 그런데 이것은 가장 부적합한 용어로서, 실제로는 성전의 상징적인 파괴(symbolic destruction of the Temple)를 의미한다. 여기서 우리는 훨씬 더 확실한 역사적 기초 위에 서게 되는데, 그 이유는 이 사건에 대한 세 개의 독립적인 자료들이 있기 때문이다.

첫 번째 자료는 도마복음(71)에서 발견된다. 그러나 그것은 아무런 행동도 없이 말씀만을, 즉 수반하는 행위가 없이 대화만을 담고 있다.

예수께서 말씀하였다. "나는 [이] 집을 [파괴]할 것이다. 그 누구도 그것을 세울 수 없을 것이다.

즉, 내가 이 집을 완전히 파괴하겠다는 것이다. (하나님의) 집으로서의 성전에 대해서는 기원후 100년경에 나온 유대의 『시빌의 신탁』(*Sibylline Oracles*)의 다음과 같은 구절을 살펴보라(4:8-11).

[위대하신 하나님께서는] 집을, 성전이라고 세워진
돌덩이를 갖지 않으시기 때문이다,
그것은 말도 못하고 이[齒]도 없지만,
사람들에게 많은 불행을 가져다주는 해악이다.
그러나 땅에서는 볼 수가 없고 인간의 눈으로는
측량이 불가능한 것이 있으니,
그것은 인간의 손으로 만들어진 것이 아니기 때문이다.

하나님의 집 혹은 성전은 땅 위가 아니라 하늘에 있다는 말이다. 그리고 도마복음(71)에서처럼 이 집이라는 용어를 사용한 것이 이 사건에 대한 다른 두 개의 독립적인 자료들 속에서는 다르게 나타나 있다.

다음으로 마가복음(11:15-19)의 자료가 있는데, 이것은 정화(淨化)가 아니라 상징적인 파괴다. 여기서는 앞의 경우와는 달리 먼저 물리적인 행동이 나오고 그 다음에 해석적인 말씀이 나온다. 우선 그리고 일반적으로 보아, 성전 바깥뜰에서 사고팔거나 돈을 교환하는 일에는 어디에도 잘못된 것이 없었다. 그 누구도 훔치거나 속이거나 성스러운 구역을 더럽히지 않았다. 이런 상행위(商行爲)는 성전의 재정적인 기초와 희생제사의 목적을 위해 절대적으로 필요한 요소들이었다. 둘째로, 마가 자신은 예수가 성전을 정화한 것이 아니라 상징적으로 파괴한 것이었음을 알았다. 왜냐하면 그는 예수의 행동을 열매 없는 무화과나무에 대한 저주(11:12-14)와 무화과나무가 시들어버린 것(11:20) 사이에 의도적으로 끼워 넣고 있기 때문이다. 즉 쓸모없는 무화과나무가 파괴된 것처럼 쓸모없는 성전도 상징적으로 그렇게 파괴되었다는 말이다.

> 그리고 그들은 예루살렘에 들어갔다. 예수께서 성전에 들어가셔서, 성전 뜰 안에서 팔고 사고하는 사람들을 내쫓으시면서 돈을 바꾸어 주는 사람들의 상과 비둘기를 파는 사람들의 의자를 둘러엎으시고, 성전을 가로질러 물건을 나르는 것을 금하셨다.
> 예수께서는 가르치시면서, 그들에게 말씀하셨다. "기록된 바 '내 집은 만민이 기도하는 집이라고 불릴 것이다'[=이사야 56:7] 하지 않았느냐? 그런데 너희는 그 곳을 '강도들의 소굴'로 만들어 버렸다[=예레미아 7:11]."

우선, 행위와 말, 행동과 비판적 언사의 균형을 주목해 보라. 물론 이 행위는 성전의 물리적인 파괴가 아니라 의도적이고 상징적인 공격이다. 이 행동은 성전의 재정적이고 희생제사적이며 제의적인 사업들을 중지시킴으로써 성전을 파괴한다.

마지막으로, 요한복음(2:14-17)의 기사가 있다. 다시 한번 나는 행위와 말씀의 균형에 주목한다. 그러나 다른 구약성서의 본문을 사용함에도 불구하고 여전히 집이라는 단어를 사용하고 있음을 주의해 보라.

> 성전 뜰에 소와 양과 비둘기를 파는 사람들과 환전상들이 앉아 있는 것을 보시고, 노끈으로 채찍을 만드셔서, 양과 소와 함께 그들을 모두 성전에서 내쫓으시고, 돈을 바꾸어 주는 사람들의 돈을 쏟아 버리시고, 상을 둘러엎으셨다. 비둘기파는 사람에게는 "이것을 거둬 치워라. 내 아버지의 집을

장사하는 집으로 만들지 말아라" 하고 말씀하셨다. 제자들은 "주의 집을 생각하는 열정이 나를 삼킬 것이다[=시편 69:9]" 하고 기록된 성경 말씀을 기억하였다.

유대 사람들이 예수께 묻기를 "당신이 이런 일을 하다니, 무슨 표적을 우리에게 보여 주겠습니까?" 하니, 예수께서 그들에게 말씀하시기를 "이 성전을 허물어라. 그러면 내가 사흘만에 다시 세우겠다" 하였다. 그러자 유대 사람들이 말하였다. "이 성전을 짓는 데 마흔 여섯 해나 걸렸는데, 이것을 사흘만에 세우겠습니까?" 그러나 예수께서 성전이라고 하신 것은 자기 몸을 두고 하신 말씀이었다. 예수께서 죽은 사람 가운데서 살아나신 뒤에야, 제자들은 그가 말씀하신 것을 기억하고서, 성경 말씀과 예수께서 하신 말씀을 믿었다.

요한은 이 사건을 예수의 생애에 대한 그의 기록의 마지막이 아니라 출발점에 위치시킴으로써 마가와는 전혀 다른 방향으로 발전시켰음이 분명하다. 요한복음에서는 예수 자신이 성전 당국자들의 성전을 상징적으로 파괴하기보다는, 바로 그 성전 당국자들이 상징적인 성전으로서의 예수의 몸을 파괴하라고 도전받고 있다. 그러나 어떤 경우이든 정화가 아니라 파괴가 논쟁의 요점이다.

그러므로 나는 성전의 상징적인 파괴와 관련된 행동과 말씀은 역사적 예수에게서 유래한 것이라는 결론을 내린다. 그의 행동은 마가복음과 요한복음에 묘사된 것과 같은 것이었으며, 그의 말씀은 도마복음에 있는 것과 유사한 것이었다. 이 말씀은 마가복음과 요한복음 속에 들어와서 다양한 (구약) 성서 인용구들이 첨가되면서 발전되고 해석되었다. 그러나 이처럼 성서 인용구들을 예수의 성전 행동에 적용시킨 것은, 처음에는 불가사의한 것으로 생각되고 또 기원후 70년에 실제로 성전이 파괴됨으로써 더욱 더 그렇게 여겨지게 된 행동에 대해 나중에 붙여진 설명들이다. 그러나 그 사건이 비록 역사적인 것이라 해도 그것이 곧바로 예수의 체포와 처형에로 이어졌을까? 도마복음(71)은 그런 연결 관계에 대해 아무것도 언급하지 않는다. 그러나 마가복음에서는 분명히 그런 연결을 찾아볼 수 있다 (11:18).

> 대제사장들과 율법학자들이 이 말씀을 듣고서는, 어떻게 예수를 없애 버릴까 하고 방도를 찾고 있었다. 그들은 예수를 두려워하고 있었던 것이다. 무리가 다 예수의 가르침에 놀라고 있었기 때문이다.

요한복음은 이 문제를 어떻게 처리했는가? 그는 한편으로는 이 사건을 체포와 처형이 있기 오래 전인 예수의 생애 시작 부분에 위치시키고 있다. 그러나 다른 한편, 이 사건을 다소 완곡한 방법으로 그의 죽음과 직접적으로 연결시켰다. 위에서 인용한 본문에서 그것을 다시 읽어 보라. 성전을 파괴하는 예수로부터 돌연 그의 몸을 파괴하는 그의 청취자들로 넘어가는 전환을 주목해 보라. 나는 그런 전환의 이유가, 요한은 그 사건이 예수의 체포를 유발했다는 것을 알았으나 그 사건을 의도적으로 예수의 공적인 생애(public life) 초기에 위치시킴으로써 그 긴 그림자가 그 외의 모든 일에 걸쳐서 드리워지게 만드는 데 있다고 생각한다.

그러면 이제 실제로 발생했던 일에 대한 나의 역사적 재구성을 보자. 나는 갈릴리의 가난한 농민들이 규칙적으로 성전의 축제에 참석했다고는 확신하지 않는다. 나는 예수가 단 한 번 예루살렘에 갔으며, 또 그가 갈릴리에서 설교했던 영적이고 경제적인 평등주의가 종교적인 차원과 정치적인 차원 모두에서 불평등하고 후견체제적이고 심지어는 억압적이기까지 한 모든 것의 소굴이요 상징이었던 성전에서 분개하여 폭발했다는 것을 매우 가능성 있는 사실로 받아들인다. 예수의 상징적인 파괴는 그가 이미 자신의 가르침을 통해 말해 왔고, 자신의 치유를 통해 이루어 왔으며 자신의 열린 공동식사의 선교를 통해 실현해 온 것을 구체화한 것일 뿐이다. 그러나 유월절을 맞고 있는, 더욱이 빌라도 총독의 지배 아래 있는 예루살렘 성전의 긴장되고 일촉즉발의 분위기는, 갈릴리, 곧 비록 악명 높은 안티파스의 지배 아래 있다고는 하나 갈릴리라는 시골 지역의 분위기와는 같을 수가 없었다. 그래서 병사들이 즉각적으로 그를 체포하기 위해 움직였다.

의로운 사람 야고보

만일 당신이 예수가 정기적으로 예루살렘을 방문했다고 생각한다면, 당신은 왜 그때 단 한 번만 성전에서 무슨 일이 발생했는가를 설명해야만 한다. 만일 당신이 나처럼 예수가 단 한 번만 성전에 갔다고 생각한다면, 당신은 왜 그가 단 한 번만 성전에 갔는가를 설명해야만 한다.

순례 여행이라는 면에서 성전과 관계된 것 외에도 예수와 예루살렘 사이에는 두 개의 관계가 더 있다. 하나는 예루살렘 변두리에 있는 베다니에서 그가 마리아와 마르다, 나사로와 가진 관계이다. 죽은 나사로를 살리기 위해 베다니로 가고 있는 예수를 내가 상상하고 있다고는 생각하지 말기 바란다. 내가 이 이야기를 어떻게 해석하는가는 이미 설명했다. 그러나 그 가족은 매우 특별했다. 그들은 형제자매들로 이루어진 가족이다. 즉 우리는 그들의 부모에 대해 아무것도 모른다. 예수는 어떻게 그 가족을 알게 되었을까? 어디에서 그들을 만났을까? 이 관계는 예수가 단 한 번 예루살렘에 나타나신 그 일과 어떤 연관이 있을까?

예수의 예루살렘 여행과 관련해서 또 다른 훨씬 중요한 가능성 때문에 우리는 예수의 형제 야고보를 다시 살펴보게 된다. 요세푸스는 『유대 고사

』(20.197-203)에서 야고보의 처형에 관해 다음과 같이 말하고 있다(고딕체는 내가 표시한 것이다).

> 페스투스(Festus)가 죽었다는 소식을 듣고 카이사르는 알비누스(Albinus)를 유대의 총독으로 파송했다. 왕은 요셉을 대제사장직에서 해임하고 이 직책을 아나누스(Ananus)의 아들에게 맡겼다. 그 아들의 이름 역시 아나누스였다. …이 아들 아나누스는… 성질이 경솔하고 유별나게 무모했다. 그는 사두개파를 따랐는데, 이들은 재판을 할 때…참으로 다른 어떤 유대인들보다 더 냉혹한 사람들이었다. 그런 성격을 가진 아나누스는 페스투스가 죽고 알비누스는 아직 오는 중에 있기 때문에 좋은 기회를 맞았다고 생각했다. 그래서 그는 산헤드린의 재판관들을 소집했고 그들 앞에 **그리스도라고 불렸던 예수의 형제로서 이름이 야고보인 남자**와 몇몇 다른 사람들을 세웠다. 그는 그들이 율법을 위반했다고 고소했고 돌로 쳐죽이도록 넘겨주었다. 그 도시에 사는 사람들 중에서 가장 공평하다고 여겨지고 율법을 지키는 데도 엄격한 사람들이 이 일로 해서 마음이 상했다. 그래서 그들은 아그리파 왕에게 은밀히 전갈을 보내어 아나누스가 첫걸음부터 공정하지 못했으므로 더 이상 그런 행동을 하지 못하도록 그에게 명령할 것을 요청했다. 그들 중 몇 사람은 알렉산드리아로부터 오고 있는 알비누스를 만나러 가서는, 아나누스가 그의 허락 없이 산헤드린을 소집할 권한이 없다는 점을 그에게 알리기까지 했다. 이 말을 납득한 알비누스는 화가 나서 아나누스에게 편지를 써서 대가를 치르게 하겠다고 위협했다. 아나누스의 행동으로 인하여 아그리파 왕은 그를 세 달 동안 누렸던 대제사장 직에서 물러나게 했고, 다마스커스의 아들인 예수로 하여금 그 자리를 대신하게 했다.

대제사장 아나누스는 기원후 62년, 야고보와 다른 몇 사람을 죽이기 위해 페스투스 총독의 사망과 그의 후임자 알비누스의 도착 사이의 틈새를 이용한 일 때문에, 헤롯가의 통치자 아그리파 2세와 로마의 총독 알비누스의 분노를 자초했다. 요세푸스는 우리에게 이 아들 아나누스가 사두개파 사람(a Sadducee, 제사장 귀족집단 - 역자주)이라고 말한다. 그러나 그는 그 이상이었다. 그의 아버지 아나누스는 기원후 6년에서 15년까지 대제사장을 지냈고, 복음서에서 우리에게 안나스로 알려져 있다. 아버지 아나누스는 대제사장 요셉 가야바의 장인으로서, 가야바는 기원후 18년에서 36년까지 대제사장을 지냈고 또 성서를 통해 우리에게 알려져 있는 인물이었다. 게다가 그는 다섯 명의 다른 대제사장인 엘리아자르, 요나단, 데오빌로, 맛디아스, 그리고 지금 우리가 관심을 갖고 있는 아들 아나누스의 아버지였다. 마지막으로 그는 기원후 65년의 대제사장이었던 맛디아스의 할아버지였다. 아버지 아나누스의 가문은 60년에 걸쳐 8명의 대제사장을 배출함으로써 그 이전 수십 년 대부분 동안 대제사장직을 독점해 왔으나 야고보를 처형한 일로 인해 아들 아나누스는 불과 3개월만에 공직에서 물러나게 되었다. 아들 아나누스가 방심하여 저지른 불법행위만으로는 그런 반발을 일으키는 것이 불가능했을 것이고, 따라서 야고보는 예루살렘에 힘이 있고 중요한, 심지어는 정치적으로 조직화된 친구들을 갖고 있었음에 틀림없다. 그들은 누구인가? "그 도시에 사는 사람들 중에서 …율법을 지키는 데 엄격한 사람들"이라는 요세푸스의 구절은 아마도 바리새인들(Pharisees, 율법을 엄수함으로써 이스라엘의 회복을 기대했던 집단 - 역자주)을 가리킬 것이다. 야고보가 바리새인이었나? 또 더 중요한 것으로, 그는 얼마나 오래 예루살렘에 살았는가? 앞에서 살펴본 바와 같이 바울이 처음으로 그를 만났던 때인 기원후 38년경에 그가 거기에 있었다는 것은 분명하다. 그는 예수가 처형된 후에야 비로소 거기에 온 것인가, 아니면 그 일이 있기 오래 전부터 거기에 있었던가? 나는 이 모든 것이 얼마나 잠정적인 것인가를 분명히 알고 있다. 그러나 야고보가 예루살렘에 나타나고 머문 일에 대해서는 통상적으로 제시되는 설명보다 훨씬 더 많은 설명이 필요하다. 그는 오래 전에 나사렛을 떠났고 유식하게 되었고 또 예루살렘에 있는 서기관 집단에 끼게 된 것인가? 그가 일찍부터 예루살렘에 있었던 것과 예수가 그곳에 (단 한번?) 방문한 것이 요한복음에 나오는 다음 구절(7:3-5)과 어떻게든 관계가 있는가?

> 예수의 형제들이 예수께 말하였다. "형님은, 이 지방에서 떠나 유대로 가서, 거기에 있는 형님의 제자들도 형님이 하는 일을 보게 하십시오. 알려지기를 바라면서 숨어서 일하는 사람은 없습니다. 형님이 이런 일을 하는 바에는, 자기를 세상에 드러내십시오." 예수의 형제들까지도 예수를 믿지 않았기 때문이다.

이 모든 것들은 완전히 가설적인 것이며 나는 이 사실을 매우 분명히 알고 있다. 그러나 우리는 야고보에 관하여 훨씬 더 많은 것을 생각할 필요가 있다. 즉 그가 어떻게 한편으로는 사두개파에 의해 처형되어야 했고, 다른 한편으로는 그의 죽음이 한 대제사장을 불과 3개월만에 공직에서 물러나게 만들었던 그런 지위를 유대인 진영에서 차지하게 되었는가를 생각할 필요가 있다. 무엇보다도, 그는 예수의 처형이 있기 오랜 전부터 예루살렘에서 살았는가? 또 그가 거기서 살았기 때문에 예수의 단 한 번의 예루살렘 여행을 초대했고 자극했고 또 도전했을까?

인상적인 본디오 빌라도 총독

우선, 신약성서의 복음서들 밖에서 우리가 본디오 빌라도 총독에 관해 알 수 있는 것은 무엇인가? 기원전 4년, 헤롯 대왕의 세 아들이 그의 왕국을 나누어 다스리기 시작하여, 아켈라오는 그 왕국의 남부와 중앙 지역인 이두매, 유대, 사마리아를 단지 10년 동안 통치했을 뿐이었다. 즉 기원후 6년 아우구스투스가 그를 해임한 후에 그의 영토는 로마 총독의 직접 통치를 받게 되었고, 이에 비해 갈릴리는 유대인 출신의 통치자인 안티파스를 통해 로마의 간접적인 지배를 계속 받게 된다. 이때부터 팔레스타인 전체가 로마의 직접 통치를 받게 되는 기원후 44년까지, 일곱 명의 제2급 총독들이나 장관들이 지중해 연안 가이사랴(Caesarea)로부터 중앙과 남부 지역들을 다스렸다. 그들은 오직 예비부대만을 갖고 있었지만, 네 개의 군단(legion)을 거느린 시리아의 제1급 총독이나 특사로부터 법적이고 군사적인 개입이 언제나 가능했다. 그런데 한 개의 군단은 정찰 활동을 맡은 약간의 기병대와 화살이나 돌을 투척하는 약 60문의 포를 제외하고도 중무장한 6천 명의 보병으로 이루어졌다. 전투 공병대로서 그들은 길을 닦고 다리와 요새를 건설하고 목표물을 공격하거나 방어하면서 정해진 목표를 향해 최선을 다해 어떤 지형이라도 곧바로 뚫고 나아갔다.

물론 유대에 대한 로마의 통치는 토착적인 유대 귀족들의 협조, 특히 성전의 대제사장들의 협력에 의존하고 있었는데, 로마는 이들을 해임하고는 그런 협력을 열렬하게는 아니더라도 최소한 안정적인 것으로 유지시켜 줄 것으로 평가되는 호의적인 인물로 교체했다. 본디오 빌라도는 기원후 26년에서 36년까지 10년 동안 다스렸으며, 요셉 가야바는 기원후 18년에서 36년까지 대제사장직에 있었다. 가야바만큼 오랫동안 대제사장으로 있었던 사람은 아무도 없으며, 또 그에 앞서서 총독으로 봉직했던 발레리우스

그라투스(Valerius Gratus)만이 빌라도보다 오래 직위를 유지했다. 그러나 빌라도 총독이나 대제사장 가야바가 그처럼 오래 봉직했다는 사실이 그런 상황에서는 그들 모두에게 축하할 일만은 아니었을 것이다. 어쨌든 그들은 동시에 각자의 직책에서 쫓겨났는데, 이 일은 로마의 관점에서조차도 그들의 협력과 통치를 부정적인 것으로 판단했음을 반영하는 사건일 것이다. 그런데 오늘날 우리는 이 두 인물에 대한 문헌적인 증거와 마찬가지로 고고학적인 증거를 갖고 있다. 1961년에, 가이사랴에 있는 원형극장에서 티베리우스 황제에게 헌정된 비석이 발견되었는데, 그 비문에 "유대의 장관, 본디오 빌라도"라는 글귀가 실려 있다. 이 사람이 우리가 말하는 빌라도가 틀림없다. 그리고 1990년에는 예루살렘 바로 남쪽에서 정교하게 장식된 납골 항아리가 들어 있는 무덤이 하나 발견되었는데, 그 항아리에는 히브리어로 "가야바의 아들 요셉"이라는 이름이 두 번 새겨져 있다. 아마도 이 사람이 우리가 말하는 대제사장 가야바임이 틀림없을 것이다.

앞에서 기원후 66년의 제1차 로마-유대전쟁이 일어나기 전에 있었던 로마 제국주의에 대항한 유대 농민들의 공개적인 저항을 논할 때, 우리는 묵시종말적 예언자들과 자칭 메시아들에 대해 살펴보았다. 또한 같은 시기에 항의 군중들이 몇 차례 집단적으로 시위를 벌인 일이 있었는데, 그들은 어떤 일에 대해 불만을 토로하거나 고충에서 벗어나도록 요구하기 위해 예루살렘이나 가이사랴에 모였던 평범한 사람들의 집단이었다. 요세푸스는 빌라도의 재위 기간에 있었던 그런 사건을 두 가지 말하고 있고, 필로는 그의 『가이우스에게 파견된 사절』(Embassy to Gaius)에서 하나의 사건을 말하고 있는데(199-305), 이것은 요세푸스의 첫 번째 이야기를 단순하게 변형시킨 것이 분명해 보인다.

첫 번째 사건은 『유대 전쟁』(2.169)과 『유대 고사』(18.56) 모두에 언급되고 있는바, 군기(軍旗, Military Standards)와 관련된 이야기다. 여기서는 후자의 것을 인용한다.

유대의 총독인 빌라도가 가이사랴에서 그의 군대를 끌어와 예루살렘에 있는 겨울 병영으로 이동시켰을 때, 군기에 달려 있는 황제의 흉상[부조된 원형패]들을 그 도시로 들여옴으로써 유대의 관습을 파괴하는 과감한 조치를 취했다. 왜냐하면 우리의 율법은 형상을 만드는 것을 금하고 있기 때문이다. 이전의 총독들이 이 도시에 들어올 때에 그런 장식들이 들어 있지 않은 군기들을 사용했던 것은 이런 이유에서였다. 빌라도는 예루살렘에 형상들을 끌어들이고 설치한 첫 번째 사람이었는데, 그것은 그가 밤에 들어와서 백성들과 마주치지 않은 채 그 일을 했기 때문이다.

예루살렘의 평범한 군중들은 지나가는 지역마다 지원자들을 모아 가면서 가이사랴로 몰려갔고 빌라도에게 율법에 어긋나는 그 상징물들을 제거해 줄 것을 요청했다. 그는 거절했고 따라서 "그들은 그의 집 둘레에 꿇어 엎드렸으며 5일 밤낮을 꼼짝 않고 그런 자세로 버텼다"(『유대 전쟁』 2.171). 이 연좌 농성을 깨뜨리기 위해 빌라도는 군대를 경기장 안에 매복시킨 채 시위자들로 하여금 공식 회견을 위해 그리 오도록 했으며, 그런 다음에 그들에게 항복하지 않으면 즉시 죽이겠노라고 위협했다. 모든 사람이 즉각적으로 동시에 순교를 선택하겠노라고 대응하자, 빌라도는 그 많은 사람을 학살하기보다는 그 자신이 굴복하는 길을 택할 수밖에 없었다.

두 번째 사건은 역시 『유대 전쟁』(2.175-176)과 『유대 고사』(18.60-62) 모두에 나오는 성전 기금(Temple Funds) 사건이다. 여기서는 『유대 전쟁』에 나오는 이야기를 인용한다.

그는 고르반(Corbonas)이라고 알려진 성스러운 기금을 수로(水路)를 건설하는데 사용함으로써 새로운 소동을 유발했다. 물은 400펄롱(약 80 km - 역자주) 떨어진 곳에서 끌어왔다. …소요를 예상한 그는 자신의 무장한 병사들에게 평민복을 입혀 군중들 사이에 배치하고, 모든 폭도들에 대해 칼을 사용하지 말고 곤봉으로 처치하라고 명령했다.

이런 전략을 택한 이유는 빌라도의 예전의 경험에서 비롯된 것이다. 즉 군기 사건에서 그는 유대인 군중들을 그의 무장한 군대로 일시에 압박했으나, 그들이 기꺼이 무저항적인 집단 순교를 각오하는 바람에 뒤로 물러설 수밖에 없었다. 따라서 성전 기금 사건에서 그는 군중들을 선동하여 폭력적인 행동이나 무모하게 행동하도록 만든다는 계획을 세워 놓고는 변장한 그의 병사들을 군중 속으로 침투시켰다. 두 사건은 아마도 빌라도가 총독이 된 지 얼마 되지 않아서, 시간적으로 서로 근접하여 발생한 것으로 보인다. 어쨌든 빌라도는 단순한 군중 통제 방법을 사용했음이 분명하다.

빌라도와 관련된 세 번째 사건이 또 있다. 그러나 이 사건은 집단적 시위자들보다는 묵시종말적 예언자들과 관계가 있다. 예전의 시위자들은 유대인들이었으며, 또 광야에서 출발하여 요르단 강을 건너 약속의 땅으로 나감으로써 모세의 원형적인 해방을 재연했다. 그러나 지금 다루는 이 사건의 경우는 유대인들과 관련된 것이 아니라 사마리아인들, 즉 기원전 8세기 이래로 유대인 농민들과 아시리아의 식민주의자들 사이의 후손이었던 사마리아인들과 관련된다. 이 사마리아인들은 예루살렘의 시온 산 위에 있는 유대인 성전과 대립하여 그리심 산 위에 그들 자신의 성전을 갖고 있었으며, 또 이들이 모세를 재연하는 것에는 자기들의 성전이 유대인들의 성전보다 우월하다는 것을 입증해 줄 수 있는 원래의 성스러운 그릇들을 발견한 것과 연관되어 있다. 이 사마리아 예언자(the Samaritan Prophet)의 사건은 『유대 고사』(18. 85-87)에서만 언급되고 있다.

거짓말을 밥 먹듯 하고 온갖 꾀를 동원하여 군중들의 비위를 맞추는 한 사람이 나타나 그들[사마리아 사람들]을 불러모아서 자기와 함께 그들의 믿음에서는 가장 신성한 산인 그리심 산으로 가자고 선동했다. 그는 거기에 도착하면 모세가 거기에 묻어 놓은 신성한 그릇들을 그들에게 보여주겠노라고 장담했다. 이 말을 그럴 듯하게 여긴 그의 청중들은 무장을 하고 나섰다. 그들은 티라타나(Tirathana)라 불리는 어떤 마을에 주둔했고, 그 산을 많은 인원으로 밀고 올라가려는 계획을 세우고, 속속 도착하는 새로운 동참자들을 그들의 대열로 맞아들였다. 그러나 그들이 산을 오르기 전에, 빌라도는 그들의 예상 경로를 기병대와 중무장한 보병으로 차단했으며, 마을에 먼저 도착한 사람들과 마주치자 총력전을 벌여 그들 중 일부를 죽이고 나머지는 쫓아 버렸다. 많은 사람이 포로로 잡혔는데, 빌라도는 그들 중에서 중요한 지도자들과 또 도망자들 중에서 가장 영향력이 있는 사람들을 처형했다.

전에 살펴본 묵시종말적 예언자들이나 천년왕국적 예언자들의 경우처럼, 다시 한 번 요세푸스의 문체가 특별히 거칠어지고 있다. 그런데 이 사건이 빌라도의 총독직에 종말을 가져왔다. 『유대 고사』(18:88-89)에 따르면, 이 사건 후에 사마리아의 당국자들이 빌라도에 반대하여 그의 상급자인 시리아 총독 비텔리우스(Vitellius)에게 고하기를 "그들이 말한 바에 따르면, 그들이 티라타나에서 마주쳤던 것은 로마에 대한 반역자의 무리가 아니라 빌라도의 박해를 피해 나온 도망자들이었다"고 항의했다. 비텔리우스는 그들의 편을 들어, 빌라도를 로마로 보내 티베리우스 황제 앞에서 그의 행위에 대해 해명하도록 했다. 그때 마침 황제가 사망함으로써 그는 자신의 경력까지는 아닐지라도 목숨만은 건질 수가 있었다. 비텔리우스는 또 "가야바라고도 불린 대제사장 요셉도 그의 성직에서 몰아냈다"(『유대 고사』, 18.95).

그러나 이 이야기에는 뭔가 잘못된 것이, 최소한 빠진 것이 있다. 만일 군중들이 실제로 "무장(武裝)을 하고" 있었다면, 로마의 관점에서 보아 빌라도가 잘못한 것을 찾기 어려우며, 마찬가지로 사마리아 관계 당국자들이 어떻게 비텔리우스에게 그를 면직하라고 설득할 수 있었겠는가 하는 것이 이해되지 않는다. 그렇지만 만일 그들이 무장하지 않았고 군사적인 목적보다는 묵시종말적인 의도만을 갖고 있었다면, 티라타나에 모였던 군중을 "도망자들"이라고 평가하는 것이 가능했을 것이며, 빌라도의 행동은 지나치게 잔혹한 것으로 평가된 것이 마땅할 것이다. 그러므로 나는 요세푸스가 사용한 "무장을 하고"라는 말의 정확성을 매우 심각하게 의심하게 되는데, 다음 세 가지 이유 때문에 그렇다. 첫째 이유는 방금 살펴본 바와 같이 사마리아와 로마가 보인 반응이다. 또 다른 이유는 묵시종말적인 예언자들과 그 추종자들은 인간의 힘으로는 더 이상 시정할 수 없게 된 사회문화적인 상황을 해결하기 위해 하나님의 능력을 기대한 사람들이었기 때문에 그들이 무장을 하지는 않을 것이라는 일반적인 기대 때문이다. 이것은 그들이 평화주의자였기 때문이라기보다는 필요한 모든 폭력은 인간에게서 오는 것이 아니라 초월적인 것에서 온다는 점 때문이다. 그들의 역할은 종말론적인 시나리오를 드러내는 제의적 행위를 재연하는 것, 다시 말해 묵시적 대변동(apocalypse)에 힘을 불어넣어 움직이게 하는 것이다. 마지막 이유는, 먼저 나온 『유대 전쟁』과 비교해 볼 때 나중에 나온 『유대 고사』에는 사마리아인들에 대해 훨씬 더 경멸적 시각이 존재한다는 점 때문이다. 다른 말로 해서, 빌라도 총독은 로마의 제국주의적인 기준으로 보아도 지나치게 잔혹하거나 불필요하게 야만적이었기 때문에 공직에서 쫓겨난 것이다. 그리고 우리는 대제사장 가야바가 같은 때에 면직된 것도 똑같은 이유 때문이 아닌가 생각해 볼 수가 있다.

나의 요점은 빌라도가 특별히 극악무도한 사람이었다는 것이 아니다. 그는 평범한 제2급의 로마 총독으로서 유대인들의 종교적 민감성을 아랑곳하지 않았고, 무장하지 않은 채 항의하거나 저항하는 군중들에게까지 잔인한 무력을 통상적인 해결책으로 행사한 인물이었다. 로마의 모든 총독들과 마찬가지로 그 역시 부자와 빈민, 권력자와 약자, 주요 인물과 무가치한 사람, 귀족과 농민을 구분하는 데 신중했다.

바라바는 강도가 아니었다

신약성서 복음서들 속에 나와 있는 기사들을 보면 빌라도 총독은 매우 의롭고 공평한 사람이다. 즉 그는 예수를 풀어 주길 원했으나 유대의 권력자들과 예루살렘 군중들의 고집 때문에 그의 뜻과는 반대로 마지못해 그를 십자가에 처형할 수밖에 없었다고 한다. 그리고 그는 예수와 길게 토론을 했는데, 이 토론 중에 그는 예수에게 사형에 해당하는 어떤 죄도 없음을 계속해서 선언했다고 한다. 예를 들어, 마가복음 본문을 보자(15:6-15).

그런데 빌라도는 명절 때마다 사람들이 요구하는 죄수 하나를 놓아주곤 하였다. 그런데 폭동 때에 살인을 한 폭도들과 함께 바라바라고 하는 사람이 갇혀 있었다. 그래서 무리가 올라가서, 자기들에게 해주던 관례대로 해 달라고, 빌라도에게 청하였다. 빌라도가 말하기를 "여러분은 내가 그 유대인의 왕을 여러분에게 놓아주기를 바라는 거요?" 하였다. 그는 대제사장들이 예수를 시기하여 넘겨주었음을 알았던 것이다. 그러나 대제사장들은 무리를 선동하여, 차라리 바라바를 놓아 달라고 청하게 하였다. 빌라도는 다시 그들에게 말하였다. "그러면, 당신들이 유대인의 왕이라고 하는 그 사람을 나더러 어떻게 하라는 거요?" 그들은 다시 "십자가에 못박으시오" 하고 소리를 질렀다. 빌라도가 그들에게 말하였다. "정말 이 사람이 무슨 나쁜 일을 하였소?" 그들은 더욱 크게 "십자가에 못박으시오" 하고 소리를 질렀다. 그리하여 빌라도는 무리를 만족시켜 주려고, 바라바는 놓아주고, 예수는 채찍질을 한 뒤에 십자가에 처형당하게 넘겨주었다.

나는 이 이야기가 결코 역사적인 것이 아니라 마가 자신의 창작이 분명하다고 단정하는데, 두 가지 이유에서 그렇다. 첫째는, 이 이야기에 나오는 빌라도의 모습, 즉 외치는 군중에게 힘없이 동의하고 있는 모습이 우리가 요세푸스를 통해 그에 관해 알고 있는 것과는 정반대라는 점이다. 난폭하게 군중을 통제하는 것이 그의 전공이었다. 또 다른 이유는, 개방적인 사면(open amnesty) 관습, 곧 유월절 축제 기간 중에는 사람들이 누구를 사면시키라고 요구하든 그를 풀어 주는 식의 개방적인 사면 관습은 모든 행정상의 지혜와는 어긋난다는 점이다. 예를 들어, 당시보다 10년쯤 뒤에 집필한 필로는 너그러운 총독들이 축제일을 맞아 십자가에 못 박힐 범죄자들을 위해 베풀었던 일에 대해 기록하고 있는데, 총독들은 축제가 끝날 때까지 처형을 연기시킬 수 있었고, 또는 처형된 자를 그의 가족이 매장할 수 있도록 허가할 수도 있었다. 그러나 요구에 따라 형 집행을 취소하는 것에 대해서는 전혀 언급하고 있지 않다. 기원후 38년 8월 31일, 칼리굴라 황제의 생일을 축하하는 기간 중에 유대인을 학살한 일로 인해, 이집트의 로마 총독 플라쿠스를 고발하고 있는 『플라쿠스에 대하여』(*Against Flaccus*)에서 그는 다음과 같이 쓰고 있다(81-84).

원칙대로 자기의 정부를 다스리고 자신의 후원자들을 존경하는 흉내만 내는 것이 아니라 진정으로 존경하는 통치자들은 저명한 아우구스투스 가문 사람들의 생일을 축하하는 큰 잔치들이 끝나기까지는 어떤 범죄자라도 처형하지 않는 것이 관례로 되어 있다. …나는 이런 축제일을 앞둔 전야에 십자가에 처형된 사람들이 끌어내려지고 그들의 시신이 가족들에게 넘겨진 사례를 알고 있다. 그들을 매장하게 하고 또 그들을 위해 정상적인 장례식을 갖게 하는 것이 적절하다고 생각되었기 때문이다. 왜냐하면 황제의 생일을 맞아서는 이미 죽은 자라도 친절한 대접을 받아야 하는 것이요 나아가 축제의 존엄함이 지켜지는 것이 마땅하기 때문이다. 그러나 플라쿠스는 십자가에서 죽은 사람들을 내려주라고 명령하지 않았다. 오히려 그는 살아 있는 사람들을, 이 축제의 절기가 영원히는 아니지만 조금이나마 더 살 수 있도록 형 집행을 일시 유예하여 주도록 되어 있는 사람들을 십자가에 처형하라고 명령했다.

그런데 만일 바라바 사건이 실제로 일어난 일이 아니라면, 마가는 왜 그런 이야기를 창작했을까? 그것은 승리의 입성 사건처럼 예언의 성취를 보여주기 위한 것으로 창작된 것은 아닌 듯 싶다. 그러면 그 이야기의 목적은 무엇이었나?

집단적인 시위자들, 묵시종말적 예언자들, 그리고 자칭 메시아들과는 별도로 1세기의 유대 땅에는 마지막 농민 저항자 집단이 있었다. 요세푸스는 계속해서 반도들(rebel bandits), 예를 들어, 자신들의 농토에서 쫓겨난 후 길거리로 나가 거지 신세가 되기보다는 산으로 들어가 의적 떼가 된 농민들에 대해 언급하고 있다. 에릭 홉스봄은 이 주제를 다룬 그의 고전적 연구에서 그들과 평범한 강도들을 구분하기 위해 그들을 사회적 의적들(social bandits)이라 부른다.

그들은 군주와 정부가 범죄자로 낙인찍은 농민 무법자들이다. 그러나 그들은 농민 사회 내에 남아 있으며, 그들의 백성들에 의해 영웅으로, 투사로, 복수자로, 정의를 위한 전사로, 어쩌면 해방운동의 지도자로까지 여겨졌으며, 어떤 경우든 도와주고 지원해 주고 칭찬해야 할 사람들로 인정되었다. …[사회적 의적]은 훌륭한 강도 또는 로빈훗, 원시적인 저항의 투사들 혹은 게릴라 단체…그리고 아마도 테러를 행하는 복수자…라는 세 가지 주요한 형태 중에서 어느 한 가지 형태로 나타난다.[1]

요세푸스가 말하는 반도들이나 무법자들 모두가 성인으로 숭배되는 로빈후드만큼 훌륭하지는 않았을 것이다(로빈후드는 도둑들의 우두머리가 아니라 무법자들의 우두머리였다). 여기서 필요한 일은, 그들을 낭만적으로 그리거나 영웅화하는 것이 아니라, 그들의 존재가 증가하는 것이 언제나 억압받는 하층계급 사람들이 생존 수준 이하로까지 떨어지고 있으며, 또 비록 산발적이고 무력하고 가망이 없는 것이 뻔함을 알면서도 무장 저항으로 내몰리고 있다는 사실을 가리킨다는 점을 이해하는 것이다. 그리스어로 이런 반도에 해당하는 전문 용어는 '레스테스'(*lēstēs*)인데, 바로 이 말이 바라바를 칭하는 데 사용된 것이다. 그는 강도이며 또한, 반역자, 폭도, 자유의 투사였다. 물론 이 말들 중 어느 것을 사용하느냐는 당신이 어떤 관점을 갖고 있느냐에 달려 있다. 그러나 마가복음은 제1차 로마-유대 전쟁이 예루살렘과 그 성전을 완전히 파괴하고서 기원후 70년에 끔찍한 종말을 맞은 후 얼마 안 있어 기록되었다. 이미 우리는 로마군의 엄중한 포위에 의해 예루살렘으로 쫓겨 들어간, 의적들 집단과 농민 반도들의 느슨한 연합체인 열심당이 기원후 68년에 그 반란에서 전반적인 통제권을 차지하기 위해 어떻게 그 도시 안에서 싸웠는가를 살펴보았다. 바로 여기에 예루살렘의 선택이 있었다고 마가복음은 말하고 있다. 즉 예루살렘은

---

1) Eric J. Hobsbawm, *Bandits*, 2d ed. (Middlesex: Penguin Books, 1985; first publish 1969), 17, 20.

예수보다 바라바를, 비무장의 구세주보다 무장한 반도를 선택했다. 다른 말로 해서, 바라바에 관한 마가의 이야기는 그가 목격했던 바를 따라 예루살렘의 운명을 상징적으로 극화한 것(a symbolic dramatization)이었다. 끝으로, 이런 이야기들이 저자에 의해 창작된 것으로 밝혀지는 경우, 그것들을 지은 저자들이 목적하는 바는 단순히 문학적인 꾸밈에 있는 것이 아니다. 일반적으로 그 목적은 여기서와 같이 상징적인 극화(앞에서 내가 사용한 용어로 말하면 과정이 사건이 되는 것)이거나, 승리의 입성 경우처럼 예언의 성취이거나 아니면, 1장에서 살펴 본 유아기 이야기들의 경우처럼 그 둘 다이다.

그러나 바라바 사건에 대한 이런 결론은 훨씬 더 폭넓은 문제를 제기한다. 예수의 최초의 제자들은 어떻게 예수의 죽음과 매장에 관하여 그렇게 많은 것을 알았을까? 거의 시간 단위로 이어지는 그 모든 상세한 일들, 곧 신약성서의 네 권의 복음서와 신약성서 밖의 베드로복음(Gospel of Peter)에 의해 매우 놀라울 정도로 일치된 것으로 제시되고 있는 그 모든 상세한 일들을 그들은 어떻게 알았을까?

다시 한번 성서를 뒤져서

앞에서, "성서를 뒤져서" 어떻게 마태복음과 누가복음에서, 심지어는 그것들 이전에도 예수의 어린 시절 이야기들을 창작했는가를 상기해 보라. 위의 제목에 내가 사용한 "다시 한번"은 이 책의 시작 부분으로 여러분을 돌아가게 한다. 두 번째로, 이 장의 시작 부분에서 내가 이 장은 두 가지 이유로 해서 가장 어렵다고 말한 것을 생각해 보라. 그 한 이유는 고통스러운 십자가형의 공포와 비매장(nonburial)의 가능성을 있는 그대로 이해하는 데 따르는 어려움이었다. 둘째 이유는 자세히 묘사된 예수의 수난 기사들(passion accounts)이 어디에서 왔으며 어떻게 만들어지게 되었는가를 설명해야 하는 필요 때문이다. 그러나 우선, 배경에 대하여 간단하게 살펴보도록 하자. 유대의 에세네파(the Essenes, 광야에서 금욕생활하며 메시아를 기다리던 집단 - 역자주)는 쿰란에 있는 그 본거지가 제1차 로마-유대전쟁 기간 중에 파괴되었고, 감추어져 있던 그 장서들로부터 우리는 사해 두루마리 (the Dead Sea Scrolls)를 얻게 되었는데, 이 종파는 히브리 성서의 예언서들을 가져다가 자신들의 과거 역사와 현재의 상황에 적용시켰다. 제사장이 이끄는 집단이었던 그들은 예루살렘 성전을 떠나 사해의 북서 해안 지역에 정착했다. 그들은 기원전 152년에서 134년 사이에 유대인 하스몬 왕가의 통치자들인 요나단과 시몬이 대제사장직을 강탈한 후에 성전이 더럽혀졌다고 생각했다. 그들의 성서 적용을 보면 옛것과 새것, 과거와 현재를 성서 본문들로 촘촘하게 얽어 짜고 있는데, 이것은 숙련된 주석가와 학식 깊은 서기관들의 작품으로서 여기서 성경과 주석을 구분하기 위해서는 종종 고도의 집중력이 요구된다. 그들의 성서 적용은 두 가지 주요한 유형으로 되어 있다. 하나는 연속적인 주석(sequential exegesis)인데, 여기서는 한 권의 성서로부터 선택된 본문을 절별(節別)로 순서대로 제시하면서 각 절의 끝마다 주석이나 해석을 덧붙인다. 다른 하나는 선집적인 주석 (anthological exegesis)인데, 이것은 여러 성경책으로부터 뽑은 구절들을 모아놓고는 그 중간 중간에 각 절에 해당하는 주석이나 해석을 덧붙인 것이다. 나는 이 두 번째 유형에 속하는 사례 하나를 소개하려고 하는데, 당신의 두뇌를 조금 회전시키기 위해서다. 그것은 쿰란에 있는 제4 동굴에서 발견된 것인데, 여기서는 1952년에 수만 개, 심하게는 수십만 개로 조각난, 대략 6백 개의 필사본이 발견되었다. 그것은 "마지막 날들에 관한 미드라쉬(또는 주석)"로, 또 좀더 딱딱하게는 4Q florilegium 이나 4Q174로 불려지고 있다. 나는 성서의 본문들은 고딕체로 표시해 놓았고, 그 출처는

꺾쇠괄호로 묶어 표시했다. 그러나 당신이 이 글을 읽어 갈 때, 그런 표시들이 되어 있지 않은 상태로 읽는다면 이 글이 원래 어떻게 읽혀졌을까 또는 어떻게 들렸을까를 상상해 보도록 하라.

복 있는 사람은 악인의 꾀를 따르지 아니한대[시편 1:1]는 것의 설명. 해석하면, 이 말은 [백성들의] 길에서 떠난 사람들[에 관한 것이다]. 예언자 이사야의 책에 마지막 날들에 관하여 기록되어 있듯이, [주께서 그 힘센 손으로 나를 붙잡고] 이 백성 [의 길을 따라가지 말라고] 나에게 경고의 말씀을 하셨대[이사야 8:11]. 이 사람들은 에스겔 예언자의 책에서, 우상들을 [따라] 레위 제사장들도 [내게서 멀리 떠나갔대] [에스겔 44:10]고 말하는 그 사람들이다. 그들은 공동체 의회를 떠나 [자신들의 생각을] 좇고 [자기 자신의] 꾀를 [도모한] 사독의 아들들이다.

이렇게 얽혀 짜여진 성서 본문들이 성전 제사장직, 즉 "사독의 아들들" 또는 사두개인들과 쿰란의 에세네파 혹은 "공동체 의회" 사이의 투쟁에 적용되고 있다. 그러나 본문이 본문과 병합되고, 사건이 인용문과 병합될 때 어떤 것이 어디에서 시작되고 또 다른 것이 어디에서 끝나는지를 아는 것이 극히 어려워지기 십상이다. 즉 예언과 역사는 서로 얽혀지기 시작하고 서로간에 영향을 미치며 나아가 서로를 창조해 내기까지 할 수 있었다. 물론, 분명히 그런 모든 작업에는 가장 세련된 서기관들과 주석적인 재능이 필요하다. 이 일은, 제 아무리 말솜씨가 뛰어나고 행동이 명민하다고 할지라도 무식한 농부들의 일은 결코 아니다. 이것은 전적으로 본문과 책, 학식과 주해, 독서, 해석, 그리고 주석의 영역이다. 그렇다면 이것이 증거하는 것은 예수의 제자들 중에 그런 사람들이 있었으며, 그들은 아마도 예루살렘에서 그것도 매우 초창기에 활동했으리라는 점이다.

나의 주장은 예수의 초기 제자들은 그의 십자가형과 죽음 또는 매장의 상세한 내용에 관해서는 거의 아무것도 알지 못했다는 것이다. 그렇게 상세하게 묘사된 수난 기사들 속에서 우리가 지금 만나게 되는 것은 기억된 역사(history remembered)가 아니라 역사화된 예언(prophecy historicized)이다. 그런데 내가 여기서 예언이라는 말로 뜻하는 것이 무엇인지 매우 분명하게 알아둘 필요가 있다. 나는 미래를 점치거나 미래의 징조를 드러내 보여주는 본문이나 사건, 혹 사람들, 즉 먼 훗날에 성취될 것에다가 미리(forward) 투영시키는 것을 의미하지 않는다. 내가 뜻하는 것은 위의 요소들을 소급하여(backward) 찾는 것, 다시 말해 예수의 생전의 사건들이 이미 알려져 있고, 나아가 그의 제자들이 히브리 성서의 본문들이 예수를 염두에 두고 쓰여졌다고 주장한 다음에(after) 찾아내어지는 것이다. 이런 의미에서, 예언은 그 사실의 사전에 알려지는 것이 아니라 사후에 알려진다.

   나는 수난 이야기들의 발전을 세 단계로 구분한다. 첫째는 역사적인 수난(historical passion)이다. 이것은 예수에게 실제로 일어난 일이며, 그때 있었던 사람은 누구나 볼 수 있었던 일을 말한다. 그가 십자가에 처형되었다는 것은 지금까지 역사 속에 있었던 모든 것들만큼이나 틀림없는 사실이다. 왜냐하면 마지막 장에서 구체적인 본문들을 통해 살펴보겠지만, 요세푸스와 타키투스 두 사람도 최소한 이 기본적인 사실에 관해서는 기독교의 진술과 의견을 같이하기 때문이다. 그 다음에 오는 것이 예언적 수난(prophetic passion)이다. 이것은 렌스키의 계층 이론에서 보면, 농민계급이라기보다는 신하계급 출신의 서기관으로서의 지식이 있는 제자들에 의해서, 그 충격적인 사건에 대한 근거나 정당성을 히브리 성서 속에서 찾아낸 것이다. 즉 하나님의 선택받은 이가 어떻게 그런 일을 당할 수 있을까? 또 그런 일을 당했다면 그가 여전히 하나님의 선택받은 자가 될 수 있을까? 마지막으로 오는 것이 수난 설화(narrative passion)다. 이것은 그런 예언적 성취들을 연속적인 하나의 설화 속에 배치하는 것인데, 여기서 그 설화의 기원들은 그럴듯한 역사적인 뼈대 속에 완전히 감추어져 있다. 나는 여러분이 적어도 이 주장의 타당성을 이해할 수 있기를 원하는데, 그래서 전체 이야기를 총체적으로 살펴보기보다는 구체적으로 하나의 사건을 살펴보겠다. 만일 이것이 당신에게 납득이 되지 않는다면, 그 이상의 것도 당연히 그럴 것이다.

이 가설을 검증할 때, 그 수난 사건이 있은 지 40년에서 60년 뒤에 기록된 복음서들의 기사들을 통해 당신이 부활절 일요일에 관해 알게 된 것은 전부 잊어버리도록 하라. 그 대신에 십자가 처형 직후에 예수의 유식한 제자들이 그들의 성서(구약성서 - 역자주)를 뒤지기 시작하는 것을 상상해 보라. 곧 20년이나 40년, 60년 뒤에 나온 모든 기록들보다 앞서 되어진 일, 따라서 이것이 없이는 뒤에 나온 기록들이 결코 존재할 수 없었던 그 일을 상상해 보라. 다른 말로 해서, 하나님 나라 운동에 속한 어떤 집단들이 활동하던 30년대를 상상해 보라.

당신이 지금 그 첫 번째 성토요일(Holy Saturday, 예수는 금요일에 처형되었기 때문에 성토요일은 그가 부활한 일요일 바로 전날이다 - 역자주), 즉 앞으로 대략 5년에서 10년 동안 계속될 바로 그 날을 살고 있다고 생각해 보라. 당신은 예수의 어떤 제자들 사이에 있는데, 그들은 농부들이 아니고, 기적에도 관심이 없으며, 예수의 말씀들을 수집하고 보존하고 창작하는 데도 전혀 관심이 없으며, 반대로 자신들의 과거를 이해하고 현재를 되찾고 미래를 바로 보기 위해 성서를 연구하는 일에 매우 큰 관심을 갖고 있는 사람들이다. 당신은 무엇을 찾는가? 당신은 무엇을 만들어내는가? 제일 먼저, 당신은 당신이 찾고 있는 것이 무엇인지를 정확하게 알고 있다. 즉 당신은 성서 본문들, 곧 예수에게 죽음은 끝이 아니라 시작이며, 하나님의 심판이 아니라 하나님의 계획이며, 또 최후의 패배가 아니라 승리가 잠시 연기된 것임을 보여주는 본문들을 찾고 있다. 그러므로 당신은 특별히 어떤 이중성을 갖는 본문들, 즉 두 개의 영역, 두 개의 국면, 두 개의 단계, 두 개의 차원에 대한 어떤 암시를 갖고 있는 본문들을 찾고 있는 것이다.

그러한 본문 중의 하나는 유대교의 속죄일(Jewish Day of Atonement) 종교 의례에 관한 것인데, 여기에는 두 마리의 염소가 있어, 한 마리는 사람들의 죄를 지고 광야로 내보내지고, 다른 한 마리는 성전에서 희생제물로 드린다. 이에 관한 기본적인 본문은 레위기 16:7-10과 21-22에 나오는데, 여기서는 이 종교의례가 하나님께서 첫 번째 대제사장인 아론에게 지시한 것으로 묘사되고 있다.

> 또한 그[아론]는 숫염소 두 마리를 끌어다가, 회막 어귀에, 주 앞에 세워 놓고, 그 숫염소 두 마리를 놓고서 제비를 뽑아서, 주께 바칠 염소와 아사셀에게 바칠 염소를 결정하여야 한다. 아론은 주의 몫으로 뽑힌 숫염소를 끌어다가 속죄 제물로 바치고, 아사셀의 몫으로 뽑힌 숫염소는 산 채로 주 앞에 세워 두었다가, 속죄 제물을 삼아, 빈들에 있는 아사셀에게 보내야 한다…살아 있는 그 숫염소의 머리 위에 두 손을 얹고, 이스라엘 자손이 저지른 온갖 악행과 온갖 반역 행위와 온갖 죄를 다 자백하고 나서, 그 모든 죄를 그 숫염소의 머리에 씌운다. 그런 다음에, 기다리고 있는 사람의 손에 맡겨, 그 숫염소를 빈들로 내보내야 한다. 그 숫염소는 이스라엘 자손의 온갖 죄를 짊어지고 황무지로 나간다. 이렇게 아론은 그 숫염소를 빈들로 내보낸다.

예루살렘에 사는 유대인으로서 당신은 이 종교의례가 실제로 행해지는 것을 보았을 것이고, 따라서 성서 본문만을 의지하여 그것을 상상하지는 않을 것이다. 또한 우리는 기원후 200년경에 대총회장 유다(Judah the Patriarch)에 의해 완성된 랍비 법전인 『미슈나』(*Mishnah*)로부터 이 종교의례의 실제적인 과정에 관한 네 가지 세부적인 사항들을 알 수 있다. 즉 두 마리의 염소는 비슷하여 어느 하나가 기울지 않고 비등해야 한다. 속죄 염소의 머리에 진홍색 털실을 두른다. 이 염소가 광야로 내몰릴 때에 사람들이 그것을 학대한다. 그리고 광야에서 이 염소를 도살하기 전에 진홍색 털실은 그 뿔과 바위 사이에 매달아놓는다. 당신은 이 진홍색 털실이 "너희의 죄가 주홍빛과 같다 하여도 눈과 같이 희어질 것이며, 진홍빛과 같이 붉어도 양털과 같이 희어질 것이다"(이사야 1:18절)라는 하나님의 약속을 생각하게 만들었을 것이다. 또 당신이 이사야에 관해 생각하는 한, 사람들이 그 가련하고 불운한 짐승에게 자신들의 죄를 상징적으로 단호하게 전가하는 그 학대는 "나는 나를 때리는 자들에게 등을 맡겼고, 내 수염을 뽑는 자들에게 뺨을 맡겼다. 내게 침을 뱉고 나를 모욕하여도 내가 그것을 피하려고 얼굴을 가리지도 않았다"(50:6)는 구절을 기억하게 했다. 당신은 사람들이 자신들의 죄를 속죄 염소에게 쏟아 부었다는 것과, 또 그 가련한 동물을 광야로 쫓아내 죽도록 찌르고 몰아치기 위해 갈대를 사용했다는 것을 알았다. 물론 그렇게 욕설을 퍼붓고 찌르거나 쑤셔대는 것은 잔인할 뿐만 아니라 그 종교의례 자체에 육체적으로 참여하는 것이다.

솔직하게 말해, 당신이 속죄일과 그 두 마리 염소를 선택한 것이 썩 만족스러운 것은 못된다. 예수가 쉽사리 속죄 염소(scapegoat)로, 즉 백성들의 죄에 대한 죄 값으로 도시 밖으로 쫓겨나 살육된 염소로 해석될 수 있기 때문이다. 그러나 그 두 번째 염소도 비록 성전 안에서이기는 하지만, 역시 희생제물이 되어, 이것 역시 또 하나의 다른 수난 이야기처럼 들린다. 분명코 그 이상의 무엇인가가 필요한데, 그것은 우리가 볼 수 있는 한 처음부터 거기에 있었다.

당신이 레위기 16장을 읽거나 그 종교의례를 생각했을 때 당신은 16:23-24에서 아론이 그의 옷을 바꾸어 입는 것이 언급되고 있음을 주목했어야만 했다.

> 그런 다음에, 아론은 회막으로 들어간다. 그 때에, 그는 성소에 들어갈 때에 입은 모시옷은 벗어서 거기 놓아두고, 성소 안에서 물로 목욕하고 난 다음에, 다시 옷을 입고 바깥으로 나가서, 자기의 번제물과 백성의 번제물을 바쳐, 자신과 백성의 죄를 속하여야 한다.

이처럼 대제사장 아론이 옷을 갈아입는 이 이야기에서 당신은 어렵지 않게 스가랴 3:3-5을 떠올렸을 것인데, 여기서는 기원전 6세기 후반, 유대 지도자들이 바빌론 포로생활에서 돌아온 직후에 천사가 대제사장 여호수아의 옷을 갈아입히고 있는 장면이 그려지고 있다.

> 그 때에 여호수아는 냄새나는 더러운 옷을 입고 천사 앞에 서 있었다. 천사가 자기 앞에 서 있는 다른 천사들에게, 그 사람이 입고 있는 냄새나는 더러운 옷을 벗기라고 이르고 나서, 여호수아에게 말하였다. "보아라, 내가 너의 죄를 없애 준다. 이제, 너에게 거룩한 예식에 입는 옷을 입힌다." 그 때에 내가, 그의 머리에 깨끗한 관을 씌워 달라고 말하니, 천사들이 그의 머리에 깨끗한 관을 씌우며, 거룩한 예식에 입는 옷을 입혔다. 그 동안 주의 천사가 줄곧 곁에 서 있었다.

이제 성서를 뒤지는 당신의 탐색은 어디엔가 도달하기 시작했다. 즉 두 마리의 염소 중에서 첫 번째 혹은 속죄 염소의 죽음은 예수의 처형에 대한 예언적 모델로서 가장 적절하며, 두 번째 염소는 조금은 장황하다. 그러나 더러운 것과 깨끗한 것으로 이루어진 한 쌍의 옷은 예수에 대한 예언적 예표(type, 이것은 그런 모델에 해당하는 전문적인 용어이다)로서 훨씬 더 적절한

데, 첫째 옷은 십자가에서 치욕을 당한 예수에 대한 예표이며, 두 번째 옷은 재림(再臨, the second coming) 때 승리를 거두는 예수에 대한 예표로서 적절했다. 그리고 당신이 스가랴만을 뒤지면서 그 선상을 따라 생각하는 한, 3:3-5로부터 12:10로 나가는 것은 매우 쉬운 일이었다.

그러나 내가, 다윗 집안과 예루살렘에 사는 사람들에게 '은혜를 구하는 영'과 '용서를 비는 영'을 부어 주겠다. 그러면 그들은, 나 곧 그들이 찔러 죽인 그를 바라보고서, 외아들을 잃고 슬피 울듯이 슬피 울며, 맏아들을 잃고 슬퍼하듯이 슬퍼할 것이다.

당신은 이제 과거로부터 미래로, 수난으로부터 재림으로, 십자가에 달린 예수로부터 승리의 예수로, 찌르는 날로부터 세상의 종말 때 예수를 찔렀던 사람들이 예수로 인해 또 그들이 저질렀던 일로 인하여 슬피 울게 될 날로, 완벽하고도 아름답게 다리를 놓아 연결한 셈이다.

이제 나는 그 전체적인 주석 과정을 보여주는 기독교 문서 하나를 제시하겠다. 그것은 다음과 같은 네 개의 층으로 이루어져 있다. 즉 레위기 16장의 성서와 미슈나에 나오는 두 종류의 염소들(나는 이것을 밑줄을 그어 표시한다), 스가랴 3장에 나오는 관을 씌우고 옷을 입히는 일(고딕체로 표시함), 스가랴 12장에 나오는 바라보는 일과 찌르는 일(고딕 이탤릭체로 표시함), 그리고 이사야 50장에 나오는 침뱉는 일(보통의 이탤릭체로 표시함)이다. 이 층들 모두는 하나로 합쳐져서 예수가 과거에 진 십자가는 필연적으로 그가 미래에 이룰 승리를 가리킨다는 논증을 구성한다. 이 본문은 『바나바 서신』(*Epistle of Barnabas*)에서 나온 것인데, 이 서신은 1세기의 마지막 무렵에 쓰여졌으나 신약성서의 복음서들에 대해서는 아무것도 알지 못한다. 7:6-12에 나오는 이 본문은 속죄일에 실제로 행해지는 종교의례에 기초한 네 가지 질문을 통하여 다음과 같이 전개된다.

주어진 명령이 무엇인지 주목하라: "흠이 없고 똑같은 두 마리 염소를 취하여 제사장에게 주어서 한 마리를 죄를 위한 번제물로 드리게 하라."

(1) 그러면 그들은 다른 한 마리로 무엇을 해야 하는가?
"다른 한 마리는 저주를 받게 된다"고 그가 말하였다. 예수의 예표(type)가 어떻게 드러나게 되는지 주목하라: "*그리고 너희 모두가 그것에 욕설을 퍼붓고 또 그것을 괴롭혀래 찔러라*. 그리고는 진홍색 털실을 머리에다 묶고는 광야에다 갖다 버리도록 하라." 그대로 다 이루어지면, 염소를 광야로 끌고 간 사람은 염소를 앞으로 몰고 가서는 털실을 떼어 내어 관목 [바위 대신에]에다 걸쳐놓는다…

(2) 이것은 무엇을 의미하는가?
들어보라: "첫 번째 염소는 제단에 드려지지만 다른 염소는 저주를 받게 된다." 그리고 다음을 주목하라. 저주를 받은 염소에게는 관이 씌워지는데 그 까닭은 몸의 "발까지 내려오는" 진홍빛의 긴 예복을 입은 "*그분을 그날이 되면 그들이 보게 될 것이요*" 또 그들은 "이 분이 우리가 전에 십자가에 매달고 부인하고 *찌르고 침을 뱉었던* 분이 아닌가? 사실 이 분은 그때 하나님의 아들이다라는 말을 들어야 했던 분이었다"라고 말하게 될 것이기 때문이다.

(3) 그러나 그가 어떻게 이 염소와 같을 수 있는가?
다음과 같은 이유에서이다: "그 염소들은 똑같고 아름다우며 한 쌍이어야 하는데," 왜냐하면 그 때가 이르러 그들이 그분을 보게 될 때 그들이 그

염소의 똑같은 모습에 놀라게 하기 위해서이다. 그러므로 고난 당하도록 정해진 예수의 예표를 이해하도록 하라.

(4) 그런데 그들이 가시들 한가운데에 털실을 놓는 것은 왜 그런가? 그것은 교회 한 가운데 주어진 예수의 예표이다. 왜냐하면 가시는 지독한 것이요 고통을 당하면서야 그 털실을 떼어 낼 수 있으므로 그 진홍빛 털실을 얻기를 원하는 사람이라면 반드시 많은 고통을 당하여야 하기 때문이다. 그러므로 그는 이렇게 말씀하신다. "나를 보고 나의 나라에 들어오고자 하는 사람은 반드시 아픔과 고난을 통해 나를 이해하여야 한다."

지금 이 순간 우리의 눈이나 머리가 회전하고 있다면, 그것은 우리가 이 과정 속에 들어가 있기 때문이다. 우리가 이 문서의 주장을 우리 자신과는 상관없는 것으로 생각하기 어렵다면 우리는 그 주장의 타당성을 인정한 것이다. 단지 그 주장을 듣고서 끄덕이거나 읽고 나서 동의하는 것은, 이 문서를 분석하고 조사하고 풀어내는 것보다 엄청나게 쉬운 일이다.

위에서 살펴본 것과 같은 여러 층들의 주석적인 결합은 예수의 학식 있는 제자들이 예수가 죽은 직후의 몇 년 동안에 창작해 낸 것들이다. 그런데 그들이 집중했던 것은 수난과 부활이라기보다는 수난과 재림(parousia)이었다는 점을 주목해 보라. 그들은 십자가 위에서 예수가 떠난 것(departure)을 이 세상의 마지막 때 그가 돌아오는 것(return)과 연결시키는 일에 관심을 갖고 있었다. 이 속죄일 상징과 이와 유사한 사례들을 통해 알 수 있는 것은 그 예언적 수난(prophetic passion)이 처음 몇 년 동안 어떤 모습으로 보여졌겠는가 하는 것이며, 또 이것으로부터 그 다음 단계인 수난 설화(narrative passion)가 분리되어 발전된 이후 오랜 기간 동안, 그 예언적 수난이 숙련된 주석가들에게 어떤 모습으로 계속 보여졌는가 하는 것이다.

 그 다음 단계는 어떻게 발전했는가? 위에서 분석한 것처럼, 『바나바 서신』 7장이 여러 성서 본문들을 엮어서 짠 솜씨는 매우 탁월한데, 그렇게 히브리 성서를 엮어서 예수의 수난과 재림의 운명을 뒷받침하거나 증명한다. 그러나 이처럼 성서 본문들을 엮어서 짠 주석은 훌륭한 이야기라 부를 수는 없으며, 심지어 줄거리를 갖춘 설화로 볼 수도 없다. 더군다나 역사적 전기는 결코 아니다. 주석을 설화로 바꾸기 위해서는 그 이상의 무엇인가가 꼭 있어야 하며, 주장을 설화로 바꾸기 위해서는 어떤 모델이 필요하다. 예를 들어 대조적인 관점에서 다음과 같은 역사적인 일화를 비교해 보라. 알렉산드리아의 필로는 『플라쿠스에 대하여』(32-39)에서 유대인 아그리파 1세가 기원후 38년 8월 칼리굴라 황제에 의해 유대 본토의 왕으로 임명받고는 알렉산드리아를 거쳐 고향으로 항해하고 있을 때, 알렉산드리아의 군중들이 그를 어떻게 조롱했는가를 자세히 기록하고 있다.

 정신이 돌아 버린 카라바스라는 사람이 있었는데, 그의 정신이상은 그 본인만이 아니라 그 주위의 사람들에게도 위험한 흉폭하고 야만적인 유형에 속하는 것이 아니라, 온순하고 느슨한 성격의 것이었다. 그는 낮과 밤을 거리에서 벌거벗은 채 더위나 추위도 상관없이 지내면서 건들거리는 아이들이나 젊은이들의 놀림감이 되곤 했다. 폭도들이 이 가련한 친구를 경기장으로 끌고 가서는, 모든 사람들이 보도록 높은 곳에 세워 놓고 머리에는 종이를 넓게 펼쳐서 왕관으로 씌우고 나머지 몸에는 깔개를 갖고 왕의 예복을 만들어 입혔다. 그러는 사이 길가에 버려진 갈대 조각을 발견한 사람이 그것을 가져다 그에게 왕의 홀이라고 쥐어 주었다. 이어서 연극적인 익살로 그에게 왕의 기장을 주어 왕으로 옹립하고는 창병을 흉내내 어깨에 막대기를 멘 젊은이들이 호위병처럼 그의 양옆으로 늘어섰다. 그 후에 사람들이 그에게로 나아가 몇은 그에게 절을 하고, 몇 사람은 재판을 청구하고 다른 사람들은 나라의 문제들에 대해 자문을 구했다. 곧이어 그를 둘러싼 군중 속에서 그를 마린(Marin)이라고 부르는 거대한 외침이 터져나왔다. 이 칭호는 시리아에서 "군주"에 대한 호칭으로 사용되는 것이었는데, 그렇게 부른 이유는 아그리파가 시리아 태생이라는 것과 시리아의 거대한 지역을 왕으로 지배하고 있다는 것을 알고 있었기 때문이다.

카라바스를 가짜 왕으로 삼아 조롱한 이 일은 육체적 학대나 고문으로 이루어진 것이 아니라, 옥좌와 왕관, 예복, 홀, 호위병, 절, 자문과 특히 그를 군주로 선포하는 연극적인 흉내로 이루어졌다.

이제 어떤 사람이 『바나바 서신』 7장에 나오는 것과 같은 예언적 주석과 이 불쌍한 카라바스 이야기와 같은 역사적인 이야기를 취해서 그 둘을 하나로 융합했다고 가정해 보라. 그렇다면 그는 마가 15:16-20에 나오는 것 같은 이야기를 얻게 되리라는 것이 나의 생각이다.

군인들이 예수를 뜰 안으로 끌고 갔다. 그 곳은 총독 공관이었다. 그들은 온 부대를 집합시켰다. 그런 다음에 그들은 예수께 자색 옷을 입히고, 가시관을 엮어서 머리에 씌운 뒤에 "유대인의 왕 만세!" 하면서, 저마다 인사하였다. 또 갈대로 예수의 머리를 치고, 침을 뱉고, 무릎을 꿇어서 그에게 경배하였다. 이렇게 예수를 희롱한 다음에, 그들은 자색 옷을 벗기고, 그의 옷을 도로 입혔다. 그런 다음에, 그들은 예수를 십자가에 못박으려고 끌고 나갔다.

이 본문이 주장하는 것에 잠시 초점을 맞추어 보도록 하겠다. 앞에서 언급한 『바나바 서신』 7장의 본문 끝에 나오는 가시들 사이에 놓인 (털실로

된) 관(the crown [of wool] among thorns)을 여기에서 예수의 머리에 씌어진 가시관(the crown of thorns)과 비교해 보라. 나는 후자에서 전자로가 아니라, 전자로부터 후자로의 발전을 쉽게 생각해 낼 수가 있다. 사실 나는 인간의 상상력이 마가 15:16-20을 읽고 그것으로부터 『바나바 서신』 7장을 발전시킬 수 있다고는 생각지 않는다. 그러나 이와 반대되는 과정은 카라바스의 익살로부터 약간의 도움을 받기만 하면 상당히 가능한 일이다. 또 침을 뱉거나 갈대로 때리는 일은 실제로 예수에게 일어난 일에서 온 것이 아니라, 속죄 염소에게 사람들의 죄를 욕설로 퍼붓고는 날카로운 갈대로 찌르거나 때려서 광야로 몰아내는 일반적인 종교의례로부터 온 것이다. 나의 가설을 입증하기 위해서는 현재 우리가 갖고 있는 수난 설화들 속에 나오는 모든 사건들에 대해서도 비슷한 논증이 필요할 것이다. 나는 전에 펴낸 학문적인 책들에서 그 일을 다루었다. 여기서는 오직 전형적인 사례 하나에만 분명하게 초점을 맞추어 살펴보고자 한다.

실제로 발생한 일을 내가 역사적으로 재구성한 것 중에서 최고의 것은 예수는 유월절 축제 기간 중에 체포되었으며 그와 가장 가까운 사람들은 자신들의 안전을 위해 달아났다는 사실이다. 나는 대제사장 가야바나 혹은 빌라도 총독이 예수를 처리하기 위해 고위층 사이에 의논을 했다거나, 혹은 예수와 대담을 가졌다고는 전혀 가정하지 않는다. 그들은 필시 그 축제가 있기 전에, 모든 소요사태에 대해서는 신속하고 즉각적인 행동이 취해져야 한다는 것과 십자가 처형을 통해 몇몇 본보기를 보이는 것이 초반에 특히 유효할 것이라는 점에 의견을 같이했을 것이다. 나는 유대인 경찰과 로마의 군대가 예수와 같은 갈릴리 농민을 처리하는 데 명령 계통을 아주 높은 곳까지 밟아 올라가야 할 필요가 있었는지에 대해 매우 의심한다. 다시 말하지만, 예수를 체포하고 처형하는 데 따른 통상적인 잔인성을 이해하기에 충분할 정도로 우리의 상상력을 밑으로 끌어내리는 것이 우리들에게는 쉬운 일이 아니다. 어쨌든 복음서들에 나오는 예수의 십자가 처형에 관한 세부적인 내용들은 역사화된 예언(prophecy historicized)이지 기억된 역사(history remembered)는 아닌 것이다.

존경받는 공의회 의원

우리는 문헌적인 증거와 고고학적인 증거 양쪽으로부터, 십자가에 처형된 사람을 매장하도록 그 가족에게 그 시체를 돌려주기도 했다는 사실을 알고 있다. 필로는 이것이 어떤 축제절기 때나 가능했던 일이라고 말하고 있으며, 여호하난의 시체는 별 탈 없이 가족 묘지에 매장되었다. 기브아하 미브타르의 제4 무덤, 제1 납골함에서는 16세에서 17세 되는 남자의 유골도 발견되었는데, 그는 불에 타 죽었으며, 그의 뼈들은 그 납골함에 오래 간직되어 있었지만 그 흔적을 간직하고 있었다. 물론, 후견인 체제 사회에서는 그런 매장을 허용받는 일조차도 적어도 어떤 영향력, 즉 최소한 그 일에 관계된 권력자에게 직접적으로나 아니면 간접적으로라도 접근할 수 있는 능력을 필요로 했을 것이다. 예를 들어, 기원후 70년 예루살렘이 파괴되던 당시 로마의 지휘관이었던 티투스의 보좌관이요 통역자요 의뢰인으로 있었던 요세푸스는 『생애』(Life), 즉 그의 『유대 고사』의 자서전적인 부록에서, 그에 관한 이야기를 우리에게 들려주고 있다. 이 책에서 그는 기원후 66년에서 73년의 제1차 로마-유대전쟁 기간 중에 그가 유대인 장군으로서 벌였던 작전들과 또한 로마의 포로로서 행했던 일들을 옹호하고 있는데, 그는 다음과 같이 기록하고 있다(『생애』 75).

내가…많은 포로들이 십자가에 처형되는 것을 목격하고 또 그 중에 내가 아는 세 사람이 있는 것을 보고는 비통한 마음이 들어 티투스를 찾아가 눈물로 내가 본 것들을 고했다. 그는 즉시 명령을 내려 그들을 끌어내리고 가장 조심스럽게 대우하라고 했다. 그들 중 두 사람은 의사의 손에서 죽었고, 세 번째 사람은 생명을 구했다.

그러나 일반적으로 볼 때 어떤 사람이 세력가를 알고 있다면 그는 십자가에 처형되지는 않을 것이며, 그가 십자가에서 처형되었다면 그는 매장되는 행운을 갖는 데 필요한 세력가를 전혀 알지 못했을 것이다. 세력가나 뇌물이 없이는 십자가에서 죽은 시체를 돌려받는 것이 불가능한 일이었을 것이다. 또 처형된 범죄자의 가족이라는 것조차도 그 문제에 연루된 것으로 여겨지고, 나아가 그에 따라 처리될 가능성이 있었으므로, 시체를 돌려달라고 요청하는 일 역시 매우 위험한 일이었으리라.

통상적으로는 병사들이 그 죄수가 죽기까지 지켰으며, 죽은 다음에는 까마귀와 들개와 다른 야생 동물들에게 던져져 그 잔혹한 일이 마무리되도록 만들었다. 이처럼 시체를 매장하지 않고 방치하는 것은 모든 구경꾼과 행인들을 향한 당국자의 무시무시한 경고를 극에 달하게 만들었다. 그러나 이 장의 머리말로 인용된 마틴 헹엘의 글에서 언급된 바와 같이, 신명기 21:22-23은 다음과 같이 명령하고 있다.

죽을 죄를 지어서 처형된 사람의 주검은 나무에 매달아 두어야 한다. 그러나 너희는 그 주검을 나무에 매달아 둔 채로 밤을 지내지 말고, 그 날로 묻어라. 나무에 달린 사람은 하나님께 저주를 받은 사람이기 때문이다. 너희는 주 너희의 하나님이 너희에게 유산으로 준 땅을 더럽혀서는 안 된다.

그런데 여기서 문제가 되는 것은 먼저 처형하고 난 다음에 (죽은) 시체를 나무에 매달았다는 점이다. 즉 나무에 매다는 것은 유죄판결을 받은 사람을 죽이기 위한 것이 아니라, 최고의 수치와 공개적인 경고를 위한 것이다. 이런 상황에서는 해가 지면 시체를 내리는 것이 이치에 맞는다. 그러나 십자가 처형의 경우에는 오후 늦게 형을 집행할 수도 있었기 때문에, 해가 졌다고 해서 시체를 내리는 일은 별로 없었을 것이다.

1967년 6월 초, 유대인 고고학자 이가엘 야딘(Yigael Yadin)은 사해 두루마리 중에서도 가장 큰 것을 손에 넣었다. 그것은 쿰란의 제11 동굴에서 발견된 것인데, 그 원본은 에세네파가 사두개파와 결별하고 예루살렘을 떠나 쿰란으로 향하고 사두개파는 성전을 통제하게 된 후, 즉 기원전 약 150년에서 125년 사이에 만들어진 것으로 보이지만, 발견된 사본은 기원후 50년경에 필사된 것이다. 그 두루마리는 길이가 약 8미터 되는 것으로서 본문은 66개의 단(columns)으로 되어 있으며, 그 내용 대부분이 예루살렘의 성전 정화(淨化)를 위한 상세한 계획들에 관한 것이기에 성전 두루마리(Temple Scroll)라 불린다. 그런데 그것은 또 십자가형에 처해지는 범죄목록을 담고 있으며, 이런 주제를 다루는 중에 64단 11-13행에서 신명기 21:23이 다시 인용되고 있다. 성서의 명령과 에세네파의 주석은, 경건한 유대인들이 만일 자신들이 유대 본토, 특히 예루살렘과 그 성전을 지배했거나 또는 지배하게 된다면, 어떻게 하는 것이 옳은가에 대해 생각했던 것을 우리에게 분명하게 말해 주고 있다. 그러나 우리는 곧바로 빌라도가 실권자로서 이 문제와 관련하여 유대인의 신앙심을 존중해 주었다고는 결론지을 수 없다. 실은 그와 반대로, 쿰란의 에세네파가 예루살렘과 성전에 대한 지배권을 되찾게 될 때 그들이 법으로 제정하기를 원하는 것이 무엇인지를 우리에게 말함으로써, 이 성전 두루마리는 그것이 만들어질 당시에 행해지지 않았던 것이 무엇인지를 우리에게 보여준다.

실제로 그리고 역사적으로 예수의 시체에 어떤 일이 일어났는가 하는 문제는 후대의 기독교 본문들이 그 매장 이야기의 품위를 서서히 그러나 끈질기게 영예로운 매장으로 만들어 간 모습을 살펴볼 때 가장 잘 판단할 수 있다. 그러나 처음 단계에서 그와 같이 강력한 변증적인 주장을 필요로 했던 것은 무엇 때문일까? 만일 로마인들이 신명기의 법을 준수하지 않았다면, 예수의 시체는 십자가에 방치되어 야생 동물들의 먹이가 되었을 것이다. 그리고 달아난 예수의 제자들은 이 사실을 알았을 것이다. 만일 로마인들이 신명기 법을 준수했다면, 병사들은 예수가 죽었는지를 확인했을 것이고 나아가 자기들의 임무에 속한 것으로 여겨 그들 스스로 예수를 매장했을 것이다. 예수의 몸이 십자가 위에 방치되었던지, 아니면 흙과 돌로 얄팍하게 덮은 허술한 무덤에 묻혔던지 간에, 어느 경우이든 개들이 기다리고 있었다. 그리고 달아난 제자들도 이 사실을 잘 알고 있었을 것이다. 그런데 이 끔찍한 진실의 공포가 어떻게 해서 희망과 상상을 통해 정반대되는 방향으로 승화되고 있는가를 살펴보자.

첫 번째 사례는 신약성서 속에서가 아니라 약 100여 년 전에 이집트에서 발견된 단편적 본문인 베드로복음(*Gospel of Peter*)에 나타난다. 아래에 인용하는 그 본문(5:15-6:21)은 신약성서의 복음서들과는 독립된 것이라고 생각한다. 이 본문은 분명하게 신명기 율법에 대해 언급하고 있으며, 또 예수를 십자가에 처형한 사람들이 그 율법에 순종하여 그를 십자가에서 내려 매장한 것으로 가정하고 있다.

그때 시간이 한낮이었는데 온 유대가 어둠으로 뒤덮였다. 그리하여 그들은 해가 벌써 진 것은 아닌가 하여 불안해하고 염려했다. 예수가 아직 살아 있었기 때문이다. 그들에게는 다음과 같은 것이 기록되어 있기 때문이다: 처형된 사람 위로 해가 져서는 안 된다. 그리하여 그들 중 한 사람이 말했다. "식초에 쓸개즙을 타서 그에게 마시게 하자." 그리하여 그들은 [독이 그에게 퍼져 빨리 죽게 하기 위해[그것들을 섞어 그에게 마시도록 주었다. 그리하여 그들은 모든 일을 마쳤으며, 그들에게 맡겨진 그들의 죄의 몫을 완료했다. 그때에 많은 사람들이 등불을 들고 다녔으며, [또] 때가 밤이라고 생각하고는 잠자리에 들었다[혹은 발부리가 걸려 비틀거렸다]. 그때 주님께서 큰 소리로 외치셨다. "나의 능하신 이여, 오 능하신 이여, 당신은 나를 버리셨습니다!" 이것을 말하시고는 위로 올라우셨다. 그와 같은 시간에 예루살렘 성전에 있는 휘장이 둘로 갈라졌다. 이어서 유대인들이 주님의 손에서 못을 뽑아 내고는 그 몸을 땅위로 내렸다. 그러자 모든 땅이 뒤흔들렸고 커다란 두려움이 온 세상을 감쌌다.

이 본문이 말해 주는 것은 매우 초기의 기독교인들은 예수를 십자가에 못박은 사람들이 신명기 21:22-23의 말씀에 순종하여 제발 그를 매장하지 않았을까 하는 한 가닥 희망(hope against hope)을 가졌다는 점이다. 역시 이것도 앎의 과정이 아니라 희망의 과정의 시작이다. 아무렴, 그는 분명히 매장되었을 것이다. 그러나 과연 그의 원수들의 손에 의해 매장되었을까? 그의 원수들이 매장 따위에는 신경도 쓰지 않았을 것이라는 두려움에 대해, 그들은 분명히 매장했을 거야. 성서의 율법에 순종하여 매장하지 않았겠는가? 그러나 원수들에 의한 매장으로부터 친구들에 의한 매장으로 바뀌자마자 더 이상 신명기 21:22-23에 관해 아무런 언급이 없다. 이제는 단순히 안식일이 시작되기 전에 매장된 것으로 처리된다. 신명기를 필요로 했던 이유는 단지 그의 원수들이 아마도 그를 매장하지 않았을까 하는 한 가닥 소망의 근거를 설명하기 위해서였다.

이 딜레마는 고통스러울 정도로 분명하다. 즉 정치 당국자는 예수를 십자가에 못박았으며 따라서 그에게 적대적이었다. 그러나 그의 제자들은 예수를 매장하는 것도 역시 권력이 필요하거나 적어도 당국자의 허가가 필요하다는 것을 알았다. 어떻게 당국자로 하여금 양쪽 태도를 다 취하게 할 수 있을까? 당국자가 어떻게 예수에 대해 동시에 적대적이고 또 우호적일 수가 있을까? 처음에는 이처럼 부정적 입장에서 출발한 매장 전승의 궤도는, 원수들에 의한 매장으로부터 친구들에 의한 매장으로, 또 서둘러 대충 이루어진 매장으로부터 완전하고 철저하게 심지어는 당당하게 방부 처리까지 한 매장으로 나가기 위해 노력하고 있다. 첫 번째 문제는 예수가 어떻게 그의 친구들에 의해 매장된 이야기를 창작해내는가 하는 문제였다. 만일 그들이 권력을 갖고 있었다면 그들은 예수의 친구가 아니었을 것이다. 그리고 만일 그들이 예수의 친구였다면 그들은 힘이 없었을 것이다. 마가복음은 아리마대 요셉이라는 사람을 창조해 냄으로써 이 딜레마를 해결하고 있다(15:42-46).

> 이미 날이 저물었는데, 그 날은 준비일, 곧 안식일 전날이었다. 아리마대 사람인 요셉이 왔다. 그는 명망 있는 의회 의원이고, 하나님의 나라를 기다리는 사람인데, 이 사람이 대담하게 빌라도에게 가서, 예수의 시신을 내어 달라고 청하였다. 빌라도는 예수가 벌써 죽었을까 하고 의아하게 생각하여, 백부장을 불러서, 예수가 죽은 지 오래되었는지를 물어 보았다. 빌라도는 백부장에게 알아보고 나서, 시체를 요셉에게 내어 주었다. 요셉은 고운 베를 사 갖고 와서, 예수의 시신을 내려다가 그 고운 베로 싸서, 바위를 깎아서 만든 무덤에 그를 모시고, 무덤 입구에 돌을 굴려 막아 놓았다.

요셉이라는 이름은 앞에서 살펴본 바라바의 경우처럼 역사적으로 확실한 것이 아닐 수도 있다. 만일 당신이 한 인물을 창조한다면 그에게 이름까지 붙여 주는 것은 쉬운 일이다. 그러나 마가가 한 일을 주목해 보라. 요셉은 "명망 있는 의회 의원," 즉 예수를 십자가에 못박은 사람들 편에 속했고 동시에 "하나님의 나라를 기다리는 사람," 즉 예수의 제자들 편에 속한 사람이었다. 분명히 요셉은 그들이 예수를 매장했을지도 모른다는 모호한 희망을 구체적이고 명확한 사건으로 바꾸는 데 필요한 사람이었다. 게다가 무관심하게 대충 서둘러 돌로 듬성듬성 덮어 만들었기에 굶주린 개들이 쉽고 빠르게 시체를 파낼 수 있는 무덤과는 달리 이제는 돌로 되어 있고, 또 굴리는 무거운 돌로 입구를 막아 보호할 수 있는 무덤이 등장한다.

마태와 누가는 각자 마가복음을 자료로 이용하면서 이런 창작을 더 나은 것으로 만들고자 노력하고 있다. 이 이야기에서 가장 약한 요소는 요셉이 어떻게 동시에 두 편에 속할 수 있었느냐 하는 문제이다. 마태복음은 요셉의 유대인으로서의 자격보다는 기독교인으로서의 자격을 강조함으로써 이 모호함의 한편을 해결하고 있다(27:57-60).

> 날이 저물었을 때에, 아리마대 출신으로 요셉이라고 하는 한 부자가 왔다. 그도 역시 예수의 제자였다. 이 사람이 빌라도에게 가서, 예수의 시신을 내어 달라고 청하였다. 빌라도가 내주라고 명령하였다. 그래서 요셉은 예수의 시신을 가져다가, 깨끗한 삼베로 싸고, 바위를 뚫어서 만든 자기 새 무덤에 모신 다음에, 무덤 문에다가 큰돌을 굴려 놓고 갔다.

이것이 훨씬 더 간단하다. 요셉은 여기서 "예수의 제자"이다. 그러나 그는 또한 "부자"인데 이것이 그가 어떻게 빌라도에게 접근할 수 있었는지를 설명해 준다. 즉 마가복음과는 달리 여기서는 그가 예수에게 사형 선고를 내린바 있는 "명망 있는 의회 의원"에 속한다는 것에 관해서는 아무런 언급도 없다. 게다가 또 무덤은 여기서 "새 무덤"이며 그래서 예수가 거기에 묻힌 유일한 사람이 된다.

누가복음은 이 요셉이라는 인물과 관련된 딜레마의 다른 한편에 초점을 맞추고 있으며, 그의 기독교인으로서의 자격보다는 유대인으로서의 자격을 설명하고 있다(23:50-54).

요셉이라는 사람이 있었는데, 그는 의회 의원이며, 착하고 의로운 사람이었다. 이 사람은 의회의 결정과 처사에 찬성하지 않았다. 그는 유대 사람의 동네 아리마대 출신으로, 하나님의 나라를 기다리는 사람이었다. 이 사람이 빌라도에게 가서, 예수의 시신을 내어 달라고 청하였다. 그는 시신을 내려서 모시로 싸고, 바위를 파서 만든 무덤에다가 모셨다. 그 무덤은 아직 아무도 묻힌 적이 없는 것이었다. 그 날은 준비일이고, 안식일이 시작될 무렵이었다.

누가는 마가를 더욱 가까이 따르고 있지만, 요셉을 동시에 양 진영에 위치시킴으로써 야기된 문제에 대해 마태만큼이나 분명하게 의식하고 있다. 그래서 그는 요셉이 비록 예수에게 형을 선고한 "의회 의원"이었지만, 그가 "의회의 결정과 처사에 찬성하지 않았다"는 설명적인 논평을 포함시키고 있다. 그는 또한 예수 이전에는 "아직 아무도 묻힌 적이 없는" 무덤을 분명하게 강조하고 있다.

예수의 비매장에 대한 이런 계획적이며 필사적이기까지 한, 그러나 충분히 이해할 수 있는 반론은 요한복음 19:38-42에서 장엄한 절정에 이르게 된다. 그런데 나의 견해로는, 이 본문이 방금 살펴본 다른 복음서들의 기사들에 의존하고 있다. 요한은 다른 복음서들에 나오는 아리마대 요셉과, 우리가 요한복음에서 이미 두 번 만났던 니고데모를 결합시키고 있다.

그 뒤에 아리마대 사람 요셉이 예수의 시신을 거두게 하여 달라고 빌라도에게 청하였다. 그는 예수의 제자인데, 유대 사람이 무서워서 그것을 숨기고 있었다. 빌라도가 허락하니, 그가 가서 예수의 시신을 내렸다. 또 일찍이 예수를 밤중에 찾아왔던 니고데모도, 몰약에 침향을 섞은 것을 백 근쯤 갖고 왔다. 그들은 예수의 시신을 모셔다가, 유대 사람의 장례 풍속대로 향료를 바르고, 고운 베로 감았다. 예수께서 십자가에 달리신 곳에 동산이 있고, 그 동산에는 아직 사람을 장사한 일이 없는 새 무덤이 하나 있었다. 그 날은 유대 사람의 준비일이고, 또 무덤이 가까우므로, 그들은 예수를 거기에 모셨다.

요셉은 여기서 신분을 숨기고 있는 제자이며 또 니고데모와 함께 하고 있다. 예수는 여기서 완전하고도 심지어는 당당하게 매장되고 있다. 이것은 서둘러 대충 덮은 것이 아니라 관례를 따라 완전하고도 철저하고 합당하게 이루어진 매장이다. 마지막으로 여기서 새 무덤은 동산에 있는 것으로 그 자리를 잡게되는데, 이것은 당연히 그 무덤의 장엄함을 증가시킨다.

처음에는, 역사의 현실적인 공포로서 예수의 원수들과 개들이 있었다. 마지막에는, 신앙의 비현실적인 변증으로서 그의 친구들과 향료가 있었다. 그러나 제아무리 많은 변증들을 내세운다 해도 저 원수들과 개들의 강렬함이 드러내 보이는 것을 결코 감출 수는 없다. 부활의 일요일 아침에, 예수의 몸에 관해 걱정한 사람들은 그것이 어디 있는지 알지 못했고, 반면에 어디 있는지 안 사람들은 걱정하지 않았다. 왜 병사들까지도 아무것도 아닌 사람의 죽음과 처리에 대해 기억해야만 했을까? 더욱이 마태복음은 빌라도의 아내가 지난밤에 꿈으로 어려움을 당했다고 기록하고 있다(27:19). 물론 이것은 일어난 일이 결코 아니다. 그러나 그럼에도 불구하고 그것은 진실이다. 이 때가 로마제국으로서는 악몽을 꾸기 시작하기에 가장 적당한 때였기 때문이다.

◇ 7장 ◇

부활절 일요일은 얼마나 오래 지속되었는가?

나르시스가 죽었을 때 들판의 꽃들은 외로워졌고 그를 위해 울 수 있도록 강(江)에게 몇 방울의 물을 요청했다. 강이 대답했다. "오! 내가 가진 물방울들이 모두 눈물일지라도 나 자신이 나르시스를 위해 울기에도 충분치 못할 것이야. 나는 그를 사랑해." 그러자 들판의 꽃들이 대답했다. "아, 어떻게 네가 나르시스를 사랑하지 않을 수 있었겠어? 그는 아름다웠지." "그가 아름다웠다고?" 강이 말했다. 그러자 꽃들이 "너보다 더 잘 아는 사람이 누가 있겠어? 날마다 그는 강둑에서 허리를 굽혀 너의 물에 비쳐진 자기의 아름다움을 바라보았었지"라고 말했다. 강이 대답했다. "만일 내가 그를 사랑했다면 그것은 그가 수면 위에 구부리고 있을 때 그의 눈에 비추어진 나의 물을 보았기 때문이지."

- Oscar Wilde, "The Disciple" (quoted in Richard Ellmann, *Oscar Wilde* [New York: Knopf, 1988])

카리스마(charisma)라는 용어는 인격적 특성보다는 관계를 표현하는 말이다. 이 말에는 지도자가 추종자들에게 받아들여진다는 것과 그의 인품을 인정하는 것, 그리고 사회가 권력을 부여했다는 것이 포함된다. …카리스마는 심리학적인 개념이 아니라 사회학적 개념이다. …[이것의] 권리 주장과 그 수용이 균형을 이루었음을 나타낸다. 즉 카리스마는 인과관계로 설명할 수 있는 역동적 개념이 아니다. 이것은 사건들을 어떤 특정 방향으로 움직이게 만드는 한 사람의 능력과 관련된 것이 아니라, 그 지도자가 이미 인정받고 있는, 이미 확립된 상태와 관련된 것이다.

– Bryan R. Wilson, *Magic and the Millennium: A Sociological Study of Religious Movements of Protest Among Tribal and Third-World Peoples*
(New York: Harper & Row, 1973)

살아 계신 예수

예수가 죽고 매장된 이후에 발생한 일은 신약성서의 네 권의 복음서들의 마지막 장들에 나온다. 부활절 일요일 아침에 그의 무덤이 빈 채로 발견되었으며, 그 날 저녁에는 예수 자신이 그의 가장 가까운 추종자들에게 나타나, 다시 모든 것이 정상으로 되돌아왔다. 금요일은 힘들었고, 토요일은 길었으나, 일요일에 이르러서는 모든 것이 해결되었다. 이것은 사실(fact)인가 아니면 허구(fiction)인가? 역사인가 아니면 신화인가? 예수 이야기의 시작 부분을 빽빽하게 둘러쌓았던 허구와 신화는 이제 똑같이 그 마지막 부분도 둘러싸고 있는 것인가? 그런데 만일 거기에 있는 것이 신화나 허구라면 그것은 무엇에 근거한 것인가? 예를 들어, 나는 이미 예수의 친구들에 의한 그의 매장은 완전히 허구이며 비역사적인 것이라는 사실을 주장했다. 그가 매장된 것이 사실이라면, 그는 그의 원수들에 의해서 매장되었을 것이고, 따라서 허술할 수밖에 없는 무덤은 굶주린 동물들에게 쉽사리 먹이가 되었을 것이다. 그럼에도 불구하고 우리는 그런 허구적인 덮개들이 무엇을 감추기 위해 창작되었는가를 상상해 봄으로써 그 덮개들에 앞서서, 또 그것들 배후에서, 그것들에도 불구하고, 무슨 일이 일어났는가를 엿볼 수가 있다. 부활절 일요일에는 무슨 일이 발생했는가? 그것은 하루의 이야기인가? 아니면 여러 해에 걸친 이야기인가? 그것은 예루살렘에 단일한 집단으로 모였던 모든 기독교인들의 이야기인가? 아니면 여러 집단 중에서 단지 한 집단의, 어쩌면 자기네가 기독교인 전체라고 주장하고 나선 한 집단의 이야기인가?

 무엇보다도 먼저, 부활(復活, resurrection)은 기독교 신앙을 표현하는 유일한 방법이 아니라 하나의 방법일 뿐이다. 두 번째로, 현현(顯現, apparition)--이것은 4장에서 이미 살펴본 의식의 변형된 상태, 즉 접신상태와 관련된다--역시 기독교적인 체험을 표현하는 유일한 방법이 아니라 하나의 방법일 뿐이다. 세 번째로, 기독교 신앙은 하나님의 능력이 예수를 통하여 계속해서 부어짐(the continuation of divine empowerment through Jesus)을 체험하는데, 이처럼 계속되는 체험은 그가 죽고 묻힌 다음에야 비로소 시작되었다. 즉 기독교 신앙 자체는 남부 갈릴리 지역에서 예수의 첫 추종자들 중에 이미 존재했었으며, 그가 처형된 후에 시간과 공간을 따라 이어지고 발전하고 퍼져 나갔다. 예수의 죽음으로 인해 약해지기는커녕 더 강해진, 하나님 나라의 이 지속적인 체험이 바로 기독교 신앙 혹은 부활신앙이다. 그런데 이것은 오후 한나절 사이에 이루어진 일이 아니었으며, 또 일 년 사이에 되어진 일도 아니었다.

 끝 부분의 부활절 이야기는 처음 부분에 나오는 예수의 출생 이야기와 마찬가지로 우리의 상상력에 허구적인 신화라기보다는 사실적인 역사로 강하게 각인되어 있기 때문에, 나는 예수의 처형 전후에 발생한 일에 대해 쓰고 있는 최초의 두 가지 비기독교적인 기록들을 갖고 시작하겠다. 하나는 기원후 93-94년에 나온 유대인의 기록이고, 다른 하나는 기원후 110년대나 120년대에 나온 로마인의 기록이다.

 유대인 쪽의 증언자는 우리가 이 책의 도처에서 종종 만나 보았던 플라비우스 요세푸스이다. 문제는 요세푸스의 이야기가 너무나 완전해서 사실일 수가 없으며, 너무나 고백적이어서 공평할 수가 없고, 또 지나치게 기독교적이어서 유대인적인 것이 못된다는 점이다. 그의 글에는 유대인 저자에 의해 쓰여진 것이라고 보기에는 거의 불가능한 구절들, 곧 기독교적인 믿음을 주장하는 구절들, 그리고 기독교 신자에 의해서만 쓰여질 수 있는 문장들이 들어 있다. 요세푸스의 작품들이 유대인 편집자들보다는 기독교 편집자들에 의해 복사되고 보존되어 왔음을 생각해 보라. 그와 같은 삽입구를 집어넣기는 쉬웠을 것이다. 『유대 고사』의 본문(18:63)을, 후대에 기독교인이 첨가한 것들을 이중괄호 속에 넣어 인용하겠다.

> 이 무렵에 예수라는 지혜로운 사람이 ((진정 우리가 그를 사람이라고 불러야 한다면)) 살았다. 그는 기적을 행한 사람이었고 진리를 기쁜 마음으로 받아들인 사람들의 스승이었기 때문이다. 그는 수많은 유대인들과 그리스인들을 끌어들였다. ((그는 바로 메시아였다.)) 우리 쪽의 고관들이 그를 고발하였고 그에 따라 빌라도가 그에게 십자가형을 선고했는데, 그때에도 처음부터 그를 사랑했던 사람들은 그에 대한 애정을 포기하지 않았다. ((사흘째 되는 날에, 그는 다시 살아나 그들에게 나타났는데, 하나님의 예언자들이 이 일만이 아니라 그에 관하여 수없이 많은 놀라운 일들을 예언했던 대로이다.)) 그리고 그의 이름을 따라 기독교인이라고 불려지게 된 이 무리들은 오늘까지도 여전히 사라지지 않고 있다.

그러므로 이 괄호 속에 넣은 구절들을 빼버려 보라. 그것들이 없다면 요세푸스의 진술은 신중하고도 의도적으로 이루어진 중립적인 글이 된다. 그는 예수에 관한 어떠한 논쟁에도 휘말리길 원치 않았음이 분명하며, 그 당시 요세푸스에게 중요했던 단체들 속에서 그런 논쟁이 벌어지고 있었음이 확실하다. 그래서 그는 조심스럽게 공평한 입장을 취했지만, 그 이후에 일부 기독교 편집자들이 그의 진술을 정교하게 기독교적인 것으로 만들게 되는데, 최소한 유대인 요세푸스가 그것을 썼다고 믿어지고 인정될 수 있는 선에서 그렇게 했다.

그러나 이런 기독교적인 삽입구들이 있다고 해서 요세푸스가 내린 평가의 중요성을 가볍게 보아서는 안 된다. 이것은 1세기의 마지막 10년대에 활동한 매우 신중하고 외교에 능하고 국제적 감각을 가졌던 한 사람의 로마적인 유대인에게 예수와 초대 기독교가 어떻게 보여졌는가를 말해 준다. 기적과 가르침, 유대인과 그리스인, "고관들"과 빌라도, 십자가형과 계속됨에 대한 언급을 통해서 그것이 드러난다. 물론 그가 부활에 대해 언급하지는 않았지만, "그의 이름을 따라 기독교인이라고 불려지게 된 이 무리들은 오늘까지도 여전히 사라지지 않고 있다"는 것은 인정했다.

이교도 쪽의 로마인 증언자는 코넬리우스 타키투스(Cornelius Tacitus)인데 그에 대해서도 앞에서 언급한 바 있다. 2세기 초 몇 십 년 사이에 활동한 그는 아우구스투스의 율리우스-클라우디우스 왕조의 몰락과 멸망에 관해 기록하고 있다. 그는 『연대기』(Annals)에서 기원후 64년에 로마를 휩쓴 대화재의 원인이 이 왕조의 마지막 황제인 네로에게 있다고 주장하는 소문에 대해 기록하고 있다(15.44).

그리하여 이 소문을 잠재우기 위해 네로는, 대중들에 의해 기독교인이라고 불려지고 악덕으로 인해 미움을 사고 있던 일단의 사람들을 범인으로 지목하고는 용의주도하고도 잔혹하게 처형했다. 이 이름의 창시자인 그리스도는 티베리우스 때에 본디오 빌라도 지방행정관의 판결에 의해 사형을 당했는데, 이 해로운 미신은 잠시 주춤했다가 이제는 이 질병의 본산지인 유대에서 뿐만이 아니라 세상의 온갖 끔찍하거나 수치스러운 것들이 다

모여들고 유행하는 수도에서까지, 한 번 더 터져 나오려는 찰나에 있다.

여기서 우리는 요세푸스의 중립적인 표현과는 달리, 타키투스의 말투가 매우 경멸적이라는 사실을 보게 된다. 그러나 그 차이점을 덮어두면, 이 두 진술의 개요는 상당히 일치한다. 유대 땅에서 한 운동이 일어났다. 그 운동의 창시자는 본디오 빌라도에 의해 처형되었다. 그러나 그 운동은 멈추기는커녕 이제 로마까지 이르게 되었다. 한 사람은 공정한 입장이고 다른 사람은 경멸적인 관점에서이긴 하지만, 두 사람 다 이 "기독교" 운동이 예수의 처형에 의해 사라지기는커녕 반대로 이제는 멀리 로마까지 이르게 되었다는 사실에 동의하는데, 그렇게 되기까지 두 사람 중 누구도 예수의 부활에 대한 기독교인의 믿음을 언급할 필요는 없었다.

이제 예수의 초기 추종자들 사이에서 발견되는 두 개의 서로 다른 집단, 다른 말로 해서 두 개의 강조점, 또는 계층이라고도 말할 수 있는 것들을 생각해 보자. 우리는 예수의 죽음 이전에 그 하나를 발견하며 다른 하나는 그 후에 발견하게 된다. 즉 그의 처형 이전부터 우리는 무료로 베푸는 치유와 열린 공동식사를 실천하는 예수 자신의 생활방식을 본받아 나아갔던 선교사들을 만나게 된다. 그들은 예수가 죽던 날로 그들의 행동들을 완전히 멈추었는가? 그들은 그 즉시 신앙을 전부 잃어버렸는가? 아니면 그와 반대로 만일 그들이 자기들은 이전과 같이 능력을 공급받고 있다고 생각했다면, 예수가 어떤 식으로든 여전히 그들과 함께 한 것은 아닐까? 그리고 이런 부재의 현존(the absent presence)은 어떻게 해야 가장 잘 설명될 수 있을까? 예를 들어, 도마복음은 예수에게 오직 한 가지 칭호만을 사용한다. 즉 그는 "살아 계신 예수"(the Living Jesus)이며, 여기 이 땅 위에서 어제와 오늘, 그리고 내일도 하나님의 지혜(the Wisdom of God)로서 행동하는 분이다. 또한 그 선교사들은 그들이 어떻게 말하느냐에 의해서만이 아니라, 어떻게 사느냐에 의해서 이런 하나님의 지혜에 참여하게 된다. 그들은 부활에 관해 말하는 것이 아니라, 중단되지 않는 영원한 현존(unbroken and abiding presence)에 관해 말한다. 그러나 우리는, 예수 처형 이후에 무슨 일이 발생했는지를 이해하기 위해 성서를 뒤진 서기관 주석학자들을 만나게 된다. 그런데 당신들의 경우는 신앙을 잃어버렸을 때 성서를 뒤지지는 않는다. 앞장에서 논한 『바나바 서신』 7에서 예를 든다면, 그들은 떠남과 돌아옴, 수난과 재림(再臨, parousia)에 관심을 가졌지 죽음과 부활에 대해 관심을 가졌던 것이 아니다. 그들은 예수를 하나님과 함께 계신 것으로, 그리고 승리를 거두며 돌아올 것으로 상상할 수가 있었으나 부활에 관해서는 전혀 말할 필요가 없었다. 그렇다면 부활에 관한 그 모든 강조점들은 어디에서 온 것인가? 한 마디로 말해, 바울에게서 온 것이다.

잠든 사람들의 첫 열매

기원후 53-54년의 겨울 동안에, 즉 신약성서의 복음서들의 그 마지막 장들이 기록되기 20년에서 40년쯤 전에, 바울은 자기가 고린도에 세운 교회에 편지를 쓰면서 몸의 부활(bodily resurrection)의 가능성과 현실성을 옹호하고 있다. 다음의 고린도전서 본문(15:12-20)을 읽으면서, 그의 논리를 매우 주의해서 살펴보고, 또 내가 고딕체로 강조하고 있는 구절들에 특별히 주의를 기울이도록 하라.

그리스도께서 죽은 사람 가운데서 살아나셨다고 우리가 전파하는데, 어찌하여 여러분 가운데 어떤 이들은 죽은 사람들의 부활이 없다고 말합니까? 죽은 사람의 부활이 없다면, 그리스도께서 살아나지 못하셨을 것입니다. 그리스도께서 살아나지 않으셨다면, 우리의 선교도 헛되고, 여러분의 믿음도 헛될 것입니다. 우리는 또한 하나님을 거짓되이 증언하는 자로 판명될 것입니다. 그것은, 죽은 사람이 살아나는 일이 정말로 없다면, 하나님께서 그리스도를 살리지 않으셨을 터인데도, 하나님께서 그리스도를 살리셨다고 우리가 하나님을 거슬러 증언했기 때문입니다. 죽은 사람들이 살아나는 일이 없다면, 그리스도께서 살아나신 일도 없었을 것입니다. 그리스도께서 살아나지 않으셨다면, 여러분의 믿음은 헛된 것이 되고, 여러분은 아직도 여러분의 죄 가운데 있을 것입니다. 그리고 그리스도 안에서 잠든 사람들도 멸망했을 것입니다. 우리가 이 세상만을 생각하고 그리스도께 소망을 걸었으면, 우리는 모든 사람 가운데서 가장 불쌍한 사람일 것입니다. 그러나 이제 그리스도께서는 죽은 사람들 가운데서 살아나셔서, 잠든 사람들의 첫 열매가 되셨습니다.

바울은 예수의 부활이 결코 예수에게만 주어진 예외적인 특권이었다고 주장하지 않는다. 이것은 매우 타당성 있는 제안이었을 것이다. 왜냐하면 유대교는 예를 들어 엘리야가 하늘로 들려 올라갔음을 믿었지만, 그런 특권을 결코 그 이외의 사람들에게는 허용하지 않기 때문이다. 왜 예수는 또 다른 특별한 사례가 될 수 없는가? 다시 말해 그는 왜 그 자신 외에는 누구에게서도 찾아볼 수 없는 그런 특권을 소유한 또 하나의 예외가 될 수 없는 것인가? 내가 고딕체로 표시한 구절들이 말하는 것처럼 왜 예수의 부활은 일반적인 부활(the general resurrection)에 의존하는가?

바울은 세상의 종말이 가까웠음을 믿었다고 흔히 말해진다. 그는 그 종말이 이미 시작됐다고 믿었다고 말하는 것이 더 정확하다. 이것이 앞에 인용한 구절들에 나와 있는 그의 논리이기 때문이다. 그는 바리새인으로서 역사의 마지막에 있는 일반적인 부활을 믿었다. 그러나 예수는 이 일반적인 부활의 시작으로서 이미 부활했다고 그는 주장한다. 그의 은유를 주의해 보라. 예수는 "첫 열매"(the first fruit), 즉 추수의 시작이요 일반적 부활의 출발점이다. 이것이 그가 왜 예수의 부활이 없으면 일반적인 부활도 없고, 또는 일반적인 부활이 없으면 예수의 부활도 없다고 양방향으로 주장할 수 있었는가에 대한 이유이다. 이것들은 함께 서거나 함께 무너진다. 그리고 바울은 하나님의 자비만이 최종적인 완성, 곧 이미 시작한 것의 마지막을 늦출 수 있다고 가정한다. 말하자면 타이태닉 호는 이미 빙산을 들이받은 것이며, 바울의 사명은 하나님께서 시간을 준 동안에, 가능한 한 널리 가능한 한 많은 선실을 두드려 깨우는 것이다. 이런 신학적 관점에서 볼 때 부활은 바울에게 나타난 예수의 현존을 설명할 수 있는 유일한 방법이었다. 그러나 예수의 현존은 또한 세상의 마지막에 있게 될 임박한 일반적 부활에 견고하게 연결되어 있다. 그러나 만일 그 마지막이 임박한 것이 아니라면, 그럼에도 부활이 여전히 예수의 현존을 설명하는 최선의 방법일까? 만일 그 추수가 오랫동안 연기된다면 "첫 열매"가 믿을 만한 은유일 수 있을까? 어쨌든 바울에게 몸의 부활은 예수의 지속적 현존을 설명할 수 있는 유일한 방법이었다. 그런데 여기서 나는 다음과 같은 나의 물음을 다시 제기한다. 즉 부활은 최초의 기독교 내의 다른 개인들과 집단들이 중단 없이 지속되는 예수에 대한 그들의 신앙을 표현했던 유일한 방법이었는가? 이 물음은 바울이 의미한 것이 무엇이냐를 묻는 것이 아니다. 그것은 충분히 분명하게 밝혀졌기 때문이다. 이 물음은 바울이 그 당시에 그리고 그 이후로도 모든 기독교인들을 대변하는지 아닌지의 물음이다. 이렇게 이해할 때, 부활은 이 세상에 지속되는 예수의 능력과 현존에 대한 신앙(faith in the continuing power and presence of Jesus in the world)을 표현하는 유일한 방법인가, 아니면 여러 방법 중에 단지 하나의 방법인가?

맨 나중된 나에게

나의 요점은 바울이 틀렸다는 것이 아니라, 부활에 대한 그의 강조가 초기 기독교 신앙을 표현하는 하나의 방법일 뿐이며, 다른 모든 기독교인들에게 규범적인 것으로 여겨져서는 안 된다는 것이다. 고린도전서 15장의 또 다른 부분(1-11)을 살펴보자. 그리고 바울 자신의 체험과 표현이 어떻게 다수 중의 하나가 아니라, 다른 모든 사람들에 대해 규범적인 것으로 받아들여지게 되었는가를 다시 한번 살펴보기 위해 특별히 부활한 예수의 현현에 초점을 맞추어 보라.

형제자매 여러분, 내가 여러분에게 전한 복음을 여러분에게 일깨워 드립니다. 여러분은 이 복음을 전해 받았으며, 또한 그 안에 서 있습니다. 내가 여러분에게 전해 드린 말대로, 여러분이 복음을 굳게 잡고 있으면, 또 여러분이 헛되이 믿지 않았으면, 그 복음으로 여러분도 구원을 얻을 것입니다. 내가 전해 받은 중요한 것을, 여러분에게 전해 드렸습니다. 그것은 곧, 그리스도께서 성경대로 우리 죄를 위하여 죽으셨다는 것과, 무덤에 묻히셨다는 것과, 성경대로 사흘째 되는 날에 살아나셨다는 것과, 게바[시몬 베드로]에게 나타나시고 다음에 열두 제자에게 나타나셨다고 하는 것입니다. 그 다음에 그리스도께서는 한 번에 오백 명이 넘는 형제자매들에게 나타나셨는데, 그 가운데 더러는 세상을 떠났지만, 대다수는 지금도 살아 있습니다. 그 다음에 야고보에게 나타나시고, 그 다음에 모든 사도들에게 나타나셨습니다. 그런데 맨 나중에 달이 차지 못하여 태어난 자와 같은 나에게도 나타나셨습니다. 나는 사도들 가운데서 가장 작은 사도입니다. 나는 사도라고 불릴 만한 자격도 없습니다. 그것은, 내가 하나님의 교회를 박해하였기 때문입니다. 그러나 나는 하나님의 은혜로 오늘의 내가 되었습니다. 나에게 베푸신 하나님의 은혜는 헛되지 않았습니다. 나는 사도들 어느 누구보다도 더 많이 수고하였습니다. 그러나 내가 이렇게 한 것이 아니라, 내가 늘 입고 있는 하나님의 은혜가 한 것입니다. 그러므로 나나 그들이나, 다 같이 우리는 이렇게 전파하고 있으며, 여러분은 이렇게 믿었습니다.

이 본문에서, 그리고 이 장의 나머지 부분에 걸쳐서 내가 강조하는 것은 이 본문에 함축되어 있는 매우 정치적인 의미들이다. 이것의 주된 관심사는 접신상태나 무아경, 현현, 계시가 아니라 권위와 권력, 지도력, 우선권에 있다.

이 기사가 주장하는 요점은 부활한 예수의 현현을 강조하는 데 있는 것이 아니라, 바울 자신이 사도(an apostle)라는 것, 즉 초대교회에서 지도자의 역할을 수행하도록 하나님과 예수가 특별히 부르고 임명했다는 사실을 강조하는 것이다. 세 가지 요소를 주의해 보라. 우선, 게바와 열두 사도(the Twelve Apostles)에 대해 야고보와 사도들이 균형을 이루고 있다. 통상적으로 우리가 열두 사도를 생각할 때는 언제나 베드로를 가장 먼저 언급하게 된다. 우리가 앞에서 살펴본 것처럼, 열두 족장이 구약성서를 대표하듯이, 어떤 기독교 집단에서는 열두 사도가 축소판으로 신약성서를 대표했다. 그러나 여기서 열둘은 그 사도들과는 구별되고 있는 것으로 보인다. 그러나 물론 이들 열둘도 사도임에 틀림이 없다. 그렇지 않다면 바울 자신도 사도일 수가 없는 것이다. 이것이 그가 왜 자기 자신을 "사도들 가운데서 가장 작은 사도"라고 말하기 전에 "모든 사도들에게"를 말했는지의 이유이다. 그는 열둘 중의 하나라고 주장할 수는 없지만 사도, 즉 하나님과 예수에 의해 보냄받은 자(이것이 그리스어 *apostolos*가 뜻하는 것이다)가 된다고 주장할 수 있으며 또 그렇게 주장하고 있다. 그리고 마지막 부분에서 하나님의 은혜를 주장하는 것과 함께 자신의 뒤늦음을 인정하고는 있지만, 그 마지막 문장은 단호하게 다음과 같이 주장한다. 즉 나나 그들이나 우리는 다 사도이며, 나는 그들과 동등한 자이다.

다음으로 넘어가기 전에, 그리고 이것이 하나님의 현현과 계시보다 사도적 정통성과 권위를 부당하게 강조하는 것으로 보이지 않도록 하기 위해, 앞에서 간단히 언급했던 사도행전 1:15-17과 20-26의 본문을 다시 살펴보자.

> 그 무렵에 신도들이 모였는데, 그 수가 백이십 명쯤이었다. 베드로가 그 신도들[문자적으로는 형제들] 가운데 일어서서 말하였다. "형제자매 여러분[문자적으로는 사람들], 예수를 잡아간 사람들의 앞잡이가 된 유다에 대해서는 성령이 다윗의 입을 빌어 미리 말씀하신 그 성경 말씀이 당연히 이루어진 것뿐입니다. 그는 우리 가운데 한 사람으로서 우리 직무의 한 몫을 맡았습니다. …시편에 기록하기를 '그의 주거지가 폐허가 되게 하시고, 그 안에서 사는 사람이 없게 하십시오[시편 69:25]' 하였고, 또 기록하기를 '그의 직분을 다른 사람이 차지하게 해주십시오[시편 109:8]' 하였습니다. 그러므로 주 예수께서 우리와 함께 지내시는 동안에, 곧 요한이 세례를 주던 때로부터 시작해서 예수께서 우리를 떠나 하늘로 올라가신 날까지 늘 우리와 함께 다닌 사람들 가운데 하나를 뽑아서, 우리와 더불어 부활의 증인으로 삼아야 할 것입니다." 그래서 그들은 바사바라고도 하고 유스도라고도 하는 요셉과 맛디아 두 사람을 앞에 세우고, 기도하여 아뢰었다. "모든 사람의 마음을 다 아시는 주님, 주께서 이 두 사람 가운데서 누구를 뽑아서 이 섬기는 일과 사도의 직무를 맡기시겠는지, 우리에게 보여 주십시오. 유다는 이 직무를 버리고, 제가 갈 곳으로 갔습니다." 그리고 그들에게 제비를 뽑게 하니, 맛디아가 뽑혀서, 열한 사도와 함께 사도의

수에 들었다.

사도행전을 기록한 누가로서는, 바울이 처음부터 예수와 함께 하지 않았기 때문에 열두 사도 중의 하나가 아니었으며 또 결코 그렇게 될 수도 없었다. 누가에게는 오직 열두 사도만이 존재하며, 유다가 죽었을 때조차도 그를 대신할 사람은 바울이 아니다. 누가에게 바울은 이교도들을 위한 위대한 선교사이지 사도는 아니다. 그러므로 상당히 많은 서신들의 서두에서 자신의 사도적 권위를 주장하고 있는 바울은 고린도전서 15:1-11에서 "열둘"과 "모든 사도들"을 구분할 수밖에 없는 것이다. 만일 열두 사도만이 존재한다면, 바울은 그 매력적인 내부 집단에서 영원히 소외될 수밖에 없기 때문이다.

이 첫 번째 요소에 의존하고 있는 두 번째 요소를 살펴보자. 바울은 부활한 예수에 대한 자신의 체험을 자기보다 앞선 다른 사람들의 체험과 동일한 것으로 만드는 일에 큰 관심을 가졌다. 그래서 그는 그런 체험들 모두에다가 동일하게 나타나시고나 계시하시고(후자의 것이 ōphthē라는 그리스어의 문자적이고 더 나은 번역이다)라는 표현을 사용하고 있다. 바울 자신의 체험이 접신상태, 즉 4장에서 논한 바 있는 변형된 의식의 상태와 관련되었다는 것은 의심의 여지가 없다. 누가는 바울이 가졌던 초기의 계시 체험에 대해 사도행전(9:3-4과 22:6-7, 26:13-14)에서 세 가지 기사를 제공하고 있다. 이 기사들은 하나같이 동일하게 그 체험이 의식분리적(dissociative) 특성을 가졌음을 말해 준다.

(1) 사울이 길을 가다가, 다마스쿠스 가까이에 이르렀을 때에, 갑자기 하늘에서 환한 빛이 그를 둘러 비추었다. 그는 땅에 엎어졌다. 그리고 "사울아, 사울아, 네가 왜 나를 핍박하느냐?" 하는 음성을 들었다.

(2) "가다가, 정오 때쯤에 다마스쿠스 가까이 이르렀는데, 갑자기 하늘에서 큰 빛이 나를 둘러 비추었습니다. 나는 땅바닥에 엎어졌는데 '사울아, 사울아, 네가 어찌하여 나를 핍박하느냐?' 하는 소리가 들려 왔습니다."

(3) "저는 길을 가다가, 한낮에 하늘로부터 해보다 더 눈부신 빛이 저와 제 일행을 둘러 비추는 것을 보았습니다. 저희는 모두 땅에 엎어졌습니다. 그 때에 히브리말로 저에게 '사울아, 사울아, 너는 어찌하여 나를 핍박하느냐? 가시 돋친 채찍을 발길로 차면, 너만 아플 뿐이다' 하고 말하는 소리를 들었습니다."

바울 자신이 갈라디아서(1:16)에서 바로 이 체험을 설명할 때, 그는 그것을 간단히 "계시"(revelation)라고 부르고 있다. 그러나 그가 고린도후서(12:2-3)에서 언급하는 것도 역시 이에 대한 것으로 볼 수 있다.

나는 그리스도를 믿는 사람 하나[즉 바울 자신]를 알고 있습니다. 그는 십사 년 전에 셋째[가장 높은] 하늘에까지 이끌려 올라갔습니다. 그가 몸으로 그렇게 했는지 몸을 떠나서 그렇게 했는지를, 나는 알지 못하지만, 하나님께서는 아십니다. 나는 이 사람이 낙원으로 이끌려 올라간 것을 알고 있습니다. 그가 몸으로 그렇게 했는지, 몸을 떠나서 그렇게 했는지를, 나는 알지 못하지만, 하나님께서는 아십니다. 이 사람은 낙원에 이끌려 올라가서, 말로 표현 할 수도 없고 사람이 말해서도 안 되는 말씀을 들었습니다.

부활한 예수에 대한 바울의 체험은 분명히 접신상태에서 이루어졌다. 그러나 4장에서, 접신상태는 신앙의 원자료를 창조해 내는 것도 아니며 또 그에 대한 어떤 새로운 정보도 제공해 주지 않으며, 단지 이미 그곳에 있었던 것을 확증하고 강화하며 주장할 뿐이라고 말했던 것을 상기해 보라. 예를 들어, 바울은 자신이 이교도들을 향한 사도가 되도록 부름 받기 전에 기독교의 박해자였다는 것을 계속해서 우리에게 말하고 있다. 그는 이 새로운 유대 종파(기독교)에 철저히 반대할 만큼 그것에 관해 잘 알고 있었으며, 그의 의식분리적인 체험이 가져온 결과는 박해를 중단하고, 기독교인이 되고 선교사가 되는 것뿐만이 아니라, 나아가 이교도들을 위한 사도가 되는 것이었다. 나는 바울이 처음에 기독교를 박해했던 이유가 기독교인들이 유대교를 이교 신앙으로 이끌고, 또한 자신들의 길에 방해가 되는 모든 종교의례적 전통을 아낌없이 포기했기 때문이었을 것이라고 생각한다. 그런데 이제 그는 자신이 기독교인들을 박해했던 동기가 되었던 바로 그것을 자신의 운명으로 받아들이게 되었다.

그러므로 나는 부활한 예수와 만난 바울의 접신체험은 십자가 처형 이후 최초의 기독교가 가졌던 유일한, 심지어는 지배적인 체험이었다고 아주 조심스럽게 가정해 본다. 고린도전서 15:1-11에서 바울은 자신의 체험과 앞선 사도들의 체험을 동일시할 필요가 있었다. 그런데 이것은 그 체험의 정당성과 합법성이라는 측면에서의 동일시였지, 반드시 그 형식이나 외양에서의 동일시는 아니었다. 예수는 그들 모두에게 계시되었지만, 바울 자신이 체험한 접신상태의 계시가 다른 모든 사람들이 따를 모델이 되는 것으로 여겨져서는 안 된다. 다시 한번 물어 보건대, 갈릴리의 농민 추종자들, 곧 예수의 생활방식을 따라 살았고 또 예수가 그들에게 경고했던 것처럼 사람들로부터 배척받고 심지어는 조롱받는 일에 관해서도 매우 잘 알고 있었던 저 갈릴리의 농민 추종자들은 어땠는가? 그들이 예수의 지속적인 현존을 체험한 것은 접신상태 속에서인가, 아니면 생활 속에서인가? 또 예루살렘에 남아 있었을 저 학식 있는 주석가들, 곧 십자가에 달린 지도자가 하나님의 택하신 자가 될 수 있는가를 알기 위해 자신들의 성서를 탐구했던 주석가들은 어떠했는가? 사람들은 접신상태에서 주석을 하는가? 어쩌면 우리는 접신상태와 생활방식, 주석작업을 각각 어느 정도 떼어 놓고 보아야 할 것이다. 즉 이것들은 최초의 기독교 내의 다양한 제자들과 집단들이 서로 다르게 선택한 방식들이며 결합시킨 것들이라고 보아야 할 것이다.

마지막으로, 그런 현현이나 계시들에 대해 말하고 있는 바울의 진술에는 세 유형의 수용자들(recipients)이 있다는 사실을 주목해 보라. 베드로와 야고보, 바울 자신과 같은 세 사람의 특정 지도자들이 있으며, 열두 제자와 사도들 같은 두 개의 지도자 집단이 있고, 5백 명의 형제들로 이루어진 하나의 일반적인 공동체가 있다. 이 장의 나머지 부분에서 나는 이 세 가지 범주들을 탐구하여 두 가지 중요한 주장을 내놓을 것이다. 첫째, 신약성서 복음서들의 마지막 장들에서, 단순히 바울과 유사하다는 점 때문에 흔히 접신상태적인 계시로 간주되는 것들이 실제로는 결코 그렇지 않다는 점이다. 그것들은 그런 접신 현상의 징후를 전혀 갖고 있지 않은데--눈을 멀게 하는 빛도 없고 땅에 넘어지는 사람도 하늘에서 들려 오는 목소리도 없다--차라리 한 특정 지도자가 다른 특정 지도자보다 우선하며, 이 지도자 집단이 저 일반적인 공동체보다 우선한다는 것을 보이기 위해 매우 의도적인 정치적 드라마로 만든 것(political dramatization)이다. 그러므로 그 이야기들은 접신상태와 현현에 관한 것이 아니라, 주로 권력과 권위에 관한 것이다. 그것들은 기독교 공동체를 창조하기보다는 전제로 하고 있으며, 어떻게 기독교 공동체가 시작되었느냐가 아니라 어떻게 그것이 지속될 것인가에 관한 것이다. 그것들은 기독교 신앙의 기원이 아니라, 기독교 지도력의 기원들을 자세하게 설명한 것이다. 둘째, 나는 복음서들 속에서 예수의 처형 이전에 발생한 다른 이야기들, 즉 소위 자연 기적들(the nature miracles)도 동일한 기능을 수행한다고 주장한다. 그것들은 세상을 능가하는 예수의 물리적인 능력에 관한 것이 아니라, 그 공동체를 능가하는 사도들의 영적인 능력에 관한 것이라는 말이다.

빵과 물고기의 식사

앞부분에서, 5백 명에 이르는 공동체 사람들에게 동시에 예수가 계시된 것에 대해 바울이 언급한 것을 다시 생각해 보자. 신약성서 복음서들 어디에서도 이 5백 명의 사람들은 두 번 다시 언급되지 않는다. 그러나 그와 유사하게 일반적인 공동체에 나타난 계시를 암시하는 것은 복음서에서 찾아볼 수 있을까? 실제로, 특정 지도자들과/또는 지도자 집단들에게 나타난 계시가 일반적인 공동체에 나타난 계시들을 압도하고 능가하는 것으로 주장되고 있는 매우 흥미 있는 사례를 몇 가지 찾아볼 수 있다. 그런데 이번에도 역시 이런 이야기들은 접신상태나 무아경적인 체험에 관한 것이 아니라 누가 책임자인가를 주장하는 방식들이다. 현현은 권위를 부여하는 것이다(Apparition is the conferral of authority). 이 사실로부터 예수가 왜 천국의 비밀이나 하나님의 신비를 밝히는 일에 시간을 할애하지 않았는가 하는 이유를 알 수 있다. 중요한 것은 예수가 무엇을 말했느냐가 아니라, 그가 "누구에게 나타났는가?" 하는 것이다. 우리가 여기서 다루는 문제를 놓고 마을의 무신론자와 경건한 목사가 그것이 타당한 접신상태냐, 아니면 믿을 수 없는 환각이냐 하고 논쟁한다면, 두 사람은 다 요점에서 완전히 벗어난 것이다. 요점은 여기서 우리는 바울이 다루는 것과는 전혀 다른 현상을 다루고 있다는 것이다. 이 이야기들은 권력을 극화하는(dramatization of power) 것들이요, 권위의 문제를 내세우고 있는 것들이다.

엠마오와 예루살렘

첫 번째 사례는 누가복음(24:13-46)에서 볼 수 있다. 소제목들을 통해 강조되고 있는, 이 본문의 통합되고 되돌아가는 구조를 특히 주목하여 보라.

(A) 성서(24:13-27)

그런데 마침 그날 그들 가운데 두 사람이 예루살렘에서 한 삼십 리 떨어져 있는 엠마오라는 마을로 가고 있었다. 그들은 일어난 이 모든 일을 서로 이야기하고 있었다. 그들이 이야기하며 토론하고 있는데, 예수께서 몸소 가까이 가서, 그들과 함께 걸으셨다. 그러나 그들은 눈이 가리어서 예수를 알아보지 못하였다. …예수께서는 그들에게 말씀하셨다. "그대들은 참 어리석습니다. 예언자들이 말한 모든 것을 믿는 마음이 참 무딥니다. 그리스도가 반드시 이런 고난을 겪고서, 자기 영광에 들어가야 하지 않겠습니까?" 그리고 예수께서는 모세와 모든 예언자로부터 시작하여, 성경 전체에 자기에 관하여 쓴 일을 그들에게 설명해 주셨다.

(B) 빵(24:28-33a)

그 두 길손은, 자기들이 가려고 하는 마을에 가까이 이르렀다. 그런데 예수께서는 더 멀리 가시려는 척하셨다. 그러자 그들은 예수를 만류하여 말하기를 "저녁때가 되고, 날이 이미 저물었으니, 우리 집에 묵으십시오" 하였다. 예수께서 그들의 집에 묵으려고 들어가셨다. 그리고 그들과 함께 음식을 잡수실 때에, 예수께서 빵을 들어서 축사하시고, 떼어서 그들에게 주셨다. 그제서야 그들의 눈이 열려서, 예수를 알아보았다. 그러나 그 순간 예수께서는 그들에게서 사라지셨다. 그들은 서로 말하였다. "길에서 그가 우리에게 말씀하시고, 성경을 풀이하여 주실 때에, 우리의 마음이 속에서 뜨거워지지 않았던가?" 그들이 곧바로 일어나서, 예루살렘에 돌아와 보니

(C) 시몬 베드로(24:33b-35)

열한 제자와 또 그들과 함께 있던 사람들이 모여 있었고, 모두들 말하기를 "주께서 확실히 살아나시고, 시몬에게 나타나셨다" 하는 것이었다. 그래서 그 두 사람도 길에서 겪은 일과 빵을 떼실 때에 비로소 그를 알아보게 된 일을 이야기하였다.

(B′) 물고기(24:36-43)

그들이 이런 이야기를 하고 있을 때에, 예수께서 몸소 그들 가운데 들어서서 "너희에게 평화가 있기를!" 하고 말씀하셨다. 그들은 놀라고, 무서움에 사로잡혀서, 유령을 보고 있는 줄로 생각하였다. 예수께서는 그들에게 말씀하셨다. "어찌하여 너희는 당황하느냐? 어찌하여 마음에 의심을 품느냐? 내 손과 내 발을 보아라. 바로 나다. 나를 만져 보아라. 유령은 살과 뼈가 없지만, 너희가 보다시피, 나는 살과 뼈가 있지 않으냐?" 이렇게 말씀하시고, 손과 발을 그들에게 보이셨다. 그들은 너무 기뻐서, 아직도 믿지 못하고 놀라워하고 있는데, 예수께서 "여기에 먹을 것이 좀 있느냐?" 하고 그들에게 말씀하셨다. 그래서 그들이 그에게 구운 물고기 한 토막을 드리니 예수께서 받아서 그들 앞에서 잡수셨다.

(A′) 성서(24:44-46)

예수께서 그들에게 말씀하셨다. "내가 전에 너희와 함께 있을 때에 너희에게 말하기를, 모세의 율법과 예언자의 글과 시편에 나를 두고 기록한 모든 일이 반드시 이루어져야 한다고 하였다." 그 때에 예수께서는 성경을 깨닫게 하시려고 그들의 마음을 열어 주시고, 그들에게 말씀하셨다. "이렇게 기록되어 있다. 곧 그리스도는 고난을 겪으시고, 사흘째 되는 날에 죽은 사람들 가운데서 살아나실 것이며,"

이 복합적인 본문에서 가장 두드러지는 두 특징은 첫째, 전체적으로 연결되어 있고 조화를 이루고 있는 구조와, 둘째로, 가운데 부분인 C항의 어색한 구문론이다.

이 구조는 우리가 일반적인 공동체를 다루고 있다는 점을 강조한다. 두 명의 선교사가 "열한 제자와 또 그들과 함께 있던 사람들"을 뒤에 남겨 두고 예루살렘을 떠나가는데, 그들이 되돌아온 곳은 바로 이 사람들에게였다. 뼈대를 이루는 항인 A/B와 B'/A' 그 어디에서도 예수는 특정 지도자나 심지어는 지도자 집단만을 따로 다루고 있지 않다. 여기서 우리가 보게 되는 일은 부활절 일요일에 발생한 사건이 아니라, 여러 해에 걸쳐서 발생한 과정이다. 예수의 현존과 능력부여(the presence and empowerment of Jesus)는 그 일반적인 공동체가 그에 "관한" 성서를 공부하고 또 빵과 물고기의 식사를 함께 나눌 때 그 공동체 안에서 지속된다. 이것은 접신상태가 아니라 주석이며, 무아경이 아니라 성만찬(eucharist)이다. 그렇지만 누가는 이 빵과 물고기로 이루어진 성만찬을 나눈 결과 이제는 빵만이 성만찬이 되고, 물고기는 예수가 유령이 아니라는 점을 보여주는 매우 생생한 증거가 된다. 현존(presence)으로서의 식사가 증거(proof)로서의 식사가 되었다. 그럼에도 불구하고 우리는 누가가 본문을 이런 식으로 만들기 전에 원래의 모습이 어떤 것이었는지를 볼 수가 있다. 즉 두 명의 선교사가 예루살렘을 떠나고, 성서와 특히 식사, 아마도 빵과 물고기로 된 식사를 통해 예수의 완전한 현존을 체험하며, 또 그것을 보고하기 위해 예루살렘으로 되돌아오고 있는 것이다.

C항(24:33-35)의 어색한 구문론은 위에 인용된 번역 속에서는 부드럽게 다듬어져 있다. 다음은 그 항을 보다 문자적으로 번역한 글이다.

열한 사도와 및 그와 함께 한 자들이 모여 있어 말하기를 주께서 과연 살아나시고 시몬에게 나타나셨다[ōphthē] 하는지라. 두 사람도 길에서 된 일과 예수께서 떡을 떼심으로 자기들에게 알려지신 것을 말하더라[이 본문은 한글 개역성경을 따른다. -역자주]

그러나 이 어색한 구문론은 매우 의도적인 것이다. 방금 우리는 이 두 제자가 예수를 만난 것을 보았다. 그러나 그들이 다른 사람들에게 말할 수 있기 전에, 다른 사람들이 그들에게 시몬 베드로에 관해 말한다. 그렇게 하고서야 그들이 자신들의 이야기를 말하게 된다. 베드로의 증언이 그들의 증언에 비해 우선한다. 즉 특정 지도자가 일반적인 공동체보다 우위에 있는 것이다.

그러나 베드로가 우위를 점하고 난 뒤에도 누가복음 24장의 이 기사와 관련된 중요한 문제가 여전히 남아 있다. 이 세상에서 예수의 증인으로 임명된 사람이 정확히 누구인가? 24:33b를 아래에 인용한 24:47-53과 함께 읽어 보라. 그리고 고딕체로 표시한 구절을 주목해 보라.

열한 제자와 또 그들과 함께 있던 사람들[에게 예수께서 명하셨다]…"그의[그리스도의] 이름으로 죄를 사함 받게 하는 회개가 모든 민족에게 전파될 것이다' 하였다. 너희는 예루살렘으로부터 시작하여, 이 일의 증인이다. 보아라, 내가 내 아버지께서 약속하신 것을 너희에게 보낸다. 그러므로 너희는 위로부터 오는 능력을 입을 때까지, 이 성에 머물러 있어라." 그리고 예수께서는 그들을, 밖으로 베다니까지 데리고 나가서, 손을 들어 그들을 축복하셨다. 예수께서는 그들에게 축복하시면서, 그들을 떠나 하늘로 올라가셨다. 그들은 예수께 경배하고, 크게 기뻐하며 예루살렘으로 돌아가서, 늘 성전에서 하나님을 찬양하며 지냈다.

이 사도적 위임(apostolic mandate)은 그 공동체 전체에게 주어지며, 그들 모두가 예수의 승천을 목격한다. 비록 열두 제자가 특별하게 언급되기는 하지만 그들만이 권위를 부여받거나 그 승천을 목격할 수 있는 자로 선택되지는 않는다. 그러나 악몽 중의 악몽은 오늘날처럼 그때에도 "그들과 함께 있던 사람들" 중에는 여성들이 있었을지도 모른다는 것, 아니 분명히 있었다는 사실이다. 여성들도 역시 사도인가? 이 문제는 누가가 사도행전의 시작 부분에서 자신의 복음서의 결말 부분을 다시 썼을 때 완전히 해결되었다. 그가 그의 두 번째 책인 사도행전 시작부분(1:1-4과 8, 12-14)에서 자신의 첫째 책의 마지막을 어떻게 고쳐서 쓰고 있는가를 살펴보라.

나는 첫째 책[누가복음]에서 예수께서 행하시고 가르치신 모든 일을 다루었습니다. 나는 거기에다가, 예수께서 활동을 시작하신 때로부터, 택하신 사도들에게 성령의 힘으로 지시를 내리신 다음에 하늘로 올라가신 날까지, 하신 모든 일을 수록하였습니다. 예수께서는 고난을 받으신 뒤에, 자기가 살아 계심을 여러 가지 증거로 드러내셨습니다. 그는 사십 일 동안 사도들에게 여러 차례 나타나시고, 하나님 나라를 두고 여러 가지 일을 말씀하셨습니다. 예수께서는 사도들과 함께 계시는 동안에 그들에게 명하시기를 "너희는 예루살렘을 떠나지 말고, 내게서 들은 아버지의 약속을 기다려라. …그러나 성령이 너희에게 내리시면, 너희는 권능을 받고, 예루살렘과 온 유대와 사마리아에서, 그리고 마침내 땅 끝에까지, 나의 증인이 될 것이다." 그런 다음에, 사도들은 올리브라고 하는 산으로부터 예루살렘에 돌아왔다. 그 산은 예루살렘에서 안식일에도 걸어갈 수 있을 만큼 가까운 거리에 있다. 그들은 성안으로 들어와서, 자기들이 묵고 있는 다락방으로 올라갔다. 이 사람들은 베드로와 요한과 야고보와 안드레와 빌립과 도마와 바돌로매와 마태와 알패오의 아들 야고보와 열혈당원 시몬과 야고보의 아들

유다이다. 이들은 모두, 여인들과 예수의 어머니 마리아와 예수의 동생들과 함께 마음을 모아 기도에 힘썼다.

이제 모든 것이 분명해졌다. 예수는 오직 사도들에게만 말하고 있었다. 그들이, 오직 그들만이 사도적 권위를 받으며 예수의 승천을 목격한다. 열한 사도는 분명히, 여성들을 포함한 다른 모든 사람들과는 구별된다. 마지막으로, 우리가 이미 보았듯이, 사도행전 1:21에서 열한 사도는, 처음부터 예수와 함께 있었던 "남자들" 중에서 한 남자를 선택하여 열두 사도로 회복된다. 누가는 최종적으로 그것을 올바르게 수정했다. 특정 지도자인 베드로가 있고, 남성만으로 이루어진 지도자 집단인 열두 사도가 있고, 다음으로 여성을 포함한 그 외의 모든 사람이 있다.

공동체와 지도력

두 번째 사례는 마가복음(6:35-44)과 요한복음(6:5-13)에서 독립적으로 이야기되고 있는 빵 다섯 개와 물고기 두 마리로 오천 명을 먹인 기적이다. 마가복음에는 이 기적에 대한 또 다른 기사(8:1-9, 빵 일곱 개로 사천 명을 먹인 기적)가 나오지만, 그것은 별개의 전승이라기보다는 마가 자신이 그 이야기를 고의적으로 중복한 것으로 보는 것이 타당하다. 이것으로 인해 그는 유대인들의 상황에서 이루어지는 호수 서쪽 해안에서의 기적과, 이방인들의 상황에서 이루어지는 호수 동편에서의 기적을 얻게 된다. 그리고 이것은 그로 하여금 호수 한가운데서 이루어진 다음과 같은 장면을 준비하게 한다(마가 8:14-21).

제자들이 빵을 가져오는 것을 잊었다. 그래서 그들이 탄 배 안에는 빵이 한 개밖에 없었다. 예수께서 제자들에게 경고하여 말씀하시기를 "너희는 주의하여라. 바리새파 사람의 누룩과 헤롯의 누룩을 조심하여라." 제자들은 서로 수군거리기를 "우리에게 빵이 없어서 그러시는가 보다" 하였다. 예수께서 이것을 아시고 말씀하셨다. "어찌하여 너희는 빵이 없는 것을 두고 수군거리느냐? 아직도 알지 못하고 깨닫지 못하느냐? 너희의 마음이 그렇게도 무디어 있느냐? 너희는, 눈이 있어도 보지 못하고, 귀가 있어도 듣지 못하느냐? 기억하지 못하느냐? 내가 빵 다섯 개를 오천 명에게 떼어 주었을 때에, 너희는 남은 빵 부스러기를 몇 광주리나 가득 거두었느냐?" 그들은 그에게 "열두 광주리입니다" 하였다. "빵 일곱 개를 사천 명에게 떼어 주었을 때에는, 남은 부스러기를 몇 광주리나 가득 거두었느냐?" 그들이 "일곱 광주리입니다" 하니, 예수께서 그들에게 "너희가 아직도 깨닫지 못하느냐?" 하고 말씀하셨다.

마가는 유대인과 이방인 모두를 위한 한 덩이 빵이 있으며 그것은 그들 모두를 충족시키고도 남는다는 사실을 제자들이 깨닫지 못했다는 것을 풍자하고 있다. 마가는 그들이 예수가 호수의 양쪽 해안을 위해 이루어 낸 풍요로움보다는 자기들에게 빵이 없다는 것에 더 관심을 기울이고 있다는 점을 비꼬아 지적하고 있다. 마가의 두 번째 기적(8:1-9)은 원래의 기적(6:35-44)을 두 개로 만들기 위해 마가 자신이 창작한 것이며, 따라서 제자들의 깨닫지 못함(8:14-21)을 이중적으로 책망하고 있는 것이다. 그러므로 마가의 첫 번째 기사(6:35-44)와 요한복음에 나오는 그 독립적인 병행구(6:5-13)를 고찰할 때, 이 두 번째 기적(8:1-9)은 제외되어야 한다.

이제부터는 예수의 생전에 이루어진 자연 기적들을 그가 죽은 후에 나온 현현 사건들에 포함시켜 고찰할 것이다. 이 문제와 관련해서, 모든 현현 사건들은 빵과 물고기와 관계가 있으며, 그 모두 예수의 행위를 나타내는 네 개의 핵심적인 동사들--취하다, 축복하다, 떼다, 주다--을 갖고 있고, 또 가장 독특한 것으로서, 일반적인 공동체에 대한 예수의 현존은 지도자 집단의 행위를 통해서만 매개된다는 사실(Jesus' presence to the general community is mediated only through the actions of a leadership group)을 주목해 보라. 예수의 죽음 이전의 것이냐 이후의 것이냐에 상관없이 모든 자연 기적을 하나로 묶어서 다루는 데 대한 나의 마지막 해명은 다음 항에 이르러 고기를 기적적으로 많이 잡게 된 기적(누가복음 5장과 요한복음 21장)에 관해서 다룰 때 제시될 것이다.

지금 여기서는 마가복음과 요한복음에 나오는 이야기, 곧 예수가 군중들을 먹이기 위해 빵과 물고기를 어떻게 늘렸는가를 보여주는 이야기에 집중할 것이다. 그러나 이 이야기는 피상적인 설화일 뿐이다. 비록 마가복음과 요한복음의 두 판본이 서로간에 아무런 관계가 없는 독립적인 것일지라도, 각 본문은 모든 일이 오직 제자들을 통해서만 행해진다는 사실을 자기 나름의 방식으로 강조하고 있다. 이 이야기는 제자들 자신을 위한 기적이 아니라, 오직 제자들의 권위와 매개를 통해서만 행해지는 대중들을 위한 기적임이 분명하다. 즉 일반적인 공동체는 예수에 의해 음식을 공급받는데, 직접적으로 그의 손에 의해서가 아니라 지도자 집단을 통해서, 오직 그들을 통해서만 공급받는다. 마가복음(6:35-44)과 요한복음(6:5-13)에 나오는 이 쌍둥이 기사가 어떻게 제자들의 매개적인 역할을 서로 다른 방식으로 강조하고 있는가를 보여주기 위해 두 본문을 아래에 순서대로 제시한다.

이 이야기에는 다섯 개의 기본 요소가 있다. 첫째 요소는 문제 그 자체, 즉 먹을 것 없이 광야에 있는 무리들을 위해 무엇을 할 것인가에 관한 물음이다.

(1) 날이 이미 저물었으므로, 제자들이 예수께 다가와서 아뢰었다. "여기는

빈들이고 날도 이미 저물었습니다. 이 사람들을 흩어, 제각기 먹을 것을 사 먹게 근방에 있는 농가나 마을로 보내시는 것이 좋겠습니다." 예수께서 "너희가 그들에게 먹을 것을 주어라" 하시니, 제자들이 "그러면 우리가 가서 빵 이백 데나리온 어치를 사다가 그들에게 먹이라는 말씀입니까?" 하였다. 예수께서는 그들에게 "너희에게 빵이 얼마나 있느냐? 가서, 알아보아라" 하고 말씀하셨다. 그들이 알아보고 "빵 다섯 개와 물고기 두 마리가 있습니다" 하고 말하였다.

(2) 예수께서 눈을 들어서, 큰 무리가 자기에게로 모여드는 것을 보시고 "우리가 어디에서 빵을 사다가, 이 사람들을 먹이겠느냐?" 하고 빌립에게 말씀하셨다. 예수께서는 빌립을 시험해 보시고자 이렇게 말씀하신 것이었다. 예수께서는 자기가 하실 일을 잘 알고 계셨던 것이다. 빌립이 예수께 대답하였다. "이 사람들에게 모두 조금씩이라도 먹게 하려면, 빵 이백 데나리온 어치를 갖고서도 충분하지 못합니다." 제자 가운데 하나이며 시몬 베드로의 동생인 안드레가, 예수께 말하였다. "여기 한 아이가 보리빵 다섯 개와 물고기 두 마리를 갖고 있습니다. 그러나 이렇게 많은 사람에게, 그것이 무슨 소용이 있겠습니까?"

요한복음에서는 문제를 제기한 사람이 예수 자신인데 반하여, 마가복음에서는 제자들이 제기한다. 그러나 두 경우 모두에서 예수와 제자들은 자신들의 문제가 아니라 군중들의 문제를 풀기 위해 함께 궁리하고 있다. 두 번째 요소는 군중들을 열을 지어 앉히는 준비와 관련된다. 다시 한번 누가 명령하고 있는가를 주목해 보라.

(1) 예수께서는 제자들에게 명하여, 모두들 떼를 지어 푸른 풀밭에 앉게

하셨다. 그들은 백 명씩 또는 쉰 명씩 떼를 지어 앉았다.

(2) 예수께서 "사람들을 앉혀라" 하고 말씀하셨다. 그 곳에는 잔디가 많았다. 사람들이 앉았는데, 그 수가 오천 명쯤 되었다.

두 경우 모두 예수가 군중들을 명령하는데 오직 제자들을 통해서이다. 요한복음에서는 이것이 매우 분명하게 나타나 있다. 마가복음의 경우는 우리가 그리스어를 어떻게 이해하느냐에 따라 번역이 다를 수 있다.

세 번째 요소는 음식을 많이 늘려 분배하는 일이다. 예수는 이 일을 스스로 하는가, 아니면 오직 제자들을 통해 하는가?

(1) 예수께서 빵 다섯 개와 물고기 두 마리를 손에 드시고, 하늘을 우러러 감사 기도를 드리신 뒤에, 빵을 떼어서 제자들에게 주시면서, 사람들에게 나누어주게 하셨다. 그리고 그 물고기 두 마리도 모든 사람에게 나누어 주셨다.

(2) 예수께서 빵을 들어서 감사를 드리신 다음에, 앉은 사람들에게 나누어 주셨다. 그리고 물고기도 그와 같이 해서, 그들이 원하는 대로 주셨다.

다시 한번, 작은 문제 같아 보이지만 요한복음에서 예수가 스스로 행하는 것을 마가복음에서는 제자들을 통하여 행하고 있는데, 빵의 경우는 명백하게 드러나 있고 물고기의 경우도 아마 마찬가지였을 것으로 추정된다.
마지막으로, 남은 음식을 모으는 것이 나온다. 마가복음에서는 이 일이 정체가 밝혀지지 않은 모호한 "그들"에 의해 이루어지는 데 반해 요한복음에서는 제자들에게 그 일을 하라는 명령이 주어진다.

(1) 그들은 모두 배불리 먹었다. [그리하여 그들이] 빵 부스러기와 물고기 남은 것을 주워 모으니, 열두 광주리에 가득 찼다. 빵을 먹은 사람은 남자 어른만도 오천 명이었다.[괄호 안의 구절은 원문을 따라 역자가 표준새번역에 덧붙인 것이다 - 역자주]

(2) 그들이 배불리 먹은 뒤에, 예수께서 제자들에게 "남은 부스러기를 다 모으고, 조금도 버리지 말아라" 하고 말씀하셨다. 그래서 보리빵 다섯 개에서, 먹고 남은 부스러기를 모으니, 열두 광주리에 가득 찼다.

내가 제시한 사항들은 전부 다 매우 하찮은 것들이어서 쉽사리 간과될 수가 있다. 예수는 자신의 전 생애를 통해 평범한 대중들을 위해 치유와 귀신축출을 행했다. 그는 통상적으로 자연 기적이라고 불리는 것은 오직 자기 제자들을 위해서만 행했다. 그런데 여기서만은 예외이다. 즉 이것은 평범한 사람들을 위해 자연 기적이 행해지고 있는 유일한 경우이다. 그러나 제자들은 계속해서 매개자(mediators)로 등장하고 있고, 그런 자격으로 행동하도록 예수의 명령을 받고 있다. 이것이 단지 우연의 일치일까?
 예수 살아 생전에 아무나 참석할 수 있었던 개방적 공동식사는 그가 죽은 후에 빵과 물고기로 이루어진 성만찬이나, 빵과 포도주로 이루어진 성만찬으로 분리되어 종교의례가 되었다(ritualized). 방금 살펴본 두 기사는 빵과 물고기의 성만찬 의례가 예수의 지상 생애 속으로 되쏘아진(retrojected) 사례에 해당한다. 그러나 두 경우의 성만찬 속에는 비록 서로 다른 방식으로였기는 하지만, 계급구조와 권위가 식사 속에 다시 도입되었다. 아무나 참석하던 공동식사는 종교의례가 되었으며 그와 동시에 파괴되었는데, 종교의례가 되는 것은 불가피했는지 몰라도, 파괴되는 것은 꼭 불가피했던 것은 아니었다.

어린양과 양

앞의 두 항에서 빵과 물고기로 이루어진 성만찬 식사를 배경으로 삼아 강조된 것은 특정 지도자나 지도자 집단이 일반적인 공동체에 대해 가지는 우월성(supremacy)이었다. 다른 말로 해서, 성만찬에서의 예수의 현존은 주로 권위와 우선순위(priority)와 관계된 것이다. 다음에 오는 세 번째 사례에서는 특정 지도자들 사이의 경쟁이 두드러지게 나타난다. 그러나 여기서도 배경이 되는 것은 바로 빵과 물고기의 성만찬이다. 이 성만찬이 어떤 역할을 하는지 이해하기 위해서 우리는 좀더 앞선 장면에서 시작해야 한다.

요한복음에 보면, 대제사장의 집에서 베드로가 동트기 직전에 숯불 앞에서 예수를 세 번 부인했다(18:17-18과 25-27).

(1) 그 때에 문지기 하녀가 베드로에게 "당신도 이 사람의 제자 가운데 하나지요?" 하고 말하니, 베드로는 "나는 아니다" 하고 대답하였다. 날이 추워서, 종들과 경비병들이 숯불을 피워 놓고 서서 불을 쬐고 있는데, 베드로도 그들과 함께 서서 불을 쬐고 있었다…

(2) 시몬 베드로는 서서, 불을 쬐고 있었다. 사람들이 그에게 "당신도 그 제자 가운데 하나지요?" 하고 물었다. 베드로가 부인하여 말하기를 "나는 그런 사람이 아니오" 하였다.

(3) 베드로에게 귀를 잘렸던 사람의 친척으로서, 대제사장의 종 가운데 하나가 베드로에게 "당신이 동산에서 그와 함께 있는 것을 내가 보았는데 그러시오?" 하고 말하였다. 베드로가 다시 부인하였다. 그러자 곧 닭이 울었다.

요한복음에 먼저 나오는 이 세 번의 부인(18:17-18과 25-27)은 나중에 베드로가 책임 있는 자리에 임명될 때 말한 세 번의 고백(21:9-17)에 의해 백지화되고 있음이 확실하다. 또 이 세 번의 고백이 갖는 인위적인 성격은 거기서 다루어야 할 범주가 단 두 가지, 즉 어린양과 양에 국한한다는 사실에 의해 더 분명하게 드러난다.

이 사건은 예수가 처형된 후에 그의 일곱 제자가 갈릴리 바다에서 고기를 잡고 있을 때 발생한다. 나는 요한복음 21:1-8에 대해서는 다음 항에서 살펴볼 것이다. 여기서는 21:9-17을 집중적으로 살펴본다.

> 그들이 땅에 올라와서 보니, 숯불을 피워 놓았는데, 그 위에 생선이 놓여 있고, 빵도 있었다. 예수께서 제자들에게 말씀하셨다. "너희가 지금 잡은 생선을 조금 가져오너라." 시몬 베드로가 배에 올라가서, 그물을 땅으로 끌어내렸다. 그물 안에는 큰 고기가 백 쉰 세 마리나 들어 있었다. 고기가 그렇게 많았으나, 그물이 찢어지지는 않았다. 예수께서 그들에게 "와서 아침을 먹어라" 하고 말씀하셨다. 제자들 가운데서 아무도 감히 "선생님은 누구십니까?" 하고 묻는 사람이 없었다. 그가 주님이신 것을 알았기 때문이다. 예수께서 가까이 와서, 빵을 들어서 그들에게 주시고, 또 생선도 주셨다.
> 예수께서 죽은 사람들 가운데서 살아나신 뒤에 제자들에게 자기를 나타내신 것은, 이번이 세 번째였다.
> 그들이 아침을 먹은 뒤에,
> (1) 예수께서 시몬 베드로에게 물으셨다. "요한의 아들 시몬아, 네가 이 사람들보다 나를 더 사랑하느냐?" 베드로가 대답하였다. "주님, 그렇습니다. 내가 주님을 사랑하는 줄을 주께서 아십니다." 예수께서 그에게 "내 어린양을 먹여라" 하고 말씀하셨다.
> (2) 예수께서 두 번째로 물으셨다. "요한의 아들 시몬아, 네가 나를 사랑하

느냐?" 베드로가 대답하였다. "주님, 그렇습니다. 내가 주님을 사랑하는 줄을 주께서 아십니다." 예수께서 그에게 말씀하셨다. "내 양을 쳐라." (3) 예수께서 세 번째로 물으셨다. "요한의 아들 시몬아, 네가 나를 사랑하느냐?" 그 때에 베드로는 예수께서 "네가 나를 사랑하느냐?" 하고 세 번이나 물으시므로, 불안해서 "주님, 주께서는 모든 것을 아십니다. 그러므로 내가 주님을 사랑하는 줄 주께서 아십니다" 하고 대답하였다. 예수께서 그에게 말씀하셨다. "내 양을 먹여라."

여기에는 동튼 직후의 숯불이 나오고 있으며, 또 베드로가 예수에게 사랑을 고백한 것이 세 차례 있고, 예수가 베드로에 세 차례 위임하는 말이 나온다. 이 본문의 변증적인 특성은 매우 강하며, 따라서 이해하기가 그리 어려운 것도 아니다.

베드로의 지위가 회복되고 있는 것은 별개로 하고도, 예수가 그를 전체 양무리--어린양과 양--를 책임지는 위치에 올려놓는 것이 분명하게 드러난다. 그는 "이 사람들보다" 더 예수를 사랑하며, 모든 사람을 책임지는 자리에 임명된다. 베드로는 특정 지도자로서 지도자 집단과 일반적인 공동체 모두를 다스릴 권위를 부여받은 지도자다.

공동식사와 성만찬

만일 예수 자신이 빵과 포도주가 자신의 몸과 피와 동일한 것으로 여겨지는 그런 식사를 종교의례로 만들었다면, 『디다케』의 성만찬에 관한 본문들(9-10) 속에서 그런 상징화가 전혀 나타나지 않는 이유를 설명하기 어렵다. 그러므로 후대에 나타난 모든 종교의례의 근거가 된 것은 그가 죽기 직전에 가진 최후의 만찬이라기보다는 그의 생애 동안의 열린 공동식사였다. 그리고 열린 공동식사는 빵과 포도주로 이루어진 성만찬과 마찬가지로 빵과 물고기로 이루어진 성만찬으로도 종교의례가 될 수 있었을 것이다. 그러므로 빵-물고기의 성만찬들이 보다 초기의 전통에 속한다. 왜냐하면 만일 이 빵-물고기의 성만찬보다 앞서서 빵-포도주의 상징이 이미 공식화되어 있었다면, 빵-물고기의 성만찬이 만들어지는 것이 가능하기나 했겠느냐 하는 문제 때문이다. 그러나 뒤에 와서 빵-포도주 성만찬이 우세하게 되었음에도 불구하고, 초기에 빵-물고기 성만찬이 가졌던 중요성은 아무리 강조해도 지나치지 않는다.

예수의 생애 중에 이루어진 공동식사와 예수가 죽은 후에 나타난 빵-물고기, 빵-포도주로 이루어진 두 가지 형태의 성만찬 사이의 연속성은 예수의 행위를 나타내는 네 개의 핵심적인 동사들, 즉 취하다, 축복하다(또는 감사하다), 떼다, 주다 속에 보존되어 있다. 예를 들어, 이 네 개의 동사는 누가복음에 나오는 최후의 만찬(22:19)과 방금 살펴본 엠마오의 식사(24:30)에서 똑같이 빵과 관련하여 나오고 있다. 이 동사들은 어떤 점에서 중요한가? 또한 왜 이 동사들은 빵과 포도주의 성만찬이나 빵과 물고기의 성만찬에 들어와서 종교의례가 된 표현들로 바뀌어야만 했는가?

비교를 하며 살펴보기 위해, 우리에게 사해문서라는 기록들을 남겨 준 쿰란의 에세네파로 한 번 더 돌아가 보자. 그들의 종교의례적 식사에서는 평등주의적인 식사공동체보다는 계급적인 서열이 상징적으로 강조되었다. 기원후 66년에서 73년의 제1차 로마-유대전쟁 중에 그 단체가 자신들의 귀중한 기록들을 숨긴 제1 동굴에서 발견된 두 개의 사례를 살펴보겠다. 첫째 사례는 『공동체 규칙』(*Rule of the Community*) 혹은 『훈련 교범』(*Manual of Discipline*)이라는 문서에서 나오며, 두 번째 사례는 그것의 부록으로 심하게 조각난 『회중 규칙』(*The Rule of the Congregation*) 혹은 『메시아의 규정』(*Messianic Rule*)에 나온다. 이 두 자료는 모두 필사본으로서 그 연대가 기원전 100년경의 것으로 추정된다.

(1) 식사를 위한 음식이 차려지고 새 포도주가 준비되면 제사장이 가장 먼저 첫 수확의 빵과 새 포도주를 감사하기 위해 손을 뻗어야 한다.
(2) 사람들이 음식을 먹고 새 포도주를 [마시기 위해] 공동 [식]사로 모일 때, 공동식사가 차려지고 새 포도주가 [부어지면] 아무도 제사장보다 먼저 첫 수확의 빵과 새 포도주에 손을 대지 못하도록 하라. [그가] 첫 수확의 빵과 포도주를 감사할 사람이요 빵에 손을 [댈] 첫 사람이기 때문이다. 그 다음에 이스라엘의 메시아가 빵에 손을 댈 것이요 공동체의 모든 회중은 감사기도를 [드릴 것이며], [각 사람은] 자신의 위계 [순서에 따라] 행해야 할 것이다.

여기서는 계급구조, 선임, 위계질서가 강조되고 있다. 예수의 공동식사에서는 전혀 다른 것이 강조된다. 초대교회 공동체들이 비록 예수의 열린 공동식사의 내용들을 종교의례로 만들긴 했지만, 그러면서도 저 몇몇 동사들 속에 함축되어 있는 주요한 특성은 지켜 나갔다. 즉 취하다, 축복하다, 떼다, 주다(took, blessed, broke, gave)라는 동사들은 깊은 상징적인 의미들을 갖고 있는데, 저 초창기의 아무나 참석하는 열린 공동식사로부터 유래한 것으로 보인다. 무엇보다도 먼저 그 동사들은 평등한 나눔의 절차(a process of equal sharing)를 가리키는데, 이 절차에 의해 어떤 음식이든지 모든 사람에게 똑같이 나뉘어지게 된다. 그러나 그 동사들은 또한 훨씬 더 중요한 것을 가리킨다. 즉 앞의 두 동사 '취하다'와 '축복하다'는, 그 중에서도 특히 두 번째 동사는 주인의 행동이며, 뒤의 두 동사 '떼다'와 '주다'는, 그 중에서도 특히 두 번째 동사는 종의 행동이다. 예수는 주인과 초청인(master and host)으로서 종(servant)의 역할을 수행하며, 모든 사람들이 동등한 입장에서 똑같이 음식을 나누어 받는다. 그러나 고려되어야 할 보다 깊은 차원이 있다. 즉 예수의 처음 제자들 대부분은 식탁에서 노예의 시중을 받는 것이 어떤 일인지 좀처럼 경험해 보지는 못했다 해도 알고는 있었을 것이다. 남자 제자들은 경험을 통해서 익숙하게 여성들을 가족의 음식을 준비하고 시중드는 사람으로서 생각했을 것이다. 예수는 자청하여 종의 역할뿐만 아니라 여성의 역할도 떠맡았다. 이 네 개의 동사가 하나로 연결되어 상징하는 것은 종이 되어 접대하는 것이며, 또한 여자의 처지가 되어 시중을 드는 것(female hosting)이다. 예수는 자리에 앉아 대접을 받기보다는 그 스스로 여염집 부인과 같이 나서서 자신을 포함한 모든 사람에게 똑같은 음식을 대접한다.

밤이 새도록 수고했으나

예수가 죽기 전에 행한 모든 자연 기적들과 죽은 후에 나타난 모든 부활의 현현들은 한데 묶어, 어떤 특정 지도자가 어떤 지도자 집단과/또는 일반적인 공동체에 대해서 갖는 권위라는 관점에서 분석되어야 한다. 여기서 내가 제시하는 첫 번째 사례는 그런 식으로 이루어진 자연 기적과 부활 현현의 결합(conjunction of nature miracle and risen apparition)을 가장 분명하게 보여주는 것이며, 또 그 둘의 결합이 정당한 것임을 입증하는 중요한 자료가 된다.

예수 없이 고기잡기

이 이야기는 독립적이고 개별적인 두 개의 판본에 나타난다. 하나는 자연 기적으로서 누가복음에 나오며 예수의 죽음 이전에 발생했다. 다른 하나는 부활 현현으로서 요한복음 21장에 나오며 예수의 죽음 후에 발생했다. 무엇보다도 이 이야기가 나로 하여금 자연 기적과 부활 현현이 원래 하나였음(the original unity of nature miracle and risen apparition)을 확신하게 해주었다.

누가복음에서 이 이야기는 예수의 공적인 생애의 시작 부분에 나온다. 이 이야기의 결론(누가 5:10-11)은 첫 제자들을 부르는 일(마가 1:16- 20)과 결합되었다. 나는 그 결합은 일단 제쳐두고, 아래에 인용한 누가복음에서 고기를 엄청나게 많이 잡는 기적(5:2-9)에 초점을 맞추겠다.

그가 보시니, 배 두 척이 호숫가에 대어 있고, 어부들은 배에서 내려서, 그물을 씻고 있었다. 예수께서 그 배 가운데 하나인 시몬의 배에 올라서, 그에게 배를 뭍에서 조금 떼어놓으라고 하신 다음에, 배에 앉으시어 무리를 가르치셨다. 예수께서 말씀을 마치시고, 시몬에게 말씀하셨다. "너는 깊은 데로 나가거라. 너희는 그물을 내려, 고기를 잡아라." 시몬이 대답하기를 "선생님, 우리가 밤새도록 애를 썼으나, 아무것도 잡지 못했습니다. 그러나 선생님의 말씀에 따라 그물을 내리겠습니다" 하였다. 그런 다음에, 그대로 하니, 많은 고기 떼가 걸려들어서, 그물이 찢어질 지경이 되었다. 그래서 그들은 다른 배에 있는 동료들에게 손짓하여, 와서, 자기들을 도와달라고 하였다. 그들이 와서, 고기를 두 배에 가득히 채우니, 배가 가라앉을 지경이 되었다. 시몬 베드로가 이것을 보고, 예수의 무릎 앞에 엎드려서 "주님, 나에게서 떠나 주십시오. 나는 죄인입니다" 하고 말하였다. 베드로와 그와 함께 있는 모든 사람은, 자기들이 잡은 고기가 엄청나게 많은 것에 놀랐던 것이다.

다시 한번, 상징적인 메시지가 매우 분명하게 드러난다. 예수는 베드로의 배를 다른 배에 비해 우월한 것으로 선택하고 있으며, 또한 그가 가르치는 일과 물고기를 잡는 일이 그 배에서 이루어진다. 제자들은 밤이 새도록 수고했지만, 지휘하는 예수가 없이는 아무것도 잡을 수 없었다. 이제

배를 지휘하는 예수와 함께 그들은 그들이 감당할 수 있는 것보다 훨씬 많이 잡는다. 예수 없이는 아무것도 할 수 없고, 예수와 함께라면 모든 것을 할 수 있다(Without Jesus nothing; with Jesus everything). 그렇지만 이 본문의 현재 맥락에서 볼 때 베드로의 죄의 고백은 이해하기가 어렵다는 점을 주목하라. 그러나 이 기적이 베드로가 예수를 세 번 부인한 사건 뒤에 놓인 부활 현현을 대신한 것이라면, 베드로의 죄인 고백은 이해할 수 있을 뿐 아니라 필연적인 것이기도 하다. 그리고 요한복음에서는 이 자연 기적이 부활 현현으로서 이야기되고 있다(21:2-8).

시몬 베드로와 쌍둥이라고 불리는 도마와 갈릴리 가나 사람 나다나엘과 세베대의 아들들과 제자들 가운데서 다른 두 사람이 한 자리에 있었다. 시몬 베드로가 그들에게 "나는 고기를 잡으러 가겠소" 하고 말하니, 그들이 "우리도 함께 가겠소" 하고 말하였다. 그들이 나가서 배를 탔다. 그러나 그 날 밤에는 고기를 한 마리도 잡지 못하였다. 이미 동틀 무렵이 되었을 때에, 예수께서는 바닷가에 서 계셨다. 그러나 제자들은 그가 예수이신 줄을 알지 못하였다. 그 때에 예수께서 제자들에게 "얘들아, 무얼 좀 잡았느냐?" 하고 물으셨다. "못 잡았습니다" 하고 그들이 대답하니, 예수께서 그들에게 "그물을 배 오른쪽에 던져라. 그러면 잡을 것이다" 하고 말씀하셨다. 제자들이 그물을 던지니, 고기가 너무 많이 걸려서, 그물을 끌어올릴 수가 없었다. 예수께서 사랑하시던 그 제자가 베드로에게 "저분은 주님이시다" 하고 말하였다. 시몬 베드로는 주님이라는 말을 듣고서, 벗은 몸에 겉옷을 두르고 바다로 뛰어내렸다. 그러나 나머지 제자들은 배를 탄 채로, 고기가 든 그물을 끌면서, 해안으로 나왔다. 그들은 육지에서 백 자 남짓밖에 떨어지지 않은 곳에 들어가 있었다.

이것도 역시 동일한 상징적인 메시지를 말해 준다. 즉 예수 없이는 아무 것도 할 수 없고, 예수와 함께라면 모든 것을 할 수 있다. 그러나 나중에 참고하기 위해서 이 본문에 나타나 있는 "예수께서 사랑하시던 그 제자"와 베드로 사이의 가벼운 긴장을 주목해 보라. 앞의 사람이 먼저 예수를 알아본다. 그러나 베드로가 먼저 예수에게 가기 위해 물 속으로 뛰어든다. 그러나 물론, 앞에서 살펴본 바와 같이, 요한복음 21장에서 이야기가 계속되면서 시몬 베드로가 명백하고도 단호하게 제자들과 공동체의 책임자로 세워진다.

예수 없는 항해

제자들이 엄청나게 많은 물고기를 잡는 기적에서와 같이, 예수가 물위를 걷는 이야기에서도 나는 똑같은 상징적 의미를 발견한다. 즉 제자들은 예수 없이는(without Jesus) 위험에 처하게 되고 아무 곳도 갈 수 없으나, 예수와 함께 하면(with Jesus) 가고자 하는 곳에 안전하고 신속하게 갈 수 있다. 마가복음에는 예수가 빵 다섯 개와 물고기 두 마리로 수천 명을 먹인 것에 관해 두 기사(6:35-44와 8:1-9)가 나오는 것 같이, 바다를 잔잔하게 만든 것에 관해서도 두 기사(4:35-41과 6:45-51)가 나온다. 이 두 경우 모두에서 마가는 똑같은 이유로 그가 전해 받은 전승을 이중으로 만들고 있다. 즉 그것은 그가 자신의 복음서에서 갈수록 더 강하게 비판해 왔던 그 제자들의 몰이해를 강조하는 것이며, 나아가 그들의 과오를 두드러지게 만드는 것이다. 아래에 마가복음에 나오는 그의 쌍둥이 판본을 나란히 제시한다(4:35-41과 6:45-51).

(1) 그 날 저녁이 되었을 때에, 예수께서 제자들에게 "바다 저쪽으로 건너가자" 하고 말씀하셨다. 그래서 그들은 무리를 남겨 두고, 예수께서 배에

계신 그대로 모시고 갔는데, 다른 배들도 함께 따라갔다. 그런데 큰 광풍이 일어나서, 파도가 배 안으로 덮쳐 들어오므로, 물이 배에 거의 가득 찼다. 예수께서는 고물에서 베개를 베고 주무시고 계셨다. 제자들이 예수를 깨우며 "선생님, 우리가 죽게 되었는데, 아무렇지도 않습니까?" 하고 말하였다. 예수께서 깨어나셔서 바람을 꾸짖으시고, 바다더러 "고요하고, 잠잠해져라" 하고 말씀하시니, 바람이 그치고, 아주 고요해졌다. 예수께서 그들에게 "왜들 무서워하느냐? 아직도 믿음이 없느냐?" 하고 말씀하셨다. 그들은 큰 두려움에 사로잡혀서 서로 말하기를 "이분이 누구이기에, 바람과 바다까지도 그에게 복종할까?" 하였다.

(2) 예수께서는 곧 제자들을 재촉하여, 배를 태워, 자기보다 먼저 건너편 벳새다로 가게 하시고, 그 동안에 무리를 헤쳐 보내셨다. 그들과 헤어지신 뒤에, 예수께서는 기도하시려고 산에 올라가셨다. 날이 저물었을 때에, 제자들이 탄 배는 바다 한가운데 있었고, 예수께서는 홀로 뭍에 계셨다. 그런데 예수께서는, 그들이 노를 젓느라고 몹시 애쓰는 것을 보셨다. 바람이 거슬러서 불어왔기 때문이다. 이른 새벽에 예수께서 바다 위를 걸어서 그들에게로 가시다가, 그들을 지나쳐 가려고 하셨다. 제자들은 예수께서 바다 위로 걸어오시는 것을 보고, 유령으로 생각하고 소리 쳤다. 그를 보고, 모두 놀랐기 때문이다. 그러나 예수께서 곧 그들에게 말씀하셨다. "안심해라. 나다. 두려워하지 말아라." 그리고 예수께서 그들이 탄 배에 오르시니, 바람이 그쳤다. 그래서 제자들은 몹시 놀랐다.

첫 번째 판본은 두 번째 판본에 있는 전통적인 내용을 마가가 베낀 것에 불과하다. 이것이 마가와는 달리 초대 전승이 하나의 식사 기적(meal miracle, 마가 6:35-44)과 하나의 바다 기적(sea miracle, 6:45-51)만을 알고 있었던 이유이다. 그러므로 아래에서는 마가복음 4:35-41은 무시하고 6: 45-51만을 살펴볼 것이다.

여기서는 요한복음에 나타난 그 두 번째 바다 기적의 독립적인 판본을 인용하겠다(6:15b-21).

> 예수께서는, 사람들이 와서, 억지로 자기를 모셔다가 왕으로 삼으려고 한다는 것을 아시고, 혼자서 다시 산으로 물러가셨다. 날이 저물었을 때에, 예수의 제자들은 바다로 내려가서, 배를 타고 바다 건너편 가버나움으로 갔다. 이미 어두워졌는데도, 예수께서는 아직, 그들이 있는 곳으로 오시지 않았다. 그런데 큰바람이 불고, 물결이 사나워졌다. 제자들이 배를 저어서, 십여 리쯤 갔을 때였다. 그들은, 예수께서 바다 위로 걸어서 배로 가까이 오시는 것을 보고, 무서워하였다. 예수께서 그들에게 "나다. 두려워하지 말아라" 하고 말씀하시니, 그들은 기뻐서 예수를 배 안으로 모셔들였다. 배는 곧 그들이 가려던 땅에 이르렀다.

요점은 매우 분명하다. 제자들은 예수가 없이는 밤새도록 아무 데도 갈 수 없었는데, 예수가 오자 모든 것이 즉시 잘 풀렸다는 것이다. 그러나 예수가 죽기 전에 일어난 자연 기적인 이 마가복음 6:45-51에는 또 다른 주제가 세 개 있는데, 이것들은 예수의 죽음 이후에 나온 현현 기사들을 담고 있는 누가복음 24장의 주제들과 매우 흡사하다. 이 공통된 요소들은 자연 기적들과 부활 현현들이 같이 유래되어 나온 원래의 공통된 모체가 있었음을 강조하는 데 도움을 준다. 첫째는 시간이다. 마가복음에 보면 예수가 바다 위를 걸어서 그들에게로 온 것이 "이른 새벽에"(6:48) 혹은 문자적으로는 "밤 사경 즈음에," 즉 오전 3시에서 6시 사이이다. 예수의 무덤이 빈 채로 발견된 것도 역시 "이른 새벽에"(누가 24:1) 혹은 "새벽에"였다

(24:22).

그 다음은 제자들의 반응이다. 마가복음 6:49-50과 누가복음 24:37-38 사이에는 네 개의 밀접한 언어상의 유사점들이 존재한다(나는 그리스어와 일치한 번역을 따른다).

(1) 제자들은 예수께서 바다 위로 걸어오시는 것을 보고, 유령[phant-asma]으로 생각하고 소리 쳤다. 그를 보고, 모두 놀랐기 때문이다. 그러나 예수께서 곧 그들에게 말씀하셨다. "안심해라. 나다. 두려워하지 말아라."
(2) 그들은 놀라고, 무서움에 사로잡혀서, 유령[pneuma]을 보고 있는 줄로 생각하였다. 예수께서는 그들에게 말씀하셨다. "어찌하여 너희는 당황하느냐? 어찌하여 마음에 의심을 품느냐? 내 손과 내 발을 보아라. 바로 나다."

마지막으로, 강권적인 초청이다. 마가복음에는 예수가 물 위를 걸어 배로 다가오다가 "그들을 지나쳐 가려고 하셨다"(6:48)는 매우 이상한 해설이 들어 있다. 이와 유사하게 누가복음에도 엠마오에서 "그 두 길손은, 자기들이 가려고 하는 마을에 가까이 이르렀다. 그런데 예수께서는 더 멀리 가시려는 척하셨다"(24:28)는 해석이 나온다. 이 두 경우 모두에서, 그들은 틀림없이 예수에게 자기들과 함께 하기를 청했을 것이다.

메시지는 아주 분명하다. 즉 예수 없이(without Jesus) 밤새도록 고기를 낚았으나 제자들은 아무것도 잡지 못한다. 예수 없이(without Jesus) 밤새도록 배를 저었으나 제자들은 아무 데도 갈 수 없었다. 그러나 예수가 돌아오자마자 엄청난 고기를 잡게 되고, 또는 안전한 항구에 이르게 된다. 이 상징의 의미는 명백하다. 그러나 이것은 전자의 경우에 특정 지도자, 즉 베드로를 위한 상징이며, 두 번째 경우는 지도자 집단을 위한 상징이다.

그러므로 여기서 문제가 제기된다. 즉 어떻게 해야 특정 지도자, 즉 베드로를 그 두 번째 경우에서도 두드러지게 만들 수 있을까, 다시 말해 지도자 집단보다 우세하게 만들 수 있겠는가 하는 것이다. 힌트는 다음과 같다. 마태복음 14:28-33에서만 나타나지만, 예수와 함께 물 위로 걷게 되는 (또는 가라앉는) 사람은 누구인가?

빈 무덤을 향한 경주

우리는 앞에서 자연 기적과 부활 현현이 결합되고 있는 전반적인 모습을 통하여, 특정 지도자가 지도자 집단보다 높아지고, 또 이 둘이 각각 일반적인 공동체보다 높아지는 것을 살펴보았다. 이 이야기들은 예수의 죽음 이전의 자연에 대한 지배나, 죽음 이후의 접신상태에서의 현현들에 관심을 갖고 있지 않았다. 오히려 그것들은 최초의 기독교 공동체들의 권력과 권위(power and authority)에 관한 문제를 매우 극적이고 상징적으로 보여주는 이야기들이었다. 이것이 바로 그 이야기들이 말하고자 했던 것이며, 나아가 우리가 그 이야기들을 어떻게 읽어야 하는지를 말해 주는 것이다. 이런 과정 전체는 요한복음 20장에서 어느 정도 정점에 이르게 되는데, 거기서는 "예수께서 사랑하시던 그 제자"가 다른 세 사람들--첫째 베드로, 다음으로 막달라 마리아, 그리고 마지막으로 도마--보다 높여지고 있다.

우리는 요한복음 21장에서 그 사랑받은 제자(the Beloved Disciple)와 베드로 사이의 경쟁적인 긴장에 대해 이미 살펴보았다. 그러나 나중에 요한복음에 첨가된 것이라고 학자들이 밝히고 있는 이 21장에서 그 긴장은 결국 베드로의 손을 들어주는 것으로 해결되고 있다. 요한복음서의 원래의 마지막 장인 20장에서 베드로는 철저히 패배한다. 그렇지만 우선 누가복음 24:12, 곧 어떤 사본들에는 빠져 있지만, 원래는 이 장에 들어 있었던 것이 분명한 구절을 살펴보자.

그러나 베드로는 일어나서 무덤으로 달려가, 몸을 굽혀서 들여다보았다. 거기에는 모시옷만 놓여 있었다. 그는 일어난 일을 이상히 여기면서 집으로 돌아갔다.

이제, 당신이 이 전승 단편을 알았고 그것을 무시할 수 없게 되었는데, 당신도 역시 그 사랑받은 제자를 베드로보다 더 높이길 원한다고 가정해 보자. 당신은 어떻게 해서 이 전승을 받아들이면서 동시에 그것을 부인하는 두 가지 일을 할 수 있겠는가? 이 일이 어떻게 이루어지는가를 요한복음 20:3-10에서 보게 된다. 네 개의 단계들을 주목해 보라.

베드로와 그 다른 제자[예수께서 사랑하신 제자]가 나와서, 무덤으로 갔다.
  (1) 둘이 함께 뛰었는데, 그 다른 제자가 베드로보다 빨리 뛰어서, 먼저 무덤에 이르렀다.
  (2) 그는 몸을 굽혀서 고운 베가 놓여 있는 것을 보았으나, 안으로 들어가지는 않았다.
  (3) 시몬 베드로가 그를 뒤따라와서, 무덤 안으로 들어가 보니, 고운 베가 놓여 있었고, 예수의 머리를 쌌던 수건은 그 고운 베와 함께 놓여 있지 않고, 한 곳에 따로 개켜 있었다.
  (4) 그제서야 먼저 무덤에 다다른 그 다른 제자도 들어가서, 보고 믿었다. 아직도 그들은, 예수께서 죽은 사람들 가운데서 반드시 살아나야 한다는 성경 말씀을 깨닫지 못하고 있었다. 그 제자들은, 자기들이 있던 곳으로 다시 돌아갔다.

그 사랑받은 제자가 먼저 무덤에 도착하고 또 먼저 무덤 속을 들여다본다. 그러나 전승을 존중하여 베드로가 먼저 무덤으로 들어가는 것이 허락된다. 그러나 오직(only) 그 사랑받은 제자만이 믿었다고 말해진다. 이것으로 베드로의 우월적 권위 문제가 해결된다.

막달라 마리아가 그 다음에 나온다. 분명 그녀를 헐뜯는 것은 베드로를 헐뜯는 것의 배경이 되고 있다. 그러나 우선 부활절 일요일에 여인들이 그 빈 무덤을 떠난 직후의 일을 말해 주는 마태복음 28:8-10에 있는 이 이야기를 읽어 보라.

여자들[막달라 마리아와 다른 마리아]은 무서움과 큰 기쁨이 엇갈려서, 급히 무덤을 떠나, 이 소식을 그의 제자들에게 전하려고 달려갔다. 그런데 갑자기 예수께서 여자들과 마주쳐서 "평안한가?" 하고 말씀하셨다. 여자들은 다가가서, 그의 발을 붙잡고, 그에게 절을 하였다. 그 때에 예수께서 그 여자들에게 말씀하셨다. "무서워하지 말아라. 가서, 내 형제들에게 갈릴리로 가라고 전하여라. 그러면 거기에서 그들이 나를 만날 것이다."

다시 한번, 당신이 이 전승의 단편을 알았다고 가정해 보자. 그리고 당신이 이 전승을 받아들이면서도 동시에 억누르기를 원한다고 가정해 보자. 물론 내가 이것들을 역사적인 사건들로 생각하지 않고 허구적인 것, 즉 우선권과 우위를 놓고 경쟁하는 그림으로 생각한다는 점을 이해하기 바란다. 요한복음 20:1-2과 11-18이 막달라 마리아를 어떻게 다루고 있는지 아래에 제시한다.

(1) 주간의 첫날 이른 새벽에 막달라 사람 마리아가 무덤에 가서 보니, 무덤 문을 막은 돌이 이미 옮겨져 있었다. 그러므로 그 여자는 뛰어서, 시몬

베드로와 예수께서 사랑하시던 그 다른 제자에게로 가서 "누가 주님을 무덤에서 가져갔습니다. 어디에 두었는지 모르겠습니다" 하고 말하였다. … ⑵ 그런데 마리아는 무덤 밖에 서서 울고 있었다. 울다가 몸을 굽혀서 무덤 속을 들여다보니, 흰옷을 입은 두 천사가 앉아 있었다. 한 천사는 예수의 시신이 놓여 있던 자리 머리맡에 있었고, 또 한 천사는 발치에 있었다. 천사들이 마리아에게 말하였다. "여인아, 왜 우느냐?" 마리아가 대답하였다. "누가 우리 주님을 가져갔습니다. 어디에 두었는지 모르겠습니다." ⑶ 이렇게 말하고 뒤로 돌아섰을 때에, 마리아는 예수께서 서 계신 것을 보았지만, 그분이 예수이신 줄은 알지 못하였다. 예수께서 마리아에게 말씀하셨다. "여인아, 왜 울고 있느냐? 누구를 찾느냐?" 마리아는 그가 동산지기인 줄로 알고 "여보세요, 당신이 그분을 옮겨갔거든, 어디에다 두셨는지를 말해 주십시오. 내가 그분을 모시겠습니다" 하고 말하였다. 예수께서 "마리아야!" 하고 부르셨다. 마리아가 돌아서서, 히브리말로 "라부니!" 하고 불렀다. (그것은 '선생님!'이라는 뜻이다.) 예수께서 마리아에게 말씀하셨다. "내게 손을 대지 말아라. 내가 아직 아버지께로 올라가지 않았다. 이제 너는 내 형제들에게로 가서, 내 아버지 곧 너희의 아버지, 내 하나님 곧 너희의 하나님께로, 내가 올라간다고 말하여라." 막달라 사람 마리아는, 자기가 주를 보았다는 것과, 주께서 자기에게 이런 말씀을 하셨다는 것을, 제자들에게 가서 전하였다.

마리아는 빈 무덤에 대한 잘못된 판단을 제자들과 천사들, 그리고 예수에게까지 세 번에 걸쳐서 말하고 있다. 그녀는 예수가 자기에게 나타났음에도 불구하고, 적어도 그가 그녀에게 말을 걸기까지는 예수를 알아보지도 못한다. 그녀는 부활이 아니라 승천에 대해 전하라는 명령을 받는다. 그런데 만일 당신이 그녀가 어쨌든 예수를 알아보게 되었다는 것을 인정할 수 없다면, 요한복음 20장이 부활한 예수를 보는 것(seeing), 곧 그 사랑 받은 제자처럼 빈 무덤과 빈 수의만을 본(seeing) 후에 믿는 것이 아니라 부활한 예수를 보는 것에 관하여 무엇이라고 말하고 있는지를 이해하기 위해 깊이 읽어보도록 하라.

마지막으로 도마보다 그 사랑받은 제자를 높이고 있다. 시몬의 별명이 바위 같은 사람 또는 "바위"--그리스어로 페트로스(*Petros*), 아람어로는 게바(*Cephas*)--였음을 생각해 보라. 유다(Jude 또는 Judas)라 불린 또 다른 예수의 제자(물론 예수를 팔아넘긴 가룟 유다가 아니다)도 역시 두 나랏말로 불리는 별명을 갖고 있었는데, 그것은 "쌍둥이"로 그리스어로는 디두모스(*Didymos*)이고 아람어 혹은 시리아어로는 도마(*Thomas*)이다. 이 사람이 바로 "의심하는 도마"(Doubting Thomas)라는 불후의 명성을 갖게 된 인물이다. 도마복음 13장으로부터 우리는 그가 가졌던 지도력과 권위에 관해서 알게 되며, 또 그가 베드로와 마태 같은 대등한 인물들과 겨루었던 경쟁에 관해 알 수가 있다.

예수께서 제자들에게 말씀하셨다. "다른 이와 비교해서 내가 무엇과 같은지 말해 보아라."

시몬 베드로가 예수께 말했다. "당신은 진정 사자(使者)[혹은 천사]와 같습니다."

마태가 말하였다. "당신은 현명한 철학자와 같습니다."

도마가 그에게 말했다. "선생님, 저는 도저히 당신이 무엇과 같은지 말할 수가 없습니다." 그러자 예수께서 말씀하셨다. "나는 너의 선생이 아니다. 네가 취한 것을 보니, 내가 파 놓은 샘에서 그 넘치는 물을 마셨도다." 그리고는 그를 데리고 물러가셔서 그에게 세 가지 말씀을 주셨다.

도마가 다른 동료들에게로 돌아오자 그들이 물었다. "예수께서 너에게 무엇을 말씀하시더냐?"

그러자 도마가 그들에게 말했다. "만일 그분께서 내게 말한 것 중에 하나라도 너희에게 들려준다면, 너희들은 돌을 들어서 나를 칠 것이다. 그리고 그 돌에서 불이 나와서 너희를 불살라버릴 것이다."

그러나 이 대화가 도마 자신을 베드로와 마태 위로 높이고 있는 것과 똑같이, 요한복음 20장의 이야기는 그 사랑받은 제자를 도마 위로 높이고 있다. 즉 요한복음 20:19-23에서 예수는 제자들에게 나타나지만, 도마는 그 자리에 없다. 20:24-25에서 제자들이 그들의 체험을 도마에게 말할 때, 도마는 십자가에 달려 생긴 상처를 보고 만지기 전까지는 믿을 수 없노라고 말한다. 이 이야기는 20:26-29에서 끝난다.

여드레 뒤에 제자들이 다시 집안에 있을 때에, 도마도 함께 있었다. 문이 잠겨 있었는데, 예수께서 오시어 가운데 서서 "너희에게 평화가 있기를 빈다" 하고 인사하셨다. 그런 다음에, 도마에게 "네 손가락을 이리 내밀어서 내 손을 만져 보고, 네 손을 내 옆구리에 넣어 보아라. 그래서 의심을 떨치고 믿음을 가져라" 하고 말씀하셨다. 도마가 예수께 "나의 주님, 나의 하나님!" 하고 대답하니, 예수께서 도마에게 말씀하셨다. "너는 나를 보았으므로 믿느냐? 나를 보지 않고도 믿는 사람은 복이 있다."

이것으로 도마가 처리된다. 그 사랑받은 제자는 오직(only) 빈 무덤과 남겨진 옷가지만을 보았지만 믿었다. 그러나 도마는 부활한 예수 자신을 보기 원했고 심지어는 만져 보기까지 원했다. 그런데 이것은 또한 누가복음 24장에 나오는, 예수를 보고 만지고 또 그가 음식 먹는 것을 보고서야 믿게 된 그 제자들의 위치 문제도 처리한다.

그 여인을 기념하여

앞의 항들에서 살펴본 이야기들은 기독교 신앙의 기원에 관해서는 우리에게 아무것도 말해 주지 않는다. 그러나 기독교 권위의 기원에 관하여는 매우 많은 것을 말해 준다. 그것들이 우리에게 말해 주는 것은 최초의 기독교 공동체들의 권력과 지도력에 관한 것이다. 그 이야기들은 일반적인 공동체 위에 지도자 집단들이 자리잡는 것에 대해 알려주며, 또 그런 집단들 내부와 그 집단들 사이에서 서로 경쟁하는 특정 지도자들에 관하여 매우 분명하게 알려준다. 예를 들어, 마지막 이야기는, 적어도 그 사랑받은 제자의 공동체를 위해서는 막달라 마리아의 권위가 베드로나 도마의 권위만큼이나 저지될 필요가 있었다는 사실을 우리에게 말해 준다. 그런데 우리는 그 사랑받은 제자가 한 개인을 말하는 것인지, 아니면 어떤 다른 유형의 지도력을 말하는 것인지 확인할 수가 없다. 예를 들어, 그 호칭이 누구를 가리킨 것인지 구체적으로 지적되지 않은 채 사용된 것은 아마도 제도적인 우월함보다는 카리스마의 차원에서의 우월함을 말하기 위해서였던 것일 수도 있다. 그러나 이 모든 이야기들은 오랜 기간 동안, 사실상 한 세대나 두 세대 동안 존재해 왔던 하나, 혹은 그 이상의 공동체를 전제로 한다. 다른 말로 해서, 그 이야기들은 부활절 첫 일요일에 발생한 사건들에 관한 것이 아니다. 또는, 만일 당신이 이런 표현을 좋아한다면, 부활절 일요일은 꽤 오랜 기간 동안 계속된 것(Easter Sunday lasted quite a few years)이다.

역사적으로 실제 발생한 일은, 예수가 처형되기 전부터 그를 믿었던 사람들이 처형 이후에도 계속해서 그를 믿었다는 사실이다. 부활절은 새로운 신앙의 출발과 관계가 있는 것이 아니라, 옛 신앙의 계속과 관련된 것이다. 그것이 유일한 기적이요 유일한 신비이며, 나아가 이 두 가지로도 충분히

다 설명할 수가 없는 것이다. 물론 접신상태와 환상 같은 것들이 있었을 것이다. 모든 종교에는 언제나 그런 사건들이 있으며, 또 바울만이 홀로 그런 체험을 가졌다고 생각할 이유도 없다. 그러나 그것이 발생한 사건의 전부는 아니다. 무엇보다도 먼저, 맨발로 갈릴리의 도로를 걸어다녔던 사람들, 발이 부르트도록 계속해서 마을들을 돌아다닌 사람들이 있었다. 또한 이 모든 것이 무슨 뜻인지를 알기 위해 성서(구약)를 탐구해 들어간 사람들도 있었다. 예수의 모든 제자들이 성금요일(Good Friday, 예수가 처형된 날 - 역자주)에 그들 자신의 신앙을 잃어버렸으며 부활절 일요일에 예수의 현현을 체험함으로써 그들의 신앙을 회복했다고 생각하는 것은 끔찍한 단순화이다. 용기를 잃고 달아나 숨은 사람들이 그들의 믿음, 소망, 사랑까지도 잃어버렸다고 가정하는 것 역시 또 다른 단순화일 뿐이다. 마지막으로 기독교적 권위를 놓고 경쟁하는 일에 관한 부활 이야기들을 원초적인 기독교 체험에 관한 이야기들로 오해하는 것 역시 단순화일 뿐이다.

따라서 마지막으로 나는 남성이든 여성이든 그 이름이 밝혀져 있는 개인에 대한 이야기들과 또 예수가 죽은 후에 일어난 일에 관한 모든 이야기들은 제쳐 두고, 예수의 죽음 이전에 믿었고 또 그 죽음에도 불구하고, 심지어는 그 죽음 때문에 믿었던 익명의 한 사람을 살펴보고자 한다. 이 이야기는 마가복음 14:3-9에 있다.

> 예수께서 베다니에서 나병으로 고생하던 환자 시몬의 집에 머무실 때에, 음식을 잡수시고 계시는데, 한 여자가 매우 값진 순수한 나드 향유 한 옥합을 갖고 와서, 그 옥합을 깨뜨리고, 향유를 예수의 머리에 부었다. 그런데 몇몇 사람이 화를 내면서 자기들끼리 말하기를 "어찌하여 향유를 이렇게 허비하는가? 이 향유는 삼백 데나리온 이상에 팔아서, 그 돈을 가난한 사람들에게 줄 수 있었겠다!" 하였다. 그러고는 그 여자를 나무랐다. 그러나

예수께서 말씀하셨다. "가만두어라. 왜 그를 괴롭히느냐? 그는 내게 아름다운 일을 했다. 가난한 사람들은 늘 너희와 함께 있으니, 언제든지 너희가 하려고만 하면, 그들을 도울 수 있다. 그러나 나는 언제나 너희와 함께 있는 것이 아니다. 이 여자는, 자기가 할 수 있는 일을 하였다. 곧 내 몸에 향유를 부어서, 내 장례를 위하여 할 일을 미리 한 셈이다. 내가 진정으로 너희에게 말한다. 온 세상 어디든지, 복음이 전파되는 곳마다, 이 여자가 한 일도 전해져서, 사람들이 이 여자를 기억하게 될 것이다."

이 이름 없는 여인이 왜 그렇게도 중요한가? 왜 마지막 단계에서 이 여인이 예수로부터 그토록 놀랍고 지극한 칭찬을 받게 되었을까? 다른 복음서에 있는 여타 행위들을 제쳐놓고 바로 이 행위가 그 같은 엄청난 평가를 받게 된 이유는 무엇일까?

예수와 그의 남성 제자들이 예루살렘을 향해, 즉 예수의 죽음을 향해 여행할 때 예수는 그들에게 세 번에 걸쳐서 그가 죽을 것과 다시 살 것임을 말했다. 마가복음에 세 번(8:31-33과 9:30-32, 그리고 10:32-37) 나오는 이 예언은 마가에 의해 창작된 것으로서, 각각의 예언 뒤에는 제자들의 반응이 따라 나오고 있다. 즉 제자들은 예수의 그런 불길한 예언들을 무시하고, 부정하고, 망각하고 또한 언급하기를 회피하고 있는데, 이것은 마가복음 전반에 걸쳐서 나타나고 있는 제자들에 대한 의도적인 헐뜯기의 한 부분이다.

(1) 그리고 예수께서는, 인자가 반드시 많은 고난을 받고, 장로들과 대제사장들과 율법학자들에게 배척을 받아, 죽임을 당하고서, 사흘 뒤에 살아나야 한다는 것을 그들에게 가르치기 시작하셨다. 예수께서 드러내 놓고 이 말씀을 하시니, 베드로가 예수를 꼭 붙들고, 예수께 항의하였다. 그러나

예수께서는 돌아서서, 제자들을 보시고, 베드로를 꾸짖어 말씀하시기를 "사탄아, 내 뒤로 물러가라. 너는 하나님의 일을 생각하지 않고, 사람의 일만 생각하는구나!" 하셨다.

(2) 그들은 거기에서 나와서, 갈릴리를 가로질러 가고 있었다. 예수께서는 이것을 남들이 알기를 바라지 않으셨다. 그것은 예수께서 제자들을 가르치시며, 인자가 사람들의 손에 넘어가고, 사람들이 그를 죽이고, 그가 죽임을 당하고 나서, 사흘 뒤에 살아날 것이라고 그들에게 말씀하셨기 때문이다. 그러나 제자들은 그 말씀을 깨닫지 못하였고, 예수께 묻기조차 두려워하였다.

(3) 예수께서 다시 열두 제자를 곁에 불러 놓으시고, 앞으로 자기에게 닥칠 일들을 그들에게 일러주시기 시작하셨다. "보아라, 우리는 예루살렘으로 올라가고 있다. 인자가 대제사장들과 율법학자들의 손에 넘어갈 것이다. 그들은 인자에게 사형을 선고하고, 이방 사람들에게 넘겨 줄 것이다. 그리고 이방 사람들은 인자를 조롱하고 침 뱉고 채찍질하고 죽일 것이다. 그러나 그는 사흘 뒤에 살아날 것이다." 세베대의 아들들인 야고보와 요한이 예수께 다가와서 말하였다. "선생님…주께서 영광을 받으실 때에, 하나는 선생님의 오른쪽에, 하나는 왼쪽에 앉게 하여 주십시오."

마가가 이해한 바에 따르면, 제자들은 예수의 임박한 십자가 처형을 이해하지도 못했고 받아들이지도 못했다. 그러나 이제 나병환자 시몬의 집에서 처음으로 누군가가, 예수는 이제 곧 죽게 될 것이요 따라서 지금 그의 몸에 향유를 붓지 않으면 영원히 붓지 못할 것이라는 사실을 믿게 되었다.

예전의 주석가들은 마가복음에서 벌거벗은 채 겟세마네 동산에서 어둠 속으로 도망친 익명의 젊은 남자(14:51-52)가 바로 자신의 이야기를 에둘러서 말하고 있는 마가 자신이 아니겠느냐고 주장하곤 했다. 마가복음 14:3-9에 나오는 그 익명의 여인이 바로 자신의(her) 이야기를 에둘러서 말하고 있는 "마가" 자신(herself)이라고 말하는 것도 또한 가능한 일이며 나아가 믿을 만하기도 한데, 단지 불행하게도 증명이 불가능할 뿐이다. 그러나 이것이 요점은 아니다. 우리는 마가가 여성이었는지 남성이었는지를 전혀 확인할 수가 없다. 그러나 이 복음서의 저자는 기독교 신앙의 최고의 모델로, 즉 예수의 죽음 이전에 믿었고 또 그 죽음에도 불구하고 심지어는 그 죽음 때문에 믿었던 신앙의 최고의 모델로 한 익명의 여인을 선택했다는 것(that the author chose an unnamed woman for the supreme model of Christian faith)은 절대적으로 확신할 수가 있다. 이 여인은 그 해 부활절을 일찍 맞이했던 셈이다.

◇ **에필로그** ◇

예수로부터 그리스도로

고대로부터 우리에게 말을 하는 목소리들은 대다수가 교양 있는 소수, 즉 엘리트들의 목소리이다. 또 이들에 관한 이야기를 전달하는 현대의 목소리들도 거의 대부분 유럽과 북아메리카의 백인이요 중산층에 속하는 남성들의 목소리다. 이 사람들은 제국주의적이며 권위주의적인 노예제 사회를 칭송하고 있거나 또는 할 수 있는 사람들이다. 고대에 관한 학문적 연구는 흔히 현실 세상으로부터 동떨어져서 이루어지며, 가치 판단으로부터 위생학적으로 자유롭다. 즉 고대에 "나머지 절반"이 어떻게 살았는가를 아는 저 95%의 사람들인 침묵하는 대중들의 가치 판단으로부터…

고대 역사를 재구성하는 연구들이 주로 관심을 기울이는 대상인 저 교양 있는 세상 속에서 농민들은 어떤 자리도 갖지 못하고 있다. 사실 농민들—이방인들(pagani)—은 신분이 낮은 기독교들인의(성읍 거주자들의) 세상 속에서조차 자리를 차지하지 못했다. 그들은 역사적인 시야에서 거의 사라져 버리고 있다. 그들이 무식하고 지역적인 소수라는 이유로.

— Thomas F. Carney, *The Shape of the Past: Models and Antiquity*
(Lawrence, KS: Coronado Press, 1975)

그런데 본질적으로 하나의 관계인 계급은 무엇보다도 착취의 현실(이에 대한 저항도 물론 포함하여)에 대한 집단적이고 사회적인 표현이다. 즉 사회를 경제적인 계급을 따라 무산계급에 기생하여 살아가는 유산계급으로 분류하는 것은 본질상 착취로 하여금 효과를 발휘하게 만드는 방법이다. 내가 "착취"라는 말을 사용하는 경우 거기에는 대체적으로 경멸적인 색채가 섞여 있음을 인정한다. 그러나 본질상 그 말은 "가치 중립적인" 표현으로, 유산계급은 일차 생산자들로부터 강제로나 설득에 의해, 또는 그 둘을 다 이용해서(이 경우가 대부분이다) 뽑아낸 잉여생산물로 자신의 생계를 유지해 가는 그들의 능력에 의해 생산의 노동으로부터 자유롭다는 것을 의미하는 것이다.

— G. E. M. de Ste. Croix "Karl Marx and the History of Classical Antiquity," *Arethusa* 8 (1975).

이 에필로그는 요약이며 동시에 도전이다. 요약은 뒤를 돌아보며 지금까지 다룬 장들을 역사적으로 종합하여 압축한다. 도전은 앞을 내다보며, 역사적으로 재구성된 모든 예수(any and every historically reconstructed Jesus)가 신학적으로 수용된 모든 그리스도(any and every theologically accepted Christ)와 어떤 관계가 있는지 묻는다. 뒤에 이어지는 두 개의 항은 각각 역사적인 요약과 신학적인 도전이다.

아직 알려지지 않는 분

그는 아직 알려지지 않은 채로 남부 갈릴리의 작은 마을로 들어왔다. 그는 가난과 극빈을 나누는 선이 어디에 그어지는지를 정확하게 알 정도로 오랫동안 생존의 문제와 씨름하며 살아오고 있는 농민들의 차갑고 무정한 눈길을 받았다. 그의 행색은 거지와 같았으나 그의 눈에서는 거지에게나 있는 비굴함을 찾아볼 수 없었고, 그의 목소리는 오히려 당당했고, 그의 발걸음에는 힘이 넘쳤다. 그는 하나님의 통치에 관해 말했고, 그들은 무엇보다도 호기심에서 귀를 기울이고 들었다. 그들은 통치와 권력, 나라와 제국에 대해 잘 알고 있었지만, 그들이 갖고 있는 그 지식은 세금과 빚, 영양실조와 질병, 농민의 억압과 귀신들림이라는 측면에서 아는 것이었다. 그들이 진정으로 알기 원한 것은 이 하나님 나라가, 다리를 저는 아이들과 눈먼 부모와 또 마을 변두리의 무덤 사이에서 고통스럽게 고독을 절규하는 귀신들린 영혼을 위해 무엇을 해줄 수 있는가 하는 것이었다. 예수는 그들과 함께 그 무덤들을 향해 갔으며, 그들이 봐 달라고 데려온 여자에게서 귀신을 내쫓는다. 그 후 마을 사람들은 다시 한번 조용히 그에게 귀를 기울인다. 그러나 이제 그들은 호기심이 아니라, 야심과 두려움과 당혹감에 사로잡힌다. 그는 명예에 어울리게 마을 지도자의 집으로 초대를 받는다. 예수는 그의 집으로 가는 대신, 귀신이 나간 여인의 집으로 가서 머문다. 이렇게 한 것이 분명 그들에게는 못마땅했겠지만 귀신축출자를 비난하고 주술사를 혹평하는 것은 현명치 못한 일이라고 생각했을 것이다. 하지만 이 마을은 이런 능력을 주변 마을로 중개할(broker) 수 있을 것이고, 또 이 하나님 나라에다가 거점, 즉 사람들이 치유를 받기 위해 찾아오는 장소요 또 모든 사람들에게 심지어는 그 귀신 나간 여인 자신에게도 충분한 명예와 후견을 베풀어주는 중심지를 제공해 줄 수가 있을 것이다. 그러나 다음날 예수는 그들을 떠나고, 이제 그들은 무슨 하나님의 나라가 정해진 규약도 지키지 않느냐고 의심하며 떠들어댄다. 예수가 말하길 하나님 나라는 자신들과 같은 가난한 사람들뿐만 아니라 극빈자들을 위해 존재하는 것이라고 하지 않았느냐는 것이다. 다른 사람들은 가장 악하고 강력한 귀신들은 작은 시골 마을이 아니라 도시들에 있노라고 말한다. 셉포리스나 티베리아스, 또는 예루살렘이나 로마가 바로 그런 곳인데 어쩌면 쫓겨난 귀신들은 그리로 갔을 것이고, 거기에는 이미 많은 귀신들이 있어서 그 귀신들이 찾아든 것을 아무도 눈치채지 못하리라는 것이다. 그러나 또 어떤 이들은 아무 말도 하지 않고, 예수가 너무 멀리 가기 전에 그를 따라가면 붙잡을 수 있을는지를 궁리한다.

예수 자신도 사물들을 언제나 이런 식으로 생각한 것은 아니었다. 전에 그는 요한의 세례를 받았으며, 임박한 묵시종말적 심판자로서의 하나님(God as the imminent apocalyptic judge)을 자신의 메시지로 삼았다. 그러나 요르단 강은 단순한 강이 아니었고, 그 물에서 세례를 받는 것은 제국의 속박으로부터 민족의 자유를 향해 나간 고대의 원형적인 탈출을 재연하는 것이었다. 헤롯 안티파스는 신속하게 대처하여 세례요한을 처형했고 묵시종말적인 성취는 전혀 이루어지지 않았다. 그래서 이제 자신의 목소리를 찾아낸 예수는 하나님을 임박한 묵시종말적 사건으로서가 아니라 현재적인 치유로서의 하나님(God as present healing)을 말하기 시작했다. 그의 첫 제자들은 남부 갈릴리의 농촌 마을 출신들이었는데, 그들이 그의 귀신축출과 치유에 대해 어떻게 보답해야 하는지 물어 왔을 때 예수의 대답은 간단했다. 그것은 이해하는 데는 간단하지만 실천하는 데는 죽는 것만큼이나 어려운 것이었다. 그의 대답은 너희는 치유 받은 치유자(healed healers)이며, 따라서 하나님 나라를 다른 사람들에게 가져다주라는 것이다. 나는 그것의 후견인이 아니며 너희도 그것의 브로커(broker)가 아니라는 것이다. 하나님 나라는 원하는 사람이라면 누구나 이용할 수 있었고 지금도 이용할 수 있으며 또 앞으로도 영원히 그럴 것이다. 내가 옷을 입는 것처럼, 즉 거지처럼 입어라. 그러나 구걸하지는 말아라. 기적을 베풀고 식사를 요구하라. 너희가 고쳐 주는 사람들은 반드시 너희를 자기 집으로 영접해야 한다.

그의 황홀한 환상과 사회적 프로그램(ecstatic vision and social program)은 사회를 기층 민중으로부터 다시 일으켜 세우려고 했다. 그러나 그 일은 농민 가정에 무료로 직접 베풀어주는 치유(free healing)와 그들이 갖고 있는 것은 무엇이든지 답례로 무료로 나누는(free sharing), 종교적이고 경제적인 평등주의라는 원칙 위에서 이루어졌다. 의도적으로 결합시킨 주술과 식사, 기적과 식탁, 값없이 베푸는 동정과 아무나 참석하는 공동식사는 유대교의 엄격하기 짝이 없는 정결 규정들이나 나아가 지중해 지역의 명예와 수치, 후견과 의뢰의 가부장제적인 결합에 대해 도전했을 뿐만 아니라, 가장 근원적인 차원에서 문명의 영원한 속성, 즉 선을 긋고 경계를 나누며 계급체제를 구축하고 또 차별을 지속시키고자 하는 문명의 영원한 속성에 대해서까지 도전했다. 이것은 정치적인 혁명을 초래하지는 않았지만, 상상할 수 있는 가장 위험한 수준의 사회적 혁명(social revolution)을 그려냈다. 즉 이방인과 유대인, 여성과 남성, 노예와 자유인, 가난한 사람과 부자를 가르는 구별이 이제 아무런 중요성도 갖지 못하게 되었다. 이런 차별들을 이론상으로 공격한 것이 아니라, 실천적으로 완전히 무시했다.

이런 예수에게 무슨 일이 일어날 것인가 하는 것은 아마도 세례요한에게 이미 일어난 일처럼 쉽게 예측할 수 있었을 것이다. 어떤 식으로든 종교 정치적인 처형이 있으리라는 것이 예견되었다. 그가 말하고 행했던 것은 20세기에서와 마찬가지로 1세기에도, 거기나 여기나, 아니 그 어느 곳에서도 받아들일 수가 없는 것이었다. 그런데 그의 생애 마지막에 일어난 사건들의 정확한 정황과 관련해서는 많은 독립적인 기사들이 누락되어 있으며, 따라서 그의 죽음은 죽기 직전의 며칠 동안의 일들과 연관지어 보는 것보다는 그의 생애 전체와 연관지어 볼 때 훨씬 더 확실해진다. 아마도 처음으로 단 한번 성전의 찬란한 웅장함을 보게 된 예수는 성전의 완전히 합법적인 브로커 기능(brokerage function)을 브로커 없는 하나님 나라 (unbrokered Kingdom of God)의 이름으로 상징적으로 파괴했음이 분명한 것 같다. 그런 행위가 만일 고대의 제국주의적인 압제로부터 유대인의 해방을 축하하는 절기인 유월절의 흥분하기 쉬운 환경 속에서 이루어졌다면, 종교 정치적인 합의에 의해 십자가형에 처해지는 것은 거의 필연적인 일이었을 것이다. 그런데 예수와 같이 아무것도 아닌 농민이 당했을 그 제멋대로의 잔인성과 멸시, 무관심이 어떤 것인지를 그려보는 것은 오늘날의 우리로서는 불가능한 일이다.

예상치도 못했고 또 꿈꾸지도 못했던 일은 그 끝이 결코 끝이 아니었다는 사실이다. 처음에 예수의 비전과 모범을 통해 하나님의 능력을 체험했던 사람들은 그가 죽은 후에도 계속해서 그런 체험을 지속해 나갔다. 실은 훨씬 더 강하게 체험하게 되었는데, 그 이유는 이제 더 이상 그 능력이 시간과 공간에 의해 제한되지 않게 되었기 때문이다. 1세기 말엽, 어떤 신중하고 중립적인 유대인 역사가는 "우리 쪽의 고관들이 그를 고발했고 그에 따라 빌라도가 그를 십자가형에 처형했는데도 처음부터 그를 사랑했던 사람들은 그에 대한 애정을 포기하지 않았다. …그리고 그의 이름을 따라 그리스도인이라고 불려지게 된 이 무리들은 오늘까지도 여전히 사라지지 않고 있다"고 기록했다. 또 2세기 초엽의 어떤 거만한 로마인 역사가는 "그 [그리스도인이라는] 이름의 창시자인 그리스도는 티베리우스 (황제) 때에 본디오 빌라도 총독의 판결에 의해 사형을 당했는데, 이 해로운 미신은 이제 이 질병의 본산지인 유대에서 뿐만 아니라, 세상의 온갖 끔찍하거나 수치스러운 것들이 다 모여들고 유행하는 수도에서까지, 한 번 더 터져 나오려는 찰나에 있다"고 말했다. 예수의 어떤 제자들은 처음에는 십자가형의 위험과 공포를 피해 달아났으나, 결국에는 지속되는 애정이나 퍼져 나가는 미신에 대해서 뿐만 아니라, 부활에 관해서까지 말하기에 이르렀다.

그들은 예를 들어, 이름이 밝혀진 한 남자와 이름이 밝혀지지 않은 여성으로 추정되는 한 쌍의 예수의 제자들이 엠마오로 내려가는 길에 생긴 일에 관해 말함으로써, 자기들의 마음에 품고 있는 것을 표현하려고 했다. 즉 이 두 사람은 실망하고 낙심하여 슬픔에 젖어 예루살렘을 떠나가는 중이었다. 도중에 예수가 그들을 찾아와 합류했고, 자기가 누군지 드러내지 않은 채, 예수의 운명에 관해 히브리 성서가 어떻게 말했는지를 그들에게 설명해 주었다. 그날 저녁 늦게 그들은 예수를 저녁식사에 초대했으며, 전에 호숫가에서 그랬던 것처럼 예수가 다시 한 번 그들에게 빵을 떼어 주자, 비로소 그들이 그를 알아보았다. 그때에야 비로소 그들은 힘을 얻어 다시 예루살렘을 향해 출발했다. 이 상징의 의미는 분명하다. 즉 기독교의 처음 몇 해 동안의 사상과 실천이 어느 오후 한나절의 이야기 속으로 은유적으로 요약된 것이다. 엠마오 사건은 결코 일어나지 않았다. 엠마오 사건은 언제나 발생하고 있다(Emmaus never happened. Emmanus always happens).

이 책에서 예수는 유대교가 그리스-로마 제국주의와 만난 초기 시대를 배경으로 해석되었다. 그러나 이것은 알렉산드리아의 필로와 같은 사람의 경우처럼 지적이고 엘리트적이고 세련된 만남은 아니었다. 반대로 이것은 유대적 견유철학(a Jewish Cynicism)--이 말에서 형용사와 명사는 같은 비중을 갖는다--이라 부를 수 있는 만남, 즉 농민의, 말 중심의, 신체적이고 대중적인 만남이었다. 이교도(그리스-로마)의 견유철학은 이론만이 아니라 실천에서, 사고 체계만이 아니라 생활방식에서, 지중해 지역 문명의 문화적 본질에 반대하는 것이었다. 즉 보고, 입고, 먹고, 살고, 관계 맺는 방식을 통해 명예와 수치, 후견인과 의뢰인 체제에 대한 멸시를 드러냈다. 예수와 그의 처음 제자들은 그런 배경과 매우 잘 조화를 이룬다. 즉 그들은 아우구스투스적인 여피족들(yuppies)이 이룬 세상 속에 있는 히피족들(hippies)이었다. 그러나 그리스-로마 견유학파 사람들은 농촌이 아니라 시장에, 농민들이 아니라 도시 거주자들에게 주로 힘을 기울였다. 또 그들은 한편으로는 집단적인 훈련에, 혹은 다른 한편으로는 공동체적 행동에는 거의 무감각했었다. 예수와 그의 첫 제자들은 이런 배경에는 잘 어울리지 못한다. 그러므로 유사성과 차이점 둘 모두를 똑같이 존중해야 한다.

역사적 예수는 유대인 농민 견유철학자(a peasant Jewish Cynic)였다. 그의 시골 마을은 셉포리스와 같은 그리스-로마 도시에 인접해 있었기 때문에, 견유철학에 대해 듣거나 보는 일이 충분히 가능하고 있을 수 있는 일이었다. 그러나 그의 사역은 남부 갈릴리의 촌락과 집들 사이에서 이루어졌다. 자기 자신에게는 암묵적이고 그의 제자들에게는 명료하게 제시된 바, 그의 전략은 무료 치유와 공동 식사를 결합하는 것(the combination of free healing and common eating), 즉 유대 종교와 로마 권력 양쪽의 계층구조적이고 후견체제 현실을 똑같이 부정하는 종교적이고 경제적 평등주의였다. 그리고 자신이 단순히 새로운 하나님의 새로운 브로커로 여겨져서는 안 되겠기에, 그는 나사렛이나 가버나움 그 어디에도 정착하지 않고 계속해서 움직여 나갔다. 그는 브로커(broker)도 매개자(mediator)도 아니었다. 좀 역설적으로 말해서, 그는 인간과 하나님 사이에나, 인간과 인간 사이에는 브로커도 매개자도 존재해서는 안 된다고 선포한 사람이었다. 기적과 비유, 치유와 식사는 사람들로 하여금 중간에 어떤 매개자도 없이 신체적이고 영적으로 하나님을 만나고, 또 그들 서로간에도 그렇게 만나게 해주었던 계산된 전략이었다(Miracle and parable, healing and eating were calculated to force individuals into unmediated physical and spiritual contact with God and unmediated physical and spiritual contact with one another). 다른 말로 해서, 그는 매개되지 않는 하나님 나라, 혹은 브로커 없는 하나님 나라(the brokerless Kingdom of God)를 선포했다.

이렇게 재구성된 역사적 예수는 그와 동시대에 존재했던 그리스적 유대교(Hellenistic Judaism), 즉 군사력과 제국적 야망에 의해 뒷받침되던 그리스

-로마 문화에 대해 자신의 고대 유산과 전통 전부를 갖고 응답했던 유대교 안에서 이해되어야만 한다. 그러나 현대의 학자들이 계속해서 강하게 주장하고 있듯이, 그 당시의 유대교는 매우 독창적이었고 다양하며 또 변질된 것이었다. 예수가 죽은 지 2백 년 후인 기원후 2세기의 마지막 때에 랍비적 유대교(rabbinic Judaism)는, 당시의 가톨릭 기독교가 그랬던 것처럼, 자신의 우월함을 초기의 역사에다 시간을 거슬러 투영하는 일에 깊이 열중하게 되었다. 그래서 나중에 와서는 양 진영 모두에서 초기의 그 모든 다양성을 분간해 내기가 어렵게 되었다. 그 당시에 이 두 위대한 종교는 공통된 모체에서 나온 별개의 산물로서, 즉 한 어머니의 쌍둥이 딸들로서 나타났다. 그들 각자는 자신이 유일한 합법적 상속자라고 주장했으며, 또 그 주장을 입증하기 위한 그 나름의 본문들과 전승들을 갖고 있었다. 사실 그들은 똑같이 합법적이고 정당하고 놀랍고 장엄한, 과거로부터 미래에로의 도약을 나타낸다. 실제로, 만일 기원후 2백 년경에 모세가 잠에서 깨어났더라면, 이 둘 중 어느 것이 그를 더 놀라게 했을 것인가를 판단하기 어려울 것이다. 그러나 이 모든 것은 예수가 죽은 지 2백 년 후의 일이다.

떠나가지 않은 분

역사적 예수에 대한 이해는 기독교 자체에 대해 어떤 영원한 관련성을 갖고 있는가? 아니면 단지 흥미 있는 역사적 배경이 될 뿐, 신앙 그 자체와는 전혀 관련성이 없는 것인가? 이제까지 살펴본 것만이 아니라 어떤 역사적 재구성이든 간에 그 나름대로 중요한 것인가?

역사적 연구라는 말로 내가 의미하는 것은 그 이론과 방법, 증거와 논증, 결과와 결론들이 모든 관찰자와 훈련받은 연구자, 그리고 자의식이 강하고 자기 비판적인 학생들에게 원리와 실제의 양면에서 개방된 분석 방법이다. 그렇다면 나 자신의 분석이나 그 외의 다른 사람의 분석으로부터 어떤 결론을 끌어낼 때, 그런 작업은 단지 참고만을 위한 배경이나 선택적 사항에 불과한 것인가, 아니면 전체의 핵심 부분이 되는가? 물론 역사적 예수가 언제나 그 학자들이 속한 시공간의 해석적인 산물이면서 한편 그 시공간의 모든 사람들에게 열려져 있는 것임을 인정한다 하더라도, 그런 해석적인 산물이 항상 신앙 자체와 변증법적인 긴장 관계를 갖는 것일까? 뭉뚱그려 다음과 같이 물을 수 있다. 기독교 신앙은 언제나 (1) 하나님의 현현으로서의 (2) 역사적 예수에 대한 (3) 신앙의 행위인가? 예를 들어, 예수의 생애 중에 일어난 같은 현상들을 정확하게 보고 들었던 다양한 관찰자들로부터 나온 다음과 같은 반응들을 생각해 보자.

그는 바보다, 무시해 버리자.
그는 미친 사람이다, 내버려두자.
그는 위험하다, 그와 싸우자.
그는 범죄자다, 처형하도록 하자.
그는 하나님이다, 그를 경배하자.

마지막 반응이 기독교 신앙을 나타내는 것인데, 바로 이 마지막 구절이 고백되거나 실천되었던 곳에서, 곧 예수의 죽음이나 부활 이후 뿐만 아니라 그 이전에도 기독교 신앙은 존재했다. 기독교 신앙은 (1) 하나님의 현현으로서의 (2) 역사적 예수에 대한 (3) 신앙의 행위이다.

신약성서 자체에는 다양한 신학적 해석들이 들어 있는데, 그 신학적 해석들은 각각 역사적 예수(the historical Jesus)의 다른 측면이나 다른 측면들의 덩어리에 초점을 맞추고 있다. 좀더 낫게 말한다면 다른 역사적 예수들(different historical Jesuses)에 초점을 맞추고 있다. 예를 들어, 각 전통들은 자신의 특성에 따라 예수의 어록만을 주된 관심사로 삼거나, 예수의 기적이나 그의 죽음에만 집중적으로 관심을 기울일 수가 있다. 그러나 그 나름의 강조점을 갖는 전통들은 모두 그 나름의 모습으로 말하고 행하고 죽은 서로 다른 역사적 예수들을 전제로 하고 있다. 즉 역사적 예수에 대한 다양한 관점들은 다양한 신학적 해석들과의 변증법적 관계에서 생겨난 것이기 때문에, 신약성서 전체가 이런 다양성이 불가피하다는 사실을 명백하게 드러내는 것이 되었다. 그러나 역사적 예수에 대한 분석은 어떤 것이든지 그 당대의 학문적인 역사연구 방법론에 대해 열려 있어야 하며, 또한 특혜를 요구하지 않은 채 그 세상의 학문적 판단을 받아들일 수 있어야 한다. 물론 역사적 예수에 대한 분석이 세상의 연구 방법론과 판단을 뒤엎는 데 도움이 될 수도 있다. 왜냐하면 과학적인 역사가 그처럼 중요한 인물을 제대로 다룰 수 없다면, 그것은 곧 자신의 무능함을 드러내는 것이기 때문이다. 여기서 19세기에 중립적이고 객관적이며 공정한 역사적 연구를 꿈꾸며 따랐던 그 방법이 실은 어떤 것이었는지, 다시 말해 여러 유형의 사회 권력과 제국주의적인 지배를 은폐하는 휘장이었음이 분명하게 드러났다고 굳이 말할 필요가 있을까? 나는 다양한 역사적 예수들이 늘 있을 수 있으며, 또 이것들을 기초로 하여 세워진 다양한 그리스도가 있을 수 있다고 생각한다. 그러나 나는 무엇보다도 기독교의 구조는 당시의 예수를 우리가 어떻게 현재의 그리스도로 이해하는가(how we see Jesus-then as Christ-now)를 드러내는 것이라고 주장한다. 기독교는 시대마다 반복해서 그때의 예수가 어떤 사람이었는가(who Jesus was then)에 대해 최선의 역사적인 판단을 내려야 하며, 또 이것을 기초로 해서 그런 재구성이 지금의 그리스도로서(as Christ now) 의미하는 것이 무엇인가를 결정해야 한다. 나는 이제 예수들과 그리스도들(또는 아들들이나 주들, 지혜들) 사이의 변증법이 전통과 정경 모두의 핵심에 속한 것이며, 또 그것은 완전히 정당한 것이며, 또 그것은 언제나 우리와 함께 해 왔으며 아마도 언제나 그럴 것이라고 주장한다.

마지막으로, 예수가 십자가에 달린 지 약 3백 년 후인 기원후 312년 10월 28일에 로마의 황제 콘스탄티누스가 기독교로 개종하였는데, 이것은 그가 로마의 밀비안 다리 근처에서 그의 황제 경쟁자 막센티우스와 싸워 얻은 승리가 그리스도의 능력에 의한 것임을 믿었기 때문이다. 그런데 우리가 그 사건의 명확한 날짜를 알고 있는 데 반해, 예수가 죽은 날짜는 단지 기원후 26년에서 36년까지의 10년 사이의 어느 때로 알고 있다는 것은 흥미 있는 일이다. 어쨌든, 콘스탄티누스 황제는 제국의 새로운 종교로 통일된 기독교를 위해서, 기독교의 감독들에게 콘스탄티노플의 동남부의 호반 도시인 니케아에서 제국의 후원 아래 회의를 갖도록, 그리고 거기서 그들 사이에 존재하는 주요한 신학적 이견들을 모두 제거하도록 명령했다. 비록 사람들이 황제가 회의를 소집하고 임석하고 또 관여하는 것에 대해 이미 어느 정도는 불안해하지 않게 되었다고 할지라도, 니케아 공의회가 끝난 것을 축하하여 황제가 베푼 연회에 관한 다음과 같은 기술을 읽을 때 매우 예민하게 되는 것은 피할 수 없다. 유세비우스(Eusebius)는 『콘스탄티누스의 생애』(*Life of Constantine*)에서 다음과 같이 말하고 있다(3.15).

> 칼을 뽑아 든 일단의 친위대와 군사들이 궁전의 입구를 둘러싸고 있었고, 하나님의 사람들은 두려움도 없이 그들 한가운데를 뚫고 황제가 거하는 건물 깊숙이 나아갔다. 그곳에는 황제의 친구들이 몇 사람은 식탁에 앉아 있었고, 다른 사람들은 양편에 놓인 침상에 기대 있었다. 사람들은 이렇게 해서 그리스도의 나라가 그 모습을 드러내기 시작한 것이라고, 이것은 현실이라기보다는 꿈이라고 생각했을지 모른다.

여기서 기독교의 한 지도적인 인물이 기록하고 있는 것은 예수의 생애가 아니라 콘스탄티누스 황제의 생애이다. 여전히 식사와 하나님 나라가 함께 나오지만, 이제 참석자들은 남자 감독들뿐이며 그들은 황제와 함께 비스듬히 기대어서 다른 사람들의 시중을 받는다. 꿈인가 현실인가? 꿈인가 악몽인가?

물론, 이것은 위에서 방금 주장한 바 있는, 역사적 예수와 고백된 그리스도 사이에서 이루어진 변증법의 한 사례이다. 즉 황제의 신앙에 의해 파악된 농민 예수라는 사례이다. 그렇지만 예수와 함께 아무나 참석할 수 있었던 개방적인 공동식사로부터 콘스탄티누스 황제와 함께 하는 감독들의 만찬으로의 이런 변화를 생각할 때, 그 변화가 너무 급작스럽고 신속하게 이루어졌으며, 별 다른 비판도 없이 기꺼이 받아들여졌음을 슬퍼한다면 부당한 일일까? 이제 콘스탄티누스 황제와 마주앉아 종교와 신학, 윤리와 도덕의 차원에서 원가 계산을 해야 할 때가 아닌가? 아니면 이미 너무 늦은 것인가?